MARKETING
DETECTIVE

营销侦探

用数据解密商业真相

付宇骄 ◎著

图书在版编目（CIP）数据

营销侦探：用数据解密商业真相 / 付宇骄著.
北京：机械工业出版社，2024.9. -- ISBN 978-7-111
-76524-0

I. F713.3

中国国家版本馆 CIP 数据核字第 2024RD8059 号

机械工业出版社（北京市百万庄大街 22 号　邮政编码 100037）
策划编辑：朱　悦　　　　　　　　责任编辑：朱　悦　董一波
责任校对：张勤思　李可意　景　飞　责任印制：任维东
北京瑞禾彩色印刷有限公司印刷
2024 年 12 月第 1 版第 1 次印刷
170mm×230mm・22.5 印张・278 千字
标准书号：ISBN 978-7-111-76524-0
定价：89.00 元

电话服务　　　　　　　　　　网络服务
客服电话：010-88361066　　　机　工　官　网：www.cmpbook.com
　　　　　010-88379833　　　机　工　官　博：weibo.com/cmp1952
　　　　　010-68326294　　　金　书　网：www.golden-book.com
封底无防伪标均为盗版　　机工教育服务网：www.cmpedu.com

前 言
商业数据就像侦探小说

小时候，我特别喜欢看动画片《名侦探柯南》。那时候家里不富裕，也没有什么想要买漫画书来看的想法，到了寒暑假，就会盯着电视里的点播频道，总会遇到有人来点播这个动画片。前前后后看了一些，可也记不得什么了，但还是有一种莫名的开心。

后来长大了，不怎么看动画片了，开始喜欢看《少年包青天》这样的案情电视剧，再后来看《伪装者》这样的谍战剧，又或者情节紧凑的《琅琊榜》《庆余年》……我发现，不光我喜欢，父母喜欢，身边的同事、老板也喜欢。

大家喜欢的是侦探故事吗？——是，也不是。或许，大家喜欢侦探故事，是因为好奇心，人们有对追求"真相"的本能向往，而这些故事恰恰给人们一种途径，去了解发现真相的过程。

为什么写这本书

我作为一个文科生，在读新闻传播专业的时候做过很多和新闻相关的实习，在报纸、杂志、广播、电视媒体等传媒单位都实习过。直到在一家咨询公司实习，研究地铁广告的投放效果时，我惊讶而幸运地发现：在文字、图像、声音、视频背后，还有一个东西在用宏观的视角探知媒介的真相——数据。

我毕业进入营销行业的时候，正是"大数据"概念盛行的时候，但当时能说清楚什么是"大数据"的人并不多。我从国内首批互联网广告监测公司做起，研究数据是如何影响营销决策的：从广告的营销，到社交平台的发展，再到电商成为人们生活的一部分……越来越多的数据可以被追踪和度量，也从更多维度影响企业的决策。

在我的工作里，因为需要通过数据来衡量媒介的效果或者一些消费者的洞察，所以总有一些"惊喜时刻"（英文里叫"Aha Moment"，就是突然发现了一件意想不到的事情）：遇到一个难解的问题，看到一个和自己所想不一样的数据，然后抽丝剥茧，探知背后的原因。这个过程很像在数据的海洋里做侦探，发现商业的真相。

有时候是一个洗发水客户突然受到了第二梯队竞争对手的威胁，而其实在舆情上早有端倪；有时候会发现，一个饮品有很多种"喝法"，而消费者自己创造的"喝法"能带来更多的销量。在商业社会，很多真相有待我们挖掘，这些真相的获取会直接影响商业决策。

同时，面对数字化的挑战，每个人在生活决策和消费决策中，很多时候也需要了解更多的真相，数据让我们能够从一个侧面更准确地把握和了解真相。

写这本书，就是希望能够把在营销中的商业数据洞察分享出来。

一方面，希望读者了解到数据在营销中的价值；另一方面，用通俗的描述和趣味化的语言，让更多人知道，用数据了解商业真相没有那么难，文科出身的我可以做到，很多人也可以做到（很多时候我们会不小心把文理对立起来，其实并非如此）。当然，了解真相的方式有很多，不止数据一种。只是，希望当数据就在我们手上的时候，我们不会因不能正确解读数据而做出错误的决策。

这本书会以商业中的营销场景为核心，分四部分展开。

第1部分（第1章和第2章），营销和数据的前世今生。这部分会先建立"营销"和"大数据"领域相关重要概念的共识。

第2部分（第3章到第7章），"大数据"时代下的营销真相。这部分会讲解硬核的数据监测原理，线上的广告、网站数据如何监测，社交媒体数据如何分析，线上线下数据如何打通等，同时也会分享行业的发展趋势和职业新可能。

第3部分（第8章到第10章），入门三部曲：从0到1做好营销数据分析。这部分会说明学习数据分析的思路和方法，可能会有一些颠覆性的认知，比如"有些时候，看报告比写报告更重要"。

第4部分（第11章和第12章），工具箱：入门商业分析的MNK（最少必要知识）。这部分会让你做到使用Excel和PPT的时候上手不再是"小白"。

哪些"商业侦探"需要这本书

这本书里的很多子问题，或许能够在网络上找到答案，但这本书会让你更加系统地了解营销与大数据的知识，希望这本书是一根线，能帮你牵出数据分析的"大线团"。在写作之前，我收集了公众号读者、在数据分析机构讲课时的学员以及同事同行的反馈，希望能够帮更多朋友完成"营销数据入门",因此尽可能用简单易懂的语言和通俗的比喻贯穿本书。如果读了这本书,读者觉得"一层窗户纸"被捅破了,我想我的目标也就达成了。这本书尤其可以帮助到以下三类人群。

- 想要跟上时代的传统营销人。

营销数字化是一个必然的趋势,未来会有越来越多的营销节点能够做到数据的"可追踪、可度量"。如果说20世纪60年代开始的以创意(Big Idea)为主导的营销世界需要《理解媒介:论人的延伸》这样的传播学著作的话,21世纪可能需要一本帮助大家"理解数据"的书。

在现实生活中,我经常遇到传统的营销人,他们中有广告公司的从业者,也有自己有一家公司并热切期待数字化转型的创业者。他们中的一些人会直接问我,作为一个营销人想具备数据思维应该怎么做;也有一些人以为只要能够拿到数据报告就搞定了一切,却因为对数据的错误解读而做错了决策;还有一些人,虽然想要了解数据,却被外界很多看似"深奥"的理论、专有名词吓到,认为所谓的"大数据"高不可攀。如果这本书能够带给大家一些关于营销数据的"信息"或者"信心",那就很好了。

- 想要理解营销业务的技术型同事。

在我有幸接触过的一些技术型同事里,有两种非常不同的人:问"为什么"的人和不问的人。前者拿到业务方的需求,会问为什么要这样的数据,思考这样的维度和指标是不是真的能解决业务问题;后者常常抱怨业务方给到的需求不清晰,或者根本就是一个"不靠谱"的需求。

对于前一种同事,我想这本书或许能够解答一些他们心里的疑问,了解为什么"右脑"形象思维发达的营销人要提这样或那样的需求；而对于后一种同事，我想如果他们看到这本书，也许会成为前一种人，并且感受到技术和营销可以有机结合的美感。

- 想要进入相关行业的学生、其他行业从业者，以及对这个世界感到好奇的人。

常常有和我类似的文科专业的朋友问：如何能成为一个数据分析师？我想这本书或许可以给你答案。如果你已经看到这里，我相信你已经感受到了：这本书不是一本冰冷的工具书，它带有温度。同时，我相信还有一些没有特别的目的，就是单纯好奇、求知的读者，以及一些聪明的读者，他们在想要迅速了解一个领域的时候，总会找到一本"说人话"的书，学习一些"最少必要知识"，以迅速地理解行业运转的规律。不敢说这本书一定能做到，但这是我希望做到的。

致　谢

写这本书的想法酝酿了很久,几年前有编辑通过我的公众号文章,看到我可以用简单轻松的语气来讨论商业数据问题,觉得很有意思,想约稿出版。可那个时候,一方面我刚刚入职互联网公司,工作比较繁忙,另一方面也受限于我组织大篇幅内容的能力,写书就拖了下来。但是,写书这件事就像一粒种子,在我心里种下了。所以,感谢曾经在我心里种下这粒种子的宏伟老师。

我用了两年多的时间才真正打磨好这本书的框架,达到自己满意的程度,后来与出版社沟通的时候,遇到了一些困难。感谢曾经有过出书经验的张俊红[一],因为在数据分析机构的一面之缘我们有了联系,在我准备出书的时候他帮我寻找资源。感谢为我推荐资源的曹郡丹,因为她我才得以遇到机械工业出版社的老师,也因为她的陪伴、鼓励,让我能够完成这本书。

[一] 张俊红,《对比 Excel,轻松学习 SQL 数据分析》的作者。

感谢我就职过的几家公司。在 AdMaster（精硕科技股份有限公司），我进行了互联网广告监测和大数据基础知识的学习；在 Social Touch（时趣互动科技有限公司），我对社交媒体的数据分析进行了全面实践，并且以数据产品售前和咨询顾问的角色参与到数据产品和项目的转型中，对数据技术有了更深刻的了解；感谢后来进入字节跳动开展策略工作的经历，虽然这本书里不涉及相关业务，但策略工作的经历使我有能力用结构化思维输出大篇幅的内容。

感谢写作过程中给予我支持的朋友。向他人讲解一组内容和把这些信息落在纸面上并且印刷成书，分量是不同的。当我对一些指标的理解有些犹豫，向以前工作的伙伴邓芳、吴思、孙新民求助的时候，他们都耐心地帮我回顾和解答。

还要感谢一个成为我精神后盾的组织——得到高研院。我们因为业余时间的学习而有机会相识，才促成了这次缘分。我做事常常拖延，我在得到高研院时的班主任王菲老师还常常来问我："书写得怎么样了？"当我纠结自己到底能不能写好的时候，恰好回得到高研院遇到鹿宇明老师，他说："创作是值得被祝贺的。"这句话鼓励了我。

写书经历了几个月的时间，我渐渐发现，人可以写作，这件事本身就是值得感谢的：表达和创造是人类的本能和使命。有时我想，也许并不是我创作了这本书，而是这本书给了我一个机会，让我可以表达自己，厘清自己的头绪，用作品和世界建立联系。如果说，一开始写这本书的我带着得失心的话，越到后来我越觉得，只要这本书能够帮助到一位读者，就是做了一件好事，而于我自己而言，这是一次记录行业、完善自我的经历，经历了就是好的。

最后，当然要感谢陪伴我的亲友。我的父亲是这本书的第一个读者，甚至在交稿前帮我对部分章节做了简单的校对。曾经是报纸编辑的他一如既往的严谨，年轻的时候他的名字被印在报纸上，那么这一次让他出现在我的书里吧。我的母亲在陪伴我写作期间，也见证了我在事业转型期的纠结和彷徨，她一如既往地鼓励我，让我能够写出有力量的文字。因为他们在我成长的道路上让我自由充分地探索，我才有勇气决定用这样的方式来记录我工作前几年的收获。

有人说，人身上的细胞七年就会更新一次。我很喜欢的作者和老师李笑来说，"七年就是一辈子"。开始认真筹备这本书的时候恰好是我工作的第七年，希望这本书为我在职场的第一个"一辈子"画上一个好看的"逗号"。

数据和资料说明

- 本书涉及数据的部分均已进行脱敏处理，数据不涉及具体品牌、媒体名称。
- 本书所使用的互联网公开报告，仅作为参考样例，不具有推荐或否定的主观因素。
- 本书所使用的互联网公开资料，均为公开新闻、案例、数据等。

同时，虽然作者尽力保证书稿质量，但撰写过程中难免有表述不妥或错漏之处，请读者指正。可以通过以下方式联系我。

邮箱：fyjg050405@163.com

微博、公众号：相思赋予骄

测试题

在开始关于商业数据的"侦探之旅"之前,可以先做个小小的测试,看看自己对营销和数据的"感觉"靠不靠谱。请先对照题目写出你心中的答案。

1.某品牌纸尿裤,在广告中宣称其品牌的纸尿裤去年在10个省份销量领先,作为妈妈的你,会因此决定给自己的孩子买这个品牌的纸尿裤吗?

A.会　　　　　B.不会

2.某运动型功能饮料,发现在某社交平台粉丝用户女性占比超过50%,是否可以得出这样的结论:这个饮料更应该向女性市场推广?

A.可以　　　　B.不可以

3.最近你需要购买一辆汽车,X品牌的宣传材料中说:有80%的车主认为这辆车"还不错"。Y品牌的宣传材料中说:该款车在过去半年的订单量在西北地区的占比最高。Z品牌的宣传材料中说:

该汽车的车主中来自广州的最多。请问以下结论正确的是：

A. X 品牌的车的口碑非常好

B. 相比于 X 和 Z，Y 品牌的车更适合在西北地区开

C. Z 品牌的车在广州最受欢迎

4. 你是某手机品牌的营销总监，希望在竞争激烈的情况下洞察到用户的新需求，从而生产一款受消费者欢迎的产品，于是找到两个咨询公司。其中 X 公司提出可以通过用户调研（样本量 300）来实现，Y 公司提出手里有 30 万名用户的大数据可供参考。在价格合理且相差不大的情况下，你选择哪家公司？

A. X 公司

B. Y 公司

C. X+Y，不一定要二选一

D. 具体看要解决什么问题，来做出最终的决策

5. X 和 Y 两个人是好朋友，他们一起出门旅行，两个人决定花销 AA 制，但是中间会存在相互垫付的情况，要记录两个人的花销，你会使用下面哪种表格？

A. 表格 1

	A 花费（元）	B 花费（元）	A 垫付（元）	B 垫付（元）
早饭	10	20	30	
划船	100	100		200
午饭	56	47	103	
冲浪	300	300	600	
晚饭	35	47	82	
免税店	12,980	3,940		16,920

B. 表格 2

	A 花费（元）	B 花费（元）	垫付款（元）和垫付人
早饭	10	20	30，A
划船	100		200，B
午饭	56	47	103，A
冲浪	300		600，A
晚饭	35	47	82，A
免税店	12,980	3,940	16,920，B

我的答案

对于上面的题目，我有自己的答案，它们不一定都是所谓的"唯一正确答案"，但却是经过商业营销数据训练后的选择。下面一一分享我的答案和理由。

1. 选 B。

"其品牌的纸尿裤去年在 10 个省份销量领先"不能带来购买该品牌纸尿裤的决策，这里的核心问题是：哪 10 个省份？

如果纸尿裤当前覆盖最好的恰好是人口密度最小的 10 个省份，那么就证明，在人口密度最大的省份，该品牌的市场占有率并不高。因此，该品牌未必是强势、可信赖的品牌，还需要了解更多的情况才能判断。

2. 选 B。

"在某社交平台粉丝用户女性占比超过 50%"意味着该品牌在这一平台上，女性用户多于男性用户，但是需要了解此社交平台的属性。如果这个社交平台本身女性用户占比就大于 50%，那么就不能这样粗暴地直接得出女性用户更多的结论。

3. 一个都不选。

X 品牌。"有 80% 的车主认为这辆车'还不错'"不能说明"X

品牌的车的口碑非常好"。主要是因为,不知道其他车的口碑是什么样子的。假设其他车的好评度都是90%,那么80%这个数据就不算高。其实还有另一个因素,就是不知道80%的分母是多少,如果只问了5个人,4个人说不错,这个样本量有点小。不过没有作为主要因素强调,是因为对于汽车这样低频高价的产品,样本量不是最核心的考量因素。

Y品牌。"该款车在过去半年的订单量在西北地区的占比最高",这里没有说清楚这个数据占比的分母是什么,因此无法直接得出"相比于X和Z,Y品牌的车更适合在西北地区开"的结论。

情况1:Y品牌在西北地区的订单量/各种品牌汽车在西北地区的订单量,如果这个数据排名第一,说明相比于其他汽车,Y品牌更适合在西北开。

情况2:Y品牌在西北地区的订单量/Y品牌的总订单量,如果这个数据排名第一,说明相比于其他地区,Y品牌在西北地区更容易售卖。

Z品牌。"该汽车的车主中来自广州的最多",这个表述暗含了分子和分母的关系:"该汽车的(所有)车主"是分母,分子是该汽车的广州车主——这一点很明确。但是要得出"Z品牌的车在广州最受欢迎",需要看Z品牌和其他品牌相比在广州市场的占有率。如果只有当前的数据,还有另一个维度的思考,就是用"Z品牌车主中广州车主的占比"与"全国有车人口中广州车主的占比"计算。假设Z品牌车主中10%来源于广州,在各省市之间排名第一,如果全国有车人口中15%的人来源于广州,那么相比于全国的情况,该品牌的区域占有率为-5%。因此,不能光看百分比的绝对排名,还需要看和标杆数据的相对大小。

预告:前面三个题目,都是关于商业数据如何解读,以及数据和业务的关系的，涉及多章内容，在第 8 章将有经典的案例供大家参考。

4. 选 D。

这里 X 和 Y 公司最大的差别就是：X 是将调研作为研究方法论，可以理解为是"小数据"，Y 是通过互联网监测数据的方式做分析，也就是所谓的"大数据"。这个选择背后的逻辑其实是什么时候用什么样的研究方法。这其实是非常个性化的选择，而题目中给到的信息量很少，比如要调研的用户群体大概是什么样子，需要获取哪些信息等。因此很难直接判断，还是需要回到问题的原点，先把问题定义清楚再做决策，所以选择 D。这里有一个 C 选项，就是同时选择 X 和 Y，可不可以呢？也可以，但是商业社会也要考虑成本，如果同时选择两个咨询公司就需要付两份钱。是否要同时使用两种方法，以及如果结合的话是否还需要当前的样本量，其实都不确定，所以不是一个简单的相加关系。

预告：关于"大数据"与"小数据"的关系，会在第 2 章中有所涉及。

5. 选 A。

如果两个人一起出去旅行，所经历的项目都差不多（可以直接算花费的总钱数，除以人数，就是每个人应付的钱），或者没有互相垫付的情况，就不会这么复杂，但事实上很多时候并非如此。这个题目中两个人的花费不同，且每次垫付的人不固定。

选择 A 的原因是，在可以做电子化表格的情况下，A 的计算逻辑更快，直接进行每一列的求和，就能够计算出 A 需要给 B 多少钱，用 17,120 元 −4,454 元 =12,666 元即可，如表 0-1 所示。

表 0-1　表格 2 求和结果

	A 花费（元）	B 花费（元）	A 垫付（元）	B 垫付（元）
早饭	10	20	30	
划船	100	100		200
午饭	56	47	103	
冲浪	300	300	600	
晚饭	35	47	82	
免税店	12,980	3,940		16,920
总和	13,481	4,454	815	17,120

这里其实还有一个电子化时代数据计算的基本逻辑：尽量不要在原数据表格中使用"合并单元格"功能，让每个数据的细项尽可能地都呈现在原数据表格里。在表格 1 中，直接使用求和公式就可以迅速计算出总和，而在表格 2 中则无法快速计算。

这个题目的背后，其实是在说：在数据采集的阶段，就应该考虑到后续数据计算的便捷性。也是在有 Excel 等数据工具的情况下，提醒大家使用更快捷的方式来解决问题。

预告：这部分内容在第 11 章中有所体现。

其实，在营销领域，数据本身不是目的，而是手段。对营销业务有着深刻理解的人，可以通过数据帮助自己做更科学优质的决策，而数据思维就是一种批判性思维（Critical Thinking），帮助我们独立思考。有了这样的能力，无论在商业决策上还是个人消费决策上，都多了一种视角，也多了一个帮手。

目 录

前　言　商业数据就像侦探小说
致　谢
测试题

第 1 部分

营销和数据的前世今生

第 1 章　营销这个商业游戏，谁在玩 • 2

1. 消费者：游戏的起点 • 3
2. 商家：游戏玩家 • 6
3. 媒体：从媒介到游戏规则制定者 • 9
4. 营销公司：游戏方法论探索者 • 11
5. 第三方公司：裁判 • 13
思考练习 • 15

第 2 章 数据帮助营销决策 · 16

1. 数据是资源，也是生意 · 16

   广告主：要么省钱，要么赚钱 · 17

   媒体和营销公司：钱没白花 · 18

   第三方公司：数据积累和沉淀 · 19

2. 数据与营销的关系在互联网时代之前已经存在 · 20

   量化研究：媒体和消费者的两个面向 · 20

   质化研究：人机协同下的技术发展 · 24

   传统营销效果评估方法的局限性 · 26

   "大数据"时代到来 · 27

3. 对"大数据"的误解与修正 · 30

   数据≠数字（Data≠Number） · 30

   大≠多，数据多不一定能解决问题 · 32

   "大数据"就是比"小数据"好吗 · 33

   去除技术滤镜，数据原本很简单 · 34

思考练习 · 36

第 2 部分

"大数据"时代下的营销真相

第 3 章 营销模型的变与不变 · 40

1. 营销模型中的"变"量 · 40

   从商家视角到消费者视角：4P 与 4C · 41

   从被动到主动：AIDA 与 AISAS · 42

   从广告到经营：AARRR 与 AIPL · 44

   从转化到分享："漏斗"与"波纹" · 46

从线性到乱序：5A • 49
2. 营销模型中的"不变"量 • 50
　　整合营销下的 POE 模型 • 51
　　POE 模型与数据业务的关系 • 54
思考练习 • 55

第 4 章　Paid Media：浪费的广告预算去哪儿了 • 58

1. 广告监测的基本原理 • 58
　　消费者在媒体上看广告 • 59
　　品牌方针对媒体类型分配预算 • 62
　　互联网广告排期 • 63
　　互联网广告计费方式 • 67
　　第三方公司如何监测媒体 • 69
2. 广告监测的维度和指标 • 74
　　基础指标 • 75
　　监察指标 • 78
　　优化指标 • 81
3. 案例：广告监测评价媒体效果 • 83
　　媒体许诺的曝光点击是否达标 • 84
　　是否存在异常数据 • 86
　　未来投放有哪些优化空间 • 88
思考练习 • 92

第 5 章　Owned Media：用户来看我，我好看吗 • 94

1. 自有网站和 H5 的监测原理 • 95
　　从 HTML 说起 • 95

消费者进入品牌网站之前 • 97

品牌方针对自有网站的监测 • 99

2. 网站和 H5 监测的指标 • 100

基础指标 • 100

兴趣评估指标 • 104

热力图插件 • 106

3. 案例：网站监测评价活动效果 • 108

案例 1：异常数据排查 • 108

案例 2：广告和网站优化分析 • 110

思考练习 • 113

第 6 章 Earned Media：社交数据撬动粉丝力量 • 115

1. 社交媒体和数据的基本概念 • 116

社交媒体与社会化营销 • 116

社交数据的获取、解析、结构化 • 118

2. 社交媒体数据的指标 • 119

互动指标 • 120

舆情指标 • 120

关系指标 • 122

指标解读误区 • 123

3. 案例：社交媒体数据分析的 5 大场景 • 125

日常舆情监测与活动效果评估 • 126

品牌负面处理和危机公关 • 129

消费者需求挖掘与新产品探索 • 132

代言人与 KOL 选择 • 134

账号分析与客户关系管理 • 138

思考练习 • 142

第 7 章　POE 模型下的行业变革与机会 • 148

1. Paid Media：程序化广告与动态优化 • 149

　　程序化广告趋势成为共识 • 149

　　数据如何在程序化广告中发挥作用 • 154

　　从投放程序化到创意自动化 • 156

2. Owned Media：从营销数字化到经营数字化 • 158

　　第一、二、三方 DMP • 158

　　DMP,CRM 与 CDP • 159

　　从数据分析到 IT 项目管理 • 161

3. Earned Media：从社交媒体到社会化运营 • 165

　　数据助力互联网社交化运营 • 165

　　从 Web2.0 到 Web3.0 的新可能 • 167

思考练习 • 169

第 3 部分

入门三部曲：从 0 到 1 做好营销数据分析

第 8 章　营销数据分析的第一步：理解数据 • 173

1. 测试你的 Data Sense • 174

　　我的工资有没有拖后腿？——平均数和中位数 • 176

　　为什么总是广东省第一？——绝对值与大盘值 • 178

　　分母太小，百分比无意义——比例与绝对值 • 180

2. 数据统计的基本概念 • 181

　　数据的类型 • 181

数据的集中趋势描述 • 183

　　　数据的离散程度描述 • 185

　思考练习 • 187

第 9 章　营销数据分析的第二步：模仿学习 • 190

　1. 粗读报告要看四件事 • 191

　　　研究目的 • 191

　　　数据来源和数据获取方式 • 193

　　　维度和指标 • 197

　　　研究的有效性 • 201

　2. 营销报告模仿实例 • 202

　　　一份报告怎么看 • 202

　　　日积月累怎么做 • 211

　思考练习 • 214

第 10 章　营销数据分析的第三步：创造实践 • 215

　1. 完成数据分析报告的流程 • 215

　　　需求沟通 • 217

　　　报告框架和流程规划 • 218

　　　数据收集和整理 • 223

　　　可视化和产出洞察 • 225

　　　结论汇报和校正 • 229

　2. 完成第一份数据报告 • 231

　　　拿自己的数据来练手 • 232

　　　找公开数据来研究 • 239

　思考练习 • 243

第 4 部分
工具箱：入门商业分析的 MNK

第 11 章　Excel：基础但不"小白"的分析工具　·　247

1. 数据录入：你的打开方式对吗　·　247

　　文件格式：让表内数据成行成列　·　248

　　数据格式：无法计算都因为这步没做　·　251

　　证明你不是小白：数据验证　·　255

2. 数据整理：至少要看三眼　·　258

　　第一眼就能看出来高低的数据　·　259

　　第二眼才算规整的数据　·　266

　　第三眼需要借助公式的数据　·　276

　　证明你不是小白：VLOOKUP 公式　·　281

3. 数据透视表：花 20% 的精力解决 80% 的问题　·　288

　　数据透视表：不会公式也能分析　·　288

　　证明你不是小白：以终为始，想在做前　·　295

思考练习　·　297

第 12 章　PPT：不是排版工具，而是表达工具　·　301

1. 信：正确精准地可视化，确保信息可见　·　302

　　一个图表的"三要一不要"　·　302

　　一页数据 PPT 的"上中下"原则　·　309

　　一份报告的"必要""可要""不要"　·　311

2. 达：准确提炼数据结论，确保观点可用　·　312

　　没有框架就没有观点　·　312

　　让框架符合"金字塔原理"　·　314

从数据描述到观点输出 • 318

3. 雅：排版服务于观点，让报告可传播 • 320

页内逻辑为关系服务 • 320

页间逻辑为结构服务 • 324

思考练习 • 331

结语 • 332

参考文献 • 335

第 1 部分

营销和数据的前世今生

我和很多朋友一样,在生活中有这样一个难题:很难用一句话说清楚自己是做什么的。

- 当我说自己是"做营销的"的时候,就会被人问:"哦哦,那你卖什么东西呀?"(认为我的工作是销售);
- 也有人会直接问我:"你要找多少个下线?"(以为营销就是传销);
- 而如果我说,我是做网络数据监测的,就会有人问我:"你们是不是窃取我们隐私信息的?"。

生活中,这样的误会时常会发生,工作时间越久,越会发现,需要先把很多基础的概念厘清,才能在一个特定的概念下进行讨论。因此,在第 1 章和第 2 章,我们会集中把营销的概念、营销业务中涉及的数据概念讲清,同时也会梳理清楚营销和数据的关系。那么就让我们从营销的概念开始吧。

第 1 章

营销这个商业游戏,谁在玩

如查阅足够多的资料和论文,可以发现对于"市场营销"(Marketing)的概念,有很多种表述。《营销管理》中定义了广义的"营销"概念:识别并满足人类和社会的需要。因此,在商业社会,营销具有非常重要的作用。可以说,只要有商业的存在,就有营销的场域。如果说,商品的交易是一种商业游戏,那么营销也是一个游戏战场。只要是游戏,就有玩家,就有规律。

如果说营销是一场游戏,那么,其中至少有 5 个重要角色,这一章就向大家揭秘这 5 个不同的角色——消费者、商家、媒体、营销公司、第三方公司,如图 1-1 所示。而你自己可能至少是其中的一个角色。

广告主为了触达消费者,会选用合适的媒体。最常见的方式就是在媒体上投放广告，那么广告创意的策划、媒介的采买等则可能通过营销公司（广告公司、公关公司等）代理完成。随着对数据需求的强化，第三方公司介入，以"裁判员"的身份来审计广告投放的效果。在这个过程中，数据发挥着日益重要的作用。

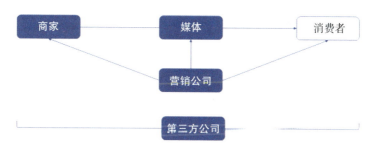

图1-1　营销游戏的5个重要角色

1. 消费者：游戏的起点

消费者是营销故事的起点，而且营销的最终结果是消费者买单。因此，我们要从认识消费者（很多时候也就是我们自己）开始。

营销离我们的日常生活很近，因为我们每个人都会参与到营销的游戏当中。人们有很多需求，当有产品或者服务可以满足时，就会有人发起营销动作。因此，消费者是营销故事的起点。不过，消费者是多种多样的，要做好营销，先要定义消费者。

最简单的说法，如果"营销"的定义是"识别并满足人类和社会的需要"，那消费者就是"有需要的人类"。但对于这个概念之下的具体情境，有些时候人们也会感到困惑。

比如，"买"产品和"用"产品的是一个人吗？想象这样一个场景：丈夫升职了，想要买一条好领带，但觉得自己的审美没那么好，而妻子常常帮他选衣服，于是，就把这件事全权委托给妻子，妻子去了商场，看了多款领带，最终选择了其中一款并且付了钱。那么，在这个场景里，谁是消费者呢？是丈夫，妻子，还是他们两个都是呢？在英文里，有两个词可以区分这个场景：Consumer（消费者）和 Customer（顾客）。Consumer 这个词是 Consume（消耗）的名词形式，所以，真正的"消费者"是消耗（用了）产品或服务的人；而 Customer 是光顾商店的人，尽管产生了购买行为，但并不一定是直接的使用者。在这个例子中，丈夫才是真正的消费者，因为他才是使用领带的那个人，而妻子是顾客。类似的情况还有很多，我们要考虑清楚购买决策是谁下的。在刚才的场景中，我们更需要影响妻子的购买决策。同样，在多数送礼情况下，须主要影响送礼的人。所以，消费者并不一定是购买者，而是最终消耗产品或者服务的人。做好营销，不仅要考虑对消费者的影响，也要考虑对顾客的影响——谁是购买的决策方，更需要影响谁。

再比如，购买或者消费的一定是个人吗？企业、政府是不是也可以成为消费者呢？在很多商业场景中，大家都会遇到这种词：to B，to C 等，有时候还会被简写成"2B""2C"（因为 2 的英文是"two"，发音和"to"类似）。但总有些分不清楚。其实这些"to"开头的词，都是在表达"对谁说、影响谁"。换句话说，"to"后面描述的就是一种生意所面向的消费者。下面就此做简单的讲解和区分。

to C：即 to Customer，就是对顾客，指向的是个人消费者。平时每个人都会用的产品，其实都是 to C 的，比如薯片、饮料、服装……这些通常情况下是卖给个人消费者的，这部分生意就是 to C 的。前文的多数例子，也都是 to C 的。

to B：即 to Business，指向的是对商业消费者，通常是企业。比如，刚才说到的薯片、饮料、服装，也有可能会卖给企业，有的企业采购零食，或者采购工服，那么这种就是 to B 的。除了一些可以

to C 也可以 to B 的产品之外，也有一些产品是只针对企业的。比如，机床、拖拉机，软件领域也有一些专门服务企业的，这些都是 to B 的产品。

to G：指的是对政府消费者，to Government。同样，有可能是 to C 也可以售卖的产品，也有可能是只为政府相关部门提供的产品或服务。

to S：这个比较少见，是 to School，指的是对学校消费者。有些时候，to G 和 to S 不会被特别清晰地单独划分开来，消费者为机构的情况下，有可能会使用"to B"的说法来概括。

这里提个问题，为什么 to C 是 to Customer 而不是 to Consumer 呢？——对，聪明的你可能已经发现了，消费者可能是个人，也可能是企业、政府、学校等。因此，消费者是以上这些类型的总集。不论是个人还是机构，都会有一些需求，这些需求方就都是消费者。

我们再延展一下，市面上还有一些词，经过刚才的解释，是不是也就比较好理解了，比如以下几个词。

B2B = Business to Business，就是一个产品或者服务，由企业卖给企业。比如微软把办公软件卖给采购的公司。

B2C = Business to Customer，就是一个产品或者服务，由企业卖给个人。比如微软的软件也可以卖给个人。

C2C = Customer to Customer，就是一个产品或者服务，由个人卖给个人。比较有代表性的就是闲鱼 app(Application，应用程序）上，有人转让自己的二手商品，供给和消费的都是个人。

这些就是营销行业谈论消费者过程中的一些主要概念了。有些时候，我们看到一些字母或者概念，就天然觉得不好理解，其实通过一些简单的例子就可以迅速理解了。

2. 商家：游戏玩家

营销行为是建立在需求成立的基础之上的，消费者有了需求，就需要有产品或者服务来满足。满足需求的一方，通常情况下被称为"商家"。举个例子，人们口渴就需要喝水，于是就会出现饮品来满足需求，比如农夫山泉、可口可乐等，这些饮品的供给方就被称为"商家"。

在本书中，在描述"商家"的时候，可能会使用一些其他的说法，比如"品牌方""广告主"。它们都拥有产品或者服务，希望触达相应的消费者角色，之所以有时候使用不同的描述，是因为可能面对不同的场景。表格 1-1 梳理了商家、品牌方、广告主的定义。

表 1-1 商家、品牌方、广告主的定义

商家	提供产品或者服务并以此盈利的机构或个人
品牌方	通常是商家，同时多数情况下具有一定的品牌力，如可口可乐就是一个品牌（Brand）。但有些时候，广义的"品牌方"就等于"商家"
广告主	通过投放广告（通常情况下是付费的）来影响消费者的机构或个人

三者的关系是：

- "商家"是更广泛的概念；
- "商家"可能是"品牌方"，"品牌方"大概率会投放广告，投放广告就成为"广告主"；
- "商家"如果不投放广告，就不是"广告主"。

商家的生意模式不同，在进入营销领域之前，我们对很多生意类型有模模糊糊的认识，但是并没有对其进行提炼总结。商家的生意，在营销领域有很多种划分方式，这里用一个大家最好理解的方式来描述："高频低价"和"低频高价"。

高频低价：指的是消费者大概率会高频次购买的产品或服务。通常情况下，交易频率越高的商品可能价格越低。在大众消费品里有很多都属于这种，比如食品饮料（前面提到的可口可乐就很典型）、日化、母婴、服饰等行业的产品。可能有朋友会说，有的衣服还是很贵的，那大家要区分一下，按照普通人的购买习惯，这个产品是普通服饰还是奢侈品。

低频高价：通常低频的产品价格相对较高，决策周期比较长。比较有代表性的行业包括房产、家居、文化旅游。通常情况下，一个人一辈子买房、装修的次数是非常有限的，单次消费相对较高，旅游相对来说频次高一些，但可能对大多数人来说，跨省市出游也得几个月一次。

需要说明的是，这里的划分并不绝对，伴随着用户消费习惯的变化，有些行业的消费会从"低频高价"向"高频低价"转移。其中最具有代表性的，或者说目前介于两者之间的就是3C（Computer——计算机、Communication——通信和Consumer Electronics——消费电子产品，三类电子产品的简称）行业。曾经买一部手机可能需要考虑很久，而当消费类商品在规模化的驱动下价格逐渐降低以后，商品的购买频次也会逐渐增加——现在有多部手机的人也越来越多了。

总之，这里所说的"高频低价"和"低频高价"，只是为了让大家在面对商家的行业时有一个整体的概念和参考，无须过分教条。

要了解商家，不仅要了解生意模式，还要了解和营销相关的两个重要的、有博弈关系的部门。不同商家、不同规模，会有不同的组织架构。一些公司在早期，最核心的部门就是产品部门和销售部门；但伴随业务的增长，通常情况下，会同时出现营销部门和销售部门，比如之前提到的农夫山泉、可口可乐，都有营销部门。但对不在企业中的人来说，有的人会把做营销工作的人当成销售，也有一些行业的销售人员会说自己的职能是营销。那么营销部门和销售部门的关系是什么呢？一个最简单的说法就是：销售部门是赚钱的，营销部门是花钱的。

大家可能会问，营销不是"识别并满足人类和社会的需要"的吗？既然满足了别人的需要，是不是应该还是赚钱的呢？是，也不是。营销的最终目标是赚钱，但使用营销手段的时候势必要花钱。举个例子，广告投入属于营销部门，每年营销部门需要盘点下一年需要花费的广告预算，这其中包括线上的广告，也包含线下的广告（比如我们在公交车站、机场、电梯里看到的广告牌等）。这些广告打出去了，消费者对产品或者服务有了认知，开始觉得一个产品很好了，就可能产生购买行为，最终带来销售。例如：大家先是知道了"今年过节不收礼，收礼只收脑白金"，才促进了脑白金在礼品赠送场景的售卖；士力架让大家"横扫饥饿，做回自己"，消费者在需要补充能量的时候才会联想到这个产品。当然，除了广告，还有很多可能影响用户购买决策的链路，比如社交媒体、社群、会员机制等，这些都与市场营销息息相关。

在行业里还有另外一个说法：营销是空军，销售是陆军。这更多是一个比喻。传统的营销影响的是用户的心智：知晓度、满意度等。传统的销售是一对一的说服，为了促成快速直接的转化，比如电话销售、路边拦截销售等。

不过，伴随互联网技术的发展，营销和销售有从曾经的逐渐分开重新"走到一起"的趋势：一些互联网广告是以优化到购买为目标的。营销成为一种商家的"投资"行为：先花钱影响消费者的认知，从而从消费者那里赚到更多的钱。

在当今社会的很多传统领域，新的品牌开始走入人们的视野：国际美妆大牌稳坐江山的时候，完美日记突然崛起；传统饮料行业已经巨头林立的时候，喜茶、元气森林突出重围成为新的热点……因此，更多的商家提早布局营销和品牌建设，营销被当作很多企业十分看重的环节。

3. 媒体：从媒介到游戏规则制定者

前面讲了消费者和商家两个角色，那么这两个角色想要产生互动，就需要媒体的存在。在传播学领域，对于媒体有很多的研究，其中较为著名的是传播学者麦克卢汉所说的"媒介即信息"（The Medium is the Message）：任何媒介（即人的任何延伸）对个人和社会的任何影响，都是由于新的尺度而产生的；我们的任何一种延伸（或者说任何一种新的技术），都要在我们的事务中引进一种新的尺度。

这段话简单理解，就是在说，媒介看起来是承载信息的一种形式（比如同样的信息，可以使用口头传播、书面传播、广播传播、电视传播等），但传播的这种形式本身就具有重大的意义。当今，营销行业也被传播媒体的变化重新塑造，而且发生了翻天覆地的变化。

人类社会的媒介从原始时代的口耳相传，到后来有了符号，再到有了纸张后，经过很长一段时间可以实现规模化生产，信息才能通过图书来传播。之后也就有了传播学中说到的"大众传播"（Mass Media）：报纸、杂志、广播、电视。

然而，随着互联网时代的到来，以上的媒体都成为"传统媒体"，而互联网时代的媒体，被多数人称为"新媒体"。在这个小标题下，我没有使用"传统媒体"和"新媒体"这两个相对的概念，因为我相信，媒体形态还会不断变化，会不断出现更"新"的媒体，因此使用了"大众传媒"和"互联网媒体"的说法。

虽然互联网是20世纪80年代才开始被大众了解的，但是互联网媒体的变化和迭代速度比之前的大众媒体更快了。在行业里，通常会

将互联网媒体划分为以下四个时代。○

门户网站时代。这种网站年轻朋友可能了解比较少，就是早期手动将一些资料信息放在互联网上，提供一个获取综合性信息的入口，这个入口就被称为"门户"。雅虎网、新浪网、搜狐网是典型代表。

搜索引擎时代。搜索对很多朋友来说应该比较熟悉了，当互联网上的信息量越来越多时，靠人"走进一个入口"去翻阅信息是不可能的了，因此就需要检索，也就是营销领域常说的，进入了"人找信息"的时代。比较有代表性的网站包括谷歌和百度。

社交平台时代。无论是门户网站时代还是搜索引擎时代，都是人在受着信息的牵引，信息的传播也仍然是相对中心化的。有人生产信息，有人查找信息，这被称为互联网的第一阶段，也叫作Web1.0时代。后来，用户开始在互联网上编辑和创建内容，进入Web2.0时代，开始了社交，互联网内容的消费者同时也成为内容的生产者，在这个时期，国外诞生了Facebook、Twitter，国内则出现了微博、微信。

推荐时代。其实互联网的推荐机制很早就产生了，比如亚马逊或者淘宝，会根据用户日常的行为去推荐他们可能感兴趣的商品，而这类技术用在内容上成为一个有针对性的创新。今日头条、抖音是这个时代的代表。

在叙述互联网媒体的四个时代的同时，其实还有一条"暗线"，就是互联网媒体的发展从PC（Personal Computer，个人计算机）端到移动（主要指手机）端的转变，媒体形式也从网页成为一个个app。

在这些变化中，有一件事情没变：媒体作为连接消费者和商家的角色没有变。因此，广告也一直是媒体最普遍的赚钱方式。

互联网时代和传统的大众传媒时代最大的差异就是，互联网让

○ 参考文章：https://www.huxiu.com/article/326887.html

"规模化"走向极致。从前,可能某一个电视频道拥有比较高的收视率,一个报纸有很高的订阅量,这样的媒体会成为商家更愿意刊登广告的地方。而互联网打破了时间的界限,没有地域的差异,甚至不需要实体的纸张承载,只需要在网络上把人聚集起来即可。

因此,与之前的很多次媒介革命一样,互联网的出现也让媒体成为更强势的规则制定者,尤其是一些用户覆盖量级很大的媒体。商家需要思考,如何能够让自己的广告被用户看到。公开数据显示:截至2021年9月末,微信及WeChat的合并月活跃账户数达12.6亿⊖,抖音的日活跃用户(即每天登录一次的用户)达到6亿⊜,在这样的数据量级下,广告主要做好营销将面临两个挑战:如果想要覆盖更多的用户,就要有更高的广告预算;如果想要精准触达用户并带来转化,就要和其他的广告主竞争,带来更多与消费者互动的有效机会。

4. 营销公司:游戏方法论探索者

商家为了触达消费者,可能会通过在媒体购买广告来实现。现实生活中,会面临这样的情况:商家很多,消费者类型很多,媒体也很多。在这种情况下,就需要有人来研究在错综复杂的市场环境下,如何做到更好的资源配置。于是,就产生了提供这种服务的公司,即我们常说的广告公司、营销公司。

20世纪60年代,创意为王。有一部美剧的名字叫《广告狂人》,讲的是20世纪60年代美国广告人的生活。在那个时代,媒体渠道还非常有限,能够创作内容的人才尚不饱和,一个顺应消费者习惯的洞

⊖ 数据来源:https://new.qq.com/rain/a/20220208A03M3R00
⊜ 数据来源:https://baijiahao.baidu.com/s?id=1734333865096953990&wfr=spider&for=pc

察、一个好的广告语、一个"Big Idea"就能够为营销人带来不菲的收入。一个品牌作为广告主，以年度或单次的项目与营销公司签订合同。那个时代的营销行业以创意为中心，非常依赖策划、文案和设计人才。"头脑风暴"（Brainstorming，多个人在会议室自由联想和讨论，从而产生新观念或激发创新设想）是一直持续到现在的广告公司常用的方式。

20世纪下半叶，广告和公关相伴相生。 伴随生产力的发展，行业细分开始。这里指的行业细分不是消费品类的细分（比如消费品行业逐渐分化成日化、母婴、服饰等），而是营销行业内部的细分：营销的边界被拓宽，除了大家熟知的广告之外，还有公共关系（Public Relationship）等更多种面向大众传播的行业出现。用一个有意思的比喻来描述"广告"和"公关"的差异：假设一个男生希望让一个女生喜欢自己，他主动跟女生说"我很好，很会照顾人"就是"广告"；"公关"则是请女生的室友旁敲侧击地说他很好。

21世纪，数字化营销崛起。 无论是创意为王的广告时代，还是公关进入营销领域，20世纪的营销传播都是基于传统大众媒体的。如果说，营销是一场游戏，伴随前面讲到的互联网媒体的变迁，营销公司就要不断适应和改变营销的游戏方式，互联网的崛起带来的是革命性的变化。当前，很多企业面临数字化转型的挑战，也与此息息相关。《艾米丽在巴黎》体现了数字化时代对营销的影响：艾米丽从美国被派到法国，在法国传统的营销环境下，她无意间用社交媒体为自己和品牌都带来了营销机遇。

当下，营销行业也在转型过程中，广告公司和营销公司不仅向创意、公关、策划等方向发展，而且开始打造数据能力。有一些营销公司选择收购正在成长的数据公司、技术公司；有一些营销公司搭建内生性的大数据部门，从0到1打造自己的数据能力。

5. 第三方公司：裁判

我们把营销当成一个游戏来比喻：媒体逐渐强势，成了制定游戏规则的人；品牌方手里有营销预算，要通过媒体找到对的消费者，相当于"氪金玩家"；它们通过营销公司来实现这一目标，找到了"联盟打手"。有人创造游戏，有人玩游戏，按说相安无事，但问题出现了：有没有这样一种可能，营销公司拿了品牌方的钱，和媒体勾勾搭搭，没有把这笔钱用好；或者，营销公司没有恶意，但就是营销决策做错了，钱花出去了没有效果；又或者，媒体垄断了消费者资源，制造假的数据（比如有 1000 个人看了广告，但媒体谎称是 10000 个人）呢？为了解决这些问题，第三方公司出现了，它相当于游戏中的裁判，或者说是营销行业中的"审计"。

这个可以从英特尔"噔噔蹬蹬"的广告音说起。细心的朋友会发现，在很多计算机上会贴有 Intel 的一个小标签，说明里面用的是 Intel 芯片。年纪大一些的朋友看到这个标题，脑子里应该会自带 BGM（Background Music，背景音乐）。早期计算机刚刚普及，通过电视广告向大家传达信息的时候，前面都在讲计算机本身哪里好，最后总有 Intel "噔噔蹬蹬"的广告音。

这背后的逻辑是：Intel 的直接消费者是计算机厂商，但 Intel 芯片很优质这件事，需要让终端消费者（最终购买计算机的人）了解，只有这样它才能确立自己的品牌地位。所以，在广告里，前半部分是计算机广告，最后，Intel 通过短短的四个音，来锚定消费者的心智。

那么，有一个问题，谁付费给电视台呢？想一想，大概率是计算机厂商吧。这其中，Intel 和计算机厂商协定，给到一定比例的广告费用。比方说，计算机厂商总共给电视台 10 万元，Intel 出其中一部分（比如是 30%，3 万元）给计算机厂商。当然，这个分成比例是持续变化的。

接下来，新的问题出现了。

在电视广告时代，什么时间、在哪个频道播放广告，是确定的、透明的，如果Intel不放心，担心广告里没有"噔噔蹬蹬"的广告音，最笨的办法就是，找一个人每天同一时间搬个小板凳坐在电视机前，看着那个电视频道有没有正常播放广告就可以了。

在互联网时代，每天有很多不同的人在上网，有的人凌晨3点在优酷看到这个广告，有的人在早上10点看到这个广告，一个小板凳远远不够了。其实对计算机厂商来说又何尝不是如此呢？谁来监督媒体有没有播放"我们"（计算机厂商和Intel）的广告呢？这个时候，就急迫地需要第三方公司来进行数据监测。只有监测数据确保媒体方确实达成了目标，有足够多的人看了广告，计算机厂商才能付钱给媒体；也只有在这个情况下，Intel才能按足量的比例把钱给到计算机厂商。

在这个例子里，互联网营销时代多么需要数据"审计"，就非常明了了。而这个角色只能由第三方承担。

我们总说"第三方"，那前两方是谁呢？

广告主叫作"第一方"，其实也就是我们往常说的"甲方"（即提出目标的一方，通常情况下是出钱的一方），英文都对应"First Party"这个词；媒体方叫作"第二方"，同样，与"乙方"共同对应"Second Party"这个词，媒体方和营销公司都是品牌方的乙方（即提供产品或者服务的一方，简单来说就是"干活收钱"的一方）。在营销的几个角色中，品牌方把钱付给营销公司，营销公司挑选媒体，再把品牌方的钱的一部分给到媒体，中间赚取一定的服务费用。

第三方公司是独立于甲方和乙方的第三方（Third Party），保持中立，这样才能保持裁判的角色。

通常，当在营销和数据业务中需要描述"数据从哪里来"的时候，使用"第一方、第二方、第三方"这组术语；而说到"甲方、乙方"的时候，通常是指签订合同的双方关系。

广告主、媒体、营销公司、数据公司分别属于第一方、第二方还是第三方？从合同角度看又分别属于甲方还是乙方呢？表1-2梳理了这些玩家所处的"位置"。

表1-2 从数据和合同角度看不同的营销玩家

角色	数据角度	合同角度
品牌方/广告主	第一方	甲方
媒体	第二方	品牌方/广告主的乙方，或者营销公司的乙方
营销公司	第二方或第三方（有机会获得媒体数据，或从第三方获取数据）	品牌方/广告主的乙方
数据公司	第三方为主，可以为品牌搭建第一方数据服务	品牌方/广告主的乙方，或者营销公司的乙方

思考练习

（1）请回忆以下信息：最近一次看到广告，是在什么时间、什么地点？看到的是哪个品牌的广告呢？

（2）很多品牌主都有自己的标志性广告语，比如："今年过节不收礼，收礼就收脑白金""钻石恒久远，一颗永流传"。除此之外，你还能想到哪个广告语？它对应的是哪个品牌？

（3）请在互联网上搜索"营销 数据 公司"，看看有哪些公司提供营销的数据服务吧。

（4）打开百度，搜索"百度指数"，在百度指数中，搜索你在第1题中想到的品牌名称，看看会有什么结果。

第 2 章

数据帮助营销决策

第 1 章讲了营销中的几个重要角色,并没有讲营销和数据的关系,这是因为对营销活动和角色的业务了解是使用数据的前提。就像在日常生活中,我们要做一个决策,数据当然是不可忽视的手段,但能解决问题才是目的。这一章就来讲一讲,数据是如何在营销活动中发挥作用的。

1. 数据是资源,也是生意

在营销行业,一直都有针对媒介研究的数据统计介入。报纸时代有订阅数,广播时代有收听率,电视时代有收视率,甚至线下广告(比如地铁广告)可以参考人流量,互联网时代则有曝光率、点击率这样的指标。品牌方/广告主想要把营销的钱花在对的地方，就需要用数据说话。获取数据的本质是了解数据所代表的消费者群体，与生意息息相关。我们从前面讲到的几个营销中的角色的角度，看看数据（尤其是互联网时代的数据监测）对营销的价值。

广告主：要么省钱，要么赚钱

我们设想这样一种情况：一个计算机品牌在互联网上投放了广告，互联网媒体 A 在签署合同的时候保证广告可以被 1000 个人看到，互联网媒体 B 保证广告可以被 2000 个人看到。那么，如果没有对数据的监测，是不是媒体说有多少人会看广告，就有多少人会看了呢？

网页时代，在互联网监测没有充分普及的时候，品牌方买广告的逻辑类似于报纸时代，尽量买"头版头条"（占据网页最上方、最大、最显眼的位置），来提高可见性。但这个网站有多少人浏览，广告主并不完全了解。

不过，媒体 A 和媒体 B 都是知道自己的用户量级的。报纸时代可以通过一个比较长的稳定周期确认报纸的订阅数量，广播和电视可以监测收视（听）率，一个网站或者一个 app 可以知道有多少人打开了自己的页面。

但是，媒体有没有可能造假呢？

如果媒体 A 发现媒体 B 对广告主承诺的人数比自己的多，也就意味着媒体 B 可能能赚到更多的钱，媒体 A 会不会对广告主说自己的网站也能触达 2000 个人呢？假设媒体 A 造假成功，媒体 B 知道了会不会气不过，对广告主说自己可以覆盖 3000 个人呢？

在没有监测的情况下，媒介是有造假动机的，这就非常需要第三方数据监测来解决这个问题。对媒体的触达进行公允的测量，是第三方数据帮助品牌完成的第一步——省钱，不被骗、不被忽悠。有了第三方数据公司的监测，如果媒体 A 说自己能覆盖 2000 个人，第三方监测数据显示它只覆盖了 1000 个人，那另外 1000 个人需要媒体 A "补"回来。比如，隔几天之后再投放一轮这个品牌的广告。

省钱除了意味着不被骗、能补量之外，还意味着能够帮助广告主挑选媒体。第三方数据公司的监测能力，相当于让各家媒体广告投放的效果都变成透明的，因此如果哪一家投放效果不好，下一次广告主可能就不选择这家媒体进行广告投放了，而是把预算资源配置到表现更好的媒体，实现广告资源的优化配置。

那么，数据监测如何帮助广告主赚更多的钱呢？这需要了解监测背后更深层的原理。简单来说，就是通过更精准的技术手段，更快、更准地找到对品牌感兴趣的人。在传统广告时代，汽车广告通常出现在 CCTV-5，因为大家默认男性更可能购买汽车。但女性是不是也需要买车呢？即便目标受众是男性，男性对不同车的需求差异很大，为什么越野车、家用车都投放在一个频道呢？数据可以让广告实现千人千面，根据消费者以往在互联网上的表现推断他感兴趣的产品，推送给他，从而帮助广告主赚更多的钱。这个过程具体是如何实现的，会在第 6 章涉及。

媒体和营销公司：钱没白花

了解了品牌方的目标和需求，自然就不难理解，作为乙方的媒体和营销公司，要帮助品牌方省钱或者赚钱，提供好服务，才能够让品牌方把广告预算交给自己。

大家可能会问，营销公司是承接品牌方的需求的，它们愿意接受数据监测可以理解，那媒体真的希望有人来监测自己吗？答案有点复杂。从短期来说，如果能通过造假带来收益，媒体可能会动心，但是这个钱肯定也赚得不踏实。

这就好像，孩子刚上学觉得题目很难，那么短期选择作弊也许能拿到比较高的分数，但是长期来说都知道不会有好的结果。媒体也是一样的，就算在短期法律、监管都还没有到位的情况下，能赚到一些钱，但也不能长久。更何况，就像上学的时候有"学霸"，媒体圈里那些本来用户量就大的媒体通常也有足够的资金和技术，它们会更愿意推动行业的良性发展，更愿意主动开放监测。这样一来，行业就一定会向着良性的方向发展。媒体不仅是在证明广告主的"钱没白花"，也是真的希望广告主的钱能带来新的销量，从而证明自己媒体的价值。

第三方公司：数据积累和沉淀

前面讲了数据监测对广告主、媒体、营销公司的价值，而数据公司本身之所以具有价值，就是因为它积累了多个广告主的数据。

第三方公司是中立的角色，不仅体现在是广告主和媒体之间的裁判，也体现在第三方数据公司没有权利把不同广告主的数据进行分享。这个很好理解：如果可口可乐想拿到百事可乐的广告投放数据，是不能够通过第三方公司完成的。第三方公司与广告主之间通常都签署了保密协议，这些数据存储在第三方公司，但事实上是广告主的资产。

不过，第三方公司的这些数据可以怎样运用呢？可以通过行业维度的脱敏，来给广告主带来洞察。举例来说，可口可乐想知道自己一年的广告做得好不好，创意是否让人喜欢，可能就会聚焦于点击率（在看了广告的人当中，有多少比例的人点击了广告）这个指标，那它就可以向第三方公司寻求食品饮料这个行业总体的平均点击率，如果可口可乐的点击率高出行业，那么在一定程度上说明这一年广告创意做得比较成功。

第三方公司沉淀的数据，除了可以用于行业的基准数据，也可以作为广告主未来投放广告的参考坐标。比如，上个月有10,000个人进入过一家汽车品牌的官方网站，有2000个人留下了联系方式，该汽车品牌的销售可以通过手机号与这些消费者联系，另外8000个人还在犹豫，就可以在下一次投放广告的时候，再次覆盖这8000个人，推进购买决策。再进一步，可以找一找和这10,000个人类似的人群，进行更大范围的触达。

总之，数据的玩法有很多，数据沉淀的价值让第三方公司能够长久地生存。长期来说，它们还是为品牌主服务的。数据成为一门流动的生意。

2. 数据与营销的关系在互联网时代之前已经存在

前面着重讲了数据对于营销的价值，主要是以互联网时代的情况来举例的。那可能有朋友会问：在互联网出现之前，营销（尤其是广告）的效果是可以量化的吗？如果可以，又是通过什么方式测量的呢？

其实，在所谓的"传统媒体"（报纸、杂志、广播、电视）时代，也就是大众传媒时代，就已经有一些数据手段来测量效果了。只不过，随着时代的变迁、媒介的变化，测量方式发生了一些变化，从"小数据"向"大数据"转变。

接下来，我们就看一下这个转变的过程是如何发生的。

量化研究：媒体和消费者的两个面向

写过论文的同学，对"量化研究"（又叫"定量研究"）、"质化研究"（又叫"定性研究"）这两个词应该都不陌生。

量化研究是针对某个社会问题基于数量的分析，因此对于样本㊀的数量、广度有更高的要求。在营销分析中，通常需要获取 300 个以上的样本才足够置信㊁。质化研究则更注重个体的体验和感受，用于了解量化分析背后的人的行为和动因。比如，在问卷调研（量化研究的一种方法）中，我们发现消费者对一个口红广告的满意度很低，但不知道为什么，就可以找到消费者访谈（质化研究的一种方法），询问为什么对这个广告不满意。

这只是一个简单的例子，量化研究和质化研究之间并不存在先后顺序，有些时候也会先对消费者进行访谈，聚焦问题后再进行量化研究。总之，量化研究更重视数量和问题的聚焦性，质化研究则允许问题的发散和对人的感受的顾及。在营销研究中，这两种研究方法都有使用。但因为量化研究更具有标准化、规模化的优势，所以是很多研究机构青睐的手段。

量化研究在营销领域主要包含两个面向：①媒体面向，主要指的是对媒体本身覆盖度的量化研究，比如报纸或杂志的订阅率、广播的收听率、电视的收视率；②消费者面向，指的是更加聚焦广告效果的，消费者观看广告后的喜爱度、推荐意愿、购买意愿的变化。

我们先看媒体面向的数据如何获取。报纸和杂志可以通过发行量来查看数据，是相对透明的。广播的收听率、电视的收视率的监测，早期是在美国兴起的，测量方式经历了至少三次阶段性的迭代。

第一代：电话问卷调研或者入户访谈调研。事先准备好调研问卷，通过直接接触，来判断消费者是不是真的听了或看了广告。

第二代：给样本发放日记卡。21 世纪的初期，对广播的监测依旧

㊀ 样本：统计学中的概念，通常是指观测或调查的一部分个体。例如，针对 300 个人进行问卷调研，调研样本量就是 300。
㊁ 置信：可信、可靠。在统计学中，有"置信度""置信水平"的说法。

使用这种方法。样本日记卡大概的样式是，把一天划分出每15min一个小格，如果听了广播，就在那个时间段打钩，反之空着。表2-1就展示了日记卡的样式。

表2-1 日记卡样式

	周一	周二	周三	周四	周五	周六	周日
6：00—6：15	√						√
6：15—6：30	√				√	√	
6：30—6：45	√	√	√	√	√	√	√
6：45—7：00	√	√	√	√	√	√	√
7：00—7：15					√		
7：15—7：30					√		
……							

第三代：使用监测技术。随着时间的推移，人们发现无论是调研还是日记卡，都难以保证客观——因为这两种方式主要是凭消费者的记忆来测量的，那么记忆就不一定完整和准确，所以决定使用机器测量。由于广播在20世纪后半叶的使用率下降，因此更多的技术集中运用在对电视的监测上，早期使用测量仪监测。20世纪90年代以来，机顶盒和特殊的遥控器出现。一些家庭会收到与传统电视遥控器略有差别的设备，可以选择是父亲、母亲还是孩子在操控遥控器，然后选择频道。这样就可以获知是家里的哪个人在什么时间段看了电视，以及看了广告。

以上是关于媒介的量化研究，经历了从以人的记忆为主到以机器测量为主的阶段。事实上，现在的广播也逐渐沉淀在网络上形成app（如喜马拉雅、小宇宙播客等），电视也有更多的网络渠道（如优酷、爱奇艺、腾讯视频）。在"电网融合"趋势下，传统的广播和电视的量化分析也在逐步和互联网的监测方式打通和融合。

除了研究媒介本身的数据,还需要了解消费者看了广告以后,是否真的有效果,这就需要从消费者层面进行量化研究,这里主要使用的手段是调研。调研在实际操作中又分成很多种,这里列举常用的几种。

- 入户访问:访问者敲门进入消费者家中访问;
- 电话访问:通过电话进行问卷调研;
- 拦截访问:路边随机拦截访问;
- 定点访问:涉及特殊地点。例如,要研究地铁广告或公交广告的效果,就需要到广告投放的相应站点寻访;
- 自填问卷:前面的几种都是有调研人员提问和记录的,而自填问卷是直接把问卷通过线上或者线下发给消费者,在没有监督和询问的情况下让消费者自行填写。

在传统线下调研时代,人们认为有监督的问卷填写效果更好;但伴随整个社会的数字化转型,越来越多的广告主接受线上自填问卷的结果。

那么问卷上会问哪些内容呢?下面我们示意一个基础的调研问卷结构(见表2-2),来说明问卷设计的意图。

表 2-2 调研问卷基础结构示例

问卷内容	内容框架	目标
×××地铁广告调研分析问卷	问卷标题	
调研所需时间5min,请您如实作答	基础提示	
年龄 性别 电话 您是否从事以下工作(广告、调研等)	年龄、性别——是否符合目标受众要求 电话——是否为真,后续可以检查 特殊工作——排除专业样本	甄别受众

（续）

问卷内容	内容框架	目标
提到某行业品牌，您首先想到的是 您还会想到 以下品牌您知道的有	无提示第一提及 无提示提及 有提示提及	品牌传递性
一周内，您看过×××品牌的广告吗 您最近一次是在什么地方看到的 您还在什么地方看到过 以下这些地方您看到过该品牌广告吗	广告信息确认 用户记忆准确性确认	广告信息传递性
您喜欢这则广告吗（1～5分） 您愿意推荐这个产品吗（1～5分） 您愿意购买这个产品吗（1～5分）	品牌喜爱度 推荐意愿 购买意愿	广告效果
您的职业 月收入	个人基础信息	购买力
感谢您××××	感谢语	

很多时候，问卷可能不止针对一个品牌。例如，某个月的地铁广告同时有多个广告主投放，或者针对单一品牌的问卷中包含对竞品品牌的分析。因此，传统调研的纸质问卷，通常会设置几十个题目，消费者也需要在研究员的提问下来完成问卷。

总结来说，营销的量化研究主要包含两个层面：从媒体层面，可以通过调研、日记卡、技术监测等手段来获取数据；从消费者层面，需要了解消费者对广告的观看情况、品牌认知度、喜爱度等信息。

质化研究：人机协同下的技术发展

量化研究常常有较为明确的预设，以最常用的问卷调研为例，面对的课题是：广告是否触达了目标群体？消费者是否因此提升了对品牌的认知度、喜爱度？——这些问题都是预想之内的。

量化研究通常可以解决的是已经想到的问题，但很难帮研究者拓展出没有想到的问题。

- 一款汽水的销量下降，广告调研的结果显示消费者对广告非常喜欢，对品牌也认可，那问题出在哪里呢？
- 一部电影中要植入一个品牌的广告，但是用哪种方式更易让消费者接受、不反感？除了当前已经想到的方式，有没有其他更好的方式呢？

无论是量化研究难以解决的需要深度挖掘的问题，还是较为开放的问题，都需要使用质化研究方法。质化研究也包含几个主要的方式：观察、访谈、参与。

第一种方式是观察。如果有机会到广告公司调研或到咨询公司参观，那里都有一个特殊的屋子。屋子里有一层玻璃，对屋子里的人而言是镜子，但通过这面"镜子"，另一个屋子里有人正在观察前者。如果有一个新产品处于试用阶段，品牌方就会召集一些潜在消费者进行观察，同时也会配以访谈。在美剧《广告狂人》里面就有针对某口红产品的类似桥段。

第二种方式是访谈。几乎也是最为常用的一种质化研究方法。常用的访谈包含三个类型：座谈会（即焦点小组访谈）、一对一深度访谈、专家意见访谈。为保证访谈的高效进行，通常会采用座谈会的方式，召集8~12个人，就几个重点问题进行沟通。一对一深度访谈主要用于有代表性的特殊消费者。专家意见访谈通常需要在有法律、医疗、心理等专业的信息补充的场景下使用。

第三种方式是参与。在学术研究中，有非常深度的参与方式，叫作"田野调查"（Fieldwork），就是实地去考察、生活、感受。在营销领域，并不需要深度的参与，通常会有研究员针对投放的广告进行实地查看和留底。比如：在地铁里，我们会看到有人拿着专业相机对着广告墙面拍照，他们多半是研究员；而互联网广告，是通过看广告专业人员进行的"拷屏"（截屏从而拷贝下来）来确认广告投放到了正确的位置。

伴随着科学技术的发展，尤其在"观察"这个环节，产生了更多可以科学测量的方式，开启了"人机协同"式研究的时代。比较有代表性的就是眼动仪、脑电波的测量。

眼动仪可以观察到一个人关注计算机屏幕的时间、位置等。例如：屏幕中同时展示了一个动物和一个房子，这个人是先看动物还是先看房子，看动物的时间长还是看房子的时间长，都可以被测量到；再或者一个网页设计出来，可以看出用户更集中于看哪些位置，是否需要进行颜色、大小的调整。这对广告和营销物料的设计有很大帮助。

脑电波则可以观测一个人看到图像的兴奋程度。比如，汉堡的视频广告通常有一帧几乎是必须要有的，就是汉堡被挤压的时候，流出来芝士或者酱汁。这就是因为通过反复测量脑电波显示，这个画面会更容易让人兴奋。

总结来说，针对营销效果的质化研究方法包含三个层面：观察、访谈、参与，访谈是较为常用的一种研究方法。伴随科技的发展，除了传统的研究方法之外，眼动仪、脑电波等更多的科技手段也逐渐被运用到研究实践中。

传统营销效果评估方法的局限性

虽然量化和质化研究方法很多，不过，在资源有限的情况下，传统营销的数据获取主要是通过调研来完成的，而传统的调研手段又面临诸多问题。

不知道你是否有过这样的经历。

大妈在大街上把你拦下来，对你挤眉弄眼，说："你多大啊？"

你说："我22岁，刚大学毕业。"

大妈说："一会儿你来填写问卷，给你一条毛巾一个杯子，你说自己 28 岁哈。"

等到开始做调研的时候，大妈又指着某个答案，小声说："选这个。"

调研中难免会遇到一些情况，导致收集的数据样本质量受到影响。前面提到的场景，涉及对调研目标人群的甄别（一些调研对性别、年龄、是否使用过某些产品有要求）、调研质量的控制（理论上调研的结果应该符合人的自由意志，而不应该受到别人的影响）。

这些是人的主观行为带来的调研结果的问题。除此之外，还有一些问题可能来源于人的记忆偏差。当前社会，每个人想象一下自己接触媒介和广告的机会——从早上起床，可能打开微信，吃饭的时候可能刷微博或者看新闻，路上开车会遇到户外广告，在地铁里也会看到地铁广告，工作中只要浏览网页就有可能遇到广告，到吃饭的时间点外卖也可能看到广告……如果要问你，看没看过某品牌的广告？什么时候看到的？回忆起来是非常困难的（当然，个人特别关注的品牌除外）。互联网时代增加了人们接触媒介和接触广告的机会，要回忆起自己是在 A 网站还是 B 网站接触到广告并且受到影响的，对消费者来说是极大的挑战。

传统营销效果评估方法存在人为的甄别偏差、质量控制偏差，以及难以避免的记忆偏差。另外，使用线下调研的方式，项目周期较长，数据回收效率低下，而互联网时代的线上获取方式，在效率上更有优势。

"大数据"时代到来

"大数据"的出现，在一定程度上解决了传统研究方法的问题，但"大数据"并不是为了解决这些问题而产生的。这还要回归到媒介的变迁。人们只要居住就有户籍的数据，只要出行就有出行的数据，只要吃饭就有餐饮的数据，而互联网的出现，让数据（Data）都可以数字化（Digital）。归根结底，是互联网的诞生改变了数据的获取、存储和使用方式。

如果要回应"大数据是什么？"这个话题，最为著名的就是《大数据时代：生活、工作与思维的大变革》中对其三个特点的总结了，也说明"大数据"是在互联网环境下与传统数据（即"小数据"）的对比中产生的。

第一，相比于"小数据"的样本受限，"大数据"时代有机会获取更多更全面的数据。

之前提到过，传统的数据获取方式主要是调研，即便是电视收视率监测这类通过机顶盒等技术能力的监测，也仍然需要选取样本，无法获得全量数据。而互联网时代，是有机会通过技术手段获得全量数据的。一方面，在某一网站或 app 之内，用户的使用习惯、浏览、点击行为都可以被获取，也就是说在同一平台内可以实现数据的全量获取；另一方面，即便同一个用户的行为分散在不同的互联网平台（比如淘宝和百度），理论上也可以通过 Cookie（储存在用户本地终端上的数据）、手机的设备号，甚至手机号等把不同平台的数据打通。之所以说是"理论上"，是因为虽然在技术层面有很多方式都可以实现，但是为了更好地保障消费者的隐私安全，在数据打通和交换的方向上，无论是政策还是行业规范，都更加地审慎和收紧。

第二，如果说"小数据"是"精确"（Precise）的，那么"大数据"就是"繁杂"（Messy）的。

这个是指在数据获取过程中，小数据常常伴随预设。比如，要研究某个品牌的广告投放效果，那么选取的样本可能就是看过这个品牌广告的用户，是筛选过的，但如果要看一个品牌在互联网上是否被消费者喜欢，就需要从所有的社交媒体上找到与品牌相关的内容，抽丝剥茧，只有这样才有机会找到目标的人群和内容。举个例子，在社交媒体上，可能有人发了一张照片，配的文字是"一匹奔驰的骏马"，也有人正在郊游，在互联网上发布"奔驰在风中，就是自由"，而汽车品牌奔驰，就需要从中找到和它真正相关的内容，这就是"大数据"繁杂性的体现。当然，伴随自然语言处理等技术能力的提升，这些问题正在逐渐得到解决。

第三，也是最需要注意的一点，"小数据"处理因果关系（Causation），"大数据"处理相关关系（Correlation）。

"小数据"的研究方法以调研为基础，探寻的是消费者看到一则广告后是否因此更喜欢这个品牌了；而"大数据"更加复杂，可能会发现 A 发生了，于是 B 发生，但很难把 B 的发生归因在 A 上。研究中可能因为把相关关系当作因果关系来处理，而带来错误归因。在《为什么：关于因果关系的新科学》一书中，作者分享了这样的例子：有人发现一个国家的人均巧克力消费量和该国的诺贝尔奖得主人数之间存在强相关关系，但这肯定无法用因果关系去解释，肯定不是人们巧克力吃得越多，诺贝尔奖得主就越多。书中提到，可能更可靠的解释是，在富裕的西方国家，吃巧克力的人更多，而因为富裕，这些国家也更有机会产生诺贝尔奖获得者。类似的例子还有很多，有一个趣味网站（http://tylervigen.com/）专门记录了一些相关关系的发生。例如，缅因州的离婚率与奶酪的消费成正比，但其实我们很容易就可以想到，人们并不会因为吃奶酪太多而离婚。

其实无论"大数据"还是"小数据"，我们获取数据的方式增多了，这意味着我们学会从数据中读取背后含义的挑战也增大了。能够对数据进行正确的解读，是我们更应该训练的能力。

总之，"大数据"带来了一种更广阔的数据视野，因而也在因果关系之外，让人们有机会找到更多的相关关系。"大数据"时代的到来，意味着数据抓取技术的发展，以及规模化处理能力的提升，这些营销效果的研究尤其是量化研究，发生了巨大变化。这些变化会在后文详述。

3. 对"大数据"的误解与修正

很多人都在谈论"大数据"，但是如果让人用一句话说清楚什么是"大数据"，很多人却难以做到。事实上，正是因为"大数据"的出现，人们开始关注数据的价值，但"大数据"并不能代表所有的"数据"，也不应该对"大数据"盲目崇拜。这一章就通过厘清众多概念，来拉齐人们讨论"数据"问题的一些基础共识。

数据 ≠ 数字（Data ≠ Number）

部分营销人员倾向于在与客户的沟通中，表达自己所供职的公司具有"千万量级/亿级"的数据，然后给出一个数字。但这一数字对广告主并没有实质性的意义和价值。

"数据"在当下具有更为丰富的含义，在微博、微信上的文字和图片、人们的语音、地理位置，在抖音上的图像，都可以称为数据。可以说，场景化的信息，即为"数据"。因此，营销人员需要以更丰富的理念和内容去面向和看待"数据"这一概念。

举个例子：王老师今天早上花了 10 元买包子。

如果把这句话做个拆分，其实包含了以下信息。

主人公：王老师

时间：今天早上（20×× 年 × 月 × 日，6:00～10:00）

行为：买

对象：包子

价格：10 元

这些信息都是"数据"，包含了 5 个方面。在数据分析领域把这 5 个方面称为"字段"。而如果问有几个"数字"，只有一个，是 10。

更进一步，按照这些字段，可以列一组表格（见表 2-3）。

表 2-3　字段列表示例

主人公	日期	时间	行为	对象	价格（元）
王老师	今天	早上	买	包子	10
王老师	今天	中午	买	关东煮	20
王老师	今天	晚上	买	水煮鱼	120
王老师	昨天	早上	买	油条	5
王老师	昨天	中午	买	饺子	15
王老师	昨天	晚上	买	肉饼	13

从表 2-3 中的数据中能够读出：

- 王老师早上和中午的饭都比较随意；
- 今晚吃水煮鱼，也许是约了人；
- 王老师可能相对比较喜欢吃面食……

这就完成了一部分数据分析的工作，表 2-3 只有最后一列是"数字"，而整张表格则是"数据"。表 2-3 还可以推演一下，把李老师、赵老师等很多老师的数据也一起放进来（见表 2-4）。

表 2-4　字段列表推演示例

主人公	日期	时间	行为	对象	价格（元）
王老师	今天	早上	买	包子	10
王老师	今天	中午	买	关东煮	20

（续）

主人公	日期	时间	行为	对象	价格（元）
王老师	今天	晚上	买	水煮鱼	120
李老师	今天	早上	从家里带	鸡蛋	—
李老师	今天	中午	从家里带	红烧茄子	—
李老师	今天	晚上	买	水煮鱼	120
赵老师	今天	早上	买	酸辣粉	15
赵老师	今天	中午	买	宫保鸡丁	25
赵老师	今天	晚上	买	臭豆腐	12

表 2-4 展现了王老师、李老师、赵老师今天买饭带饭的情况，可以发现：

- 王老师和赵老师喜欢买饭，李老师喜欢带饭（可能自己或者家里人厨艺不错，或者是家里条件不太好，需要省钱。都有可能）；
- 王老师和李老师今天晚上一起吃了水煮鱼，而且 AA 制（有可能王老师和李老师的关系，比和赵老师要好。不过仅凭一天的数据无法推断，需要看更长期的数据积累，并全面研究多种可能性因素，才可得出相对可靠的结论）；
- 赵老师口味挺重……

从上面的例子中，也能看到数据分析的有趣之处。如果只看冷冰冰的数字，就只能看到每个老师在吃饭上花了多少钱，但如果有更多维度的数据，就能够有很多背后的洞察（或者在一定程度上是"八卦"）。

大≠多，数据多不一定能解决问题

前面提到，部分营销人员对数据量级非常在意。但数据并不是

"越多越好",很大的数据量级,并不一定能直接解决业务问题。从业务出发看数据,还需要考虑以下两个层面。

数据量级是否需要"大",与广告主的投放策略息息相关。

想要广泛曝光的广告主,的确希望触达更多的人群(比如快速消费品、食品饮料等行业),因此会对曝光量有更明确的要求;但也有一些广告主,希望精准触达,甚至一些 to B 的广告主(比如文旅、农林牧渔、机械制造等行业),可能只需要覆盖很小的目标受众。这个时候,一味用"数据量"来说服客户,就未必合适了。

一个基于大量数据的结论,也许不如一个小数据的洞察对营销有帮助。

例如,在分析舆情的时候,很多营销人员倾向于查看品牌关键词的"正负面",即××%的人说品牌"好"或者"不好"。这个数据虽然能看到受众对品牌的态度,但是,一方面,数据大概率多数为中性,另一方面,品牌很难基于这个数据去做决策。相比之下,真正的"受众群体说了什么"更重要。例如,一个酸奶品牌,消费者在表达好感的同时表示,每天早上都会喝一杯,这就为这个酸奶品牌带来了"早餐酸奶"定位的可能性——品牌未必立刻采用这个方案并实施行动,但这才是更为有效的实质性"洞察"。

综上,对于"大数据",不应只是盲目看到数量的多少,而应更聚焦营销业务的实际问题。

"大数据"就是比"小数据"好吗

当"大数据"日益走进人们视野的时候,存在一种倾向,即营销人更倾向于使用大数据的监测,而低估"小数据"的研究方法。例如,一些品牌通过社交媒体舆情来确认消费者对品牌的喜爱度,而放弃了传统的调研手段。这可能存在"沉默的螺旋"(The Spiral of

Silence）[一]问题：对品牌有好感的用户缺乏主动表达，而对品牌有不满的用户更倾向于表达。如果使用传统"小数据"调研方式，则可以要求受访者必须对品牌的喜爱度进行回应，以在"用户是否主动表达"这个层面上具有更多的主动性。

由此，"大数据"和"小数据"并没有哪个更好一说，也不存在互相竞争的关系，相反，这两种研究方式可以很好地结合。举一个把"大数据"和"小数据"研究方式有机结合的优秀案例，来自可口可乐"昵称瓶"的项目。可口可乐倡导"让快乐可以分享"的主题，首先在澳大利亚发起活动，在瓶身印上了各样的英文名。这样，人们不仅可以自己喝，还可以按照名字赠送给他人。但这一创意进入中国则有难点，因为中国人的名字和其他国家不同。如何用一些类似"名字"的东西来多快好省地让大家对应到人的特性和标签呢？可口可乐先通过微博进行"大数据"分析，找到热词；再通过调研，把候选的热词进行分析和排名，最终确定了"昵称瓶"的词语。

在广告监测（大数据）和喜爱度（小数据）方面，网站数据（大数据）与消费者关系管理数据（小数据）方面，"大数据"和"小数据"都有彼此促进的作用。加强对"大数据"和"小数据"的结合使用，是十分必要的。

去除技术滤镜，数据原本很简单

记得刚进入营销数据领域的时候，当别人问到我在做什么工作，为了简单，我就回答自己做"大数据"相关的工作。对方如果不是同行，通常会做一个恍然大悟的表情，然后眼神中充满了对某种

[一] 诺尔-诺依曼.沉默的螺旋：舆论——我们的社会皮肤[M].董璐，译.北京：北京大学出版社，2013.

"玄妙"的钦佩。其实,数据并不"玄妙",尽管有"大数据"技术的出现,但并不一定非要通过看似更高科技的手段才可以实现业务目标。

我听过这样一个故事,某企业老板想了解员工的工作是否顺利、员工是否开心,便在办公室门口放了一个空罐子,让员工每天下班时往里面投一个小球。红色小球代表今天很开心,蓝色代表不开心。老板既可以掌握员工工作的状态,也实现了匿名(我猜测那个时候,公司还没有安装摄像头吧)。

在这个例子中,大家会发现,老板使用的方式其实就是数据化的。通过红球和蓝球的多少,来判断职场情况。如果红球多,就说明大家工作情绪高昂;如果蓝球多,那可能说明大家遇到了一些问题和困难。这个过程并没有多么得"高科技",但可以解决了解员工心态的业务问题。如果老板想做一个数据追踪,只需要列一个表格即可(见表2-5)。

表2-5 数据追踪示例

日期	8月1日	8月2日	8月3日	8月4日	8月5日	8月8日	8月9日	…
红球个数	10	8	7	9	14	3	6	
蓝球个数	10	12	13	11	6	17	14	

从表2-5中可以看出,员工共有20人,8月1日是周一,8月5日是周五,这两天开心的人数占比最高,8月8日也就是表格中的第二个周一,大家普遍不太开心。这只是一个例子,让大家可以看到这其中的数据思维。

那么我们往前想一步,如果公司有一天安装了摄像头,员工还想保持匿名,那就可以制作线上的匿名问卷。问卷可以通过互联网传播,问卷每天的数据都可以沉淀下来。其实表没有变,只是使用了互联网的数据收集方式，使之更加高效。虽然手段发生了变化，但解决的问题没有变。

想和大家分享的是，虽然当前数据的收集有技术的加持，但技术终究是手段，甚至收集上来的数据也是手段，解决业务问题才是最重要的，而解决业务问题的底层逻辑往往是"大道至简"。

除此之外，这个例子背后还有一个道理，就是数据分析本身，也并不是一件多难的事情。我常常说，**数据的本质是记录，分析的本质是比较**。如果我们每天记账，记录在一个本子上或者一个 Excel 表格里，和用 app 记账其实本质上没什么区别；类似地，女生使用 app 记录生理周期，在没有 app 的时候，也可以通过日历来记录。很多人的数据被 app 收录，就有了大数据。但每个人都可以用好自己的数据。记录自己的数据，根据数据的起伏高低来了解自己。数据原本是非常简单的，数据分析也并不是多么玄妙的事情。

如果说，希望大家看完这一部分把书合起来以后还能记住什么，我想就是这样两句话：①数据是手段，业务才是目的；②数据的本质是记录，分析的本质是比较。所以，大家不用崇拜"大数据"，同时对"数据分析"放下戒备，一切都可以水到渠成。

思考练习

（1）请先写下脑海中第一个闪现的品牌名称，然后回想自己在哪里看到过这个品牌的广告，并思考，在你和品牌的互动过程中品牌可能通过什么方式获取你的数据？

（2）如果你自己就是一个品牌/产品，你觉得别人最喜欢你的地方是什么呢？请就这个特点出一个小的调研问卷，获得 30 个样本答案，或者访谈 3 个朋友。重点是留意你自己会如何设置这些问题。

（3）请从生活中找一个例子，讲一讲你是怎么记录自己的数据的，或者你正在使用哪些 app 记录数据。

（4）从今天开始，记录你是怎么运用每天的时间的，每天回顾一下。看看一个月后，你会有哪些变化？

第 2 部分

"大数据"时代下的营销真相

前面了解了"营销"和"大数据"的基本概念,以及营销中的几个重要角色及其关系。第 2 章讲过,数据是手段,业务才是目的。接下来,我们就来看看"大数据"是如何在营销业务的变迁中发挥作用的。

第 2 部分包含 5 章,首先分享营销模型的变化,其中会提到一个重要的营销模型——POE 模型,这个模型包含了当今数字化营销的三个重要媒体类型。之后,分别从这三个媒体类型展开,讲解数据的获取方式、主要维度指标、应用场景和案例。最后分享这三个媒体类型的发展趋势和职业机会。

第 3 章

营销模型的变与不变

营销过程中的数据,归根结底是对用户行为的研究,而使用何种思路来研究用户习惯,就需要营销模型。营销模型看似高深莫测,其实是把事物的规律进行结构化的总结,让人们更容易理解和记忆。

这一章,你将了解到营销的底层逻辑。读完这章以后,也许你把书合上,会感慨:"原来我以为很难的模型,其实都是如此顺理成章。"接下来,我们先一起来看看主流的营销模型都有哪些。

1. 营销模型中的"变"量

任何一个学科的发展变化,都是循序渐进的,营销行业也是如此。在微观层面上,营销针对的对象在变化,媒介形态在变化;在宏观层面上,商业的供求关系在变化,伴随生产力的发展,社会从物质匮乏到物质过剩,营销在生意中的作用在不断增强,对消费者/用户的理解也越来越深入。

正是以上诸多因素,导致人们对营销的理解也在不断变化。而营销模型可以把人们对营销的理解,用更"简单粗暴"的方式归纳出来。接下来,我们就一起看一看营销模型经历了哪些发展和变迁,又有哪些没有变。

从商家视角到消费者视角:4P与4C

在20世纪60年代,也就是美剧《广告狂人》中展现的营销的黄金时代,广告公司、咨询公司都对营销发表见解。1960年,美国密歇根州立大学的杰罗姆·麦卡锡教授在《基础营销》一书中提出4P理论。4P理论指的是产品(Product)、价格(Price)、地点(Place)、促销(Promotion)四个方面。在那个人们都忙于实践的年代,这一理论成为营销行业的重要研究基础。

这个理论旨在反映营销活动的几个重要因素,但每个因素之间的关系并不完全清晰。营销学者菲利普·科特勒肯定了这一理论,但之后也尝试对其进行改良,提出"现代营销管理新4P"理论:人员(People)、流程(Process)、项目(Program)、绩效(Performace)。

我们可以发现,无论新老4P理论,都是站在品牌/商家/企业的角度来总结营销中的要素的。在一定程度上,这是因为当时商品生产正在逐步实现规模化,生产者对消费者起到主导作用。

但到了20世纪90年代,市场的供求关系发生了变化。相似的产品有越来越多的厂家生产,消费者需要从中挑选自己需要的商品。对应4P理论产生的从消费者角度出发的4C理论应运而生:顾客(Customer)、成本(Cost)、便利(Convenience)、沟通

（Communication）。这一理论由美国学者罗伯特·劳特朋教授在 1990 年提出。⊖表 3-1 总结了从 4P 理论到 4C 理论的思路变化。

表 3-1　从 4P 理论到 4C 理论的思路变化

4P	4C	从 4P 到 4C 的思路变化
产品	顾客	从"卖什么"到"卖给谁"
价格	成本	从"该付多少"到"顾客愿意支付多少"
地点	便利	从"渠道"到"顾客在的地方"
促销	沟通	从"单向"到"双向"

4C 理论在 4P 理论的基础上更加注重消费者视角，这是一大进步，但同时也存在一些局限，包括：仍然以生意中的几个因素来归纳；被动回应消费者的需求；尚未细化到对消费者本身行为路径的探索。

从被动到主动：AIDA 与 AISAS

营销行业的复杂之处和趣味之处就在于，它不算一个多么"了不起"的学科，但在营销活动中融入了多个学科的知识。前面提到，4P 和 4C 理论尚未涉及对消费者行为习惯的挖掘，当营销更加精细化以后，从业者就开始从以往的消费心理学研究中寻找答案。

为了更好地推销和售卖产品，推销专家提出了 AIDA 模型：A 为 Awareness，引起关注；I 为 Interest，唤起兴趣；D 为 Desire，激发欲望；A 为 Action，采取行动。⊜这一模型在 20 世纪后期开始盛行，成为营销行业进行消费者行为路径研究的重要参考。其重要意义在于，从消费者心理的角度，描述了消费者如何加深对品牌/商品的理解和喜爱并最终购买的过程。

⊖ 劳特朋. 4P 退休 4C 登场 [J]. 广告时代，1990(1)：26.
⊜ 营销学家科特勒认为，AIDA 模型是由推销和广告先驱埃尔默·刘易斯（E.St. Elmo Lewis）创造的，在《营销革命 4.0：从传统到数字》一书中提到，网络上也有一说，AIDA 模型出自海因兹·姆·戈德曼之手。

20世纪末21世纪初,当互联网营销已经成为时代的趋势的时候,这一影响消费者心理路径的模型又重新被重视起来。这一时期,互联网媒体发生了从门户网站到搜索引擎、社交平台的种种演化,电通公司⊖提出了一个更符合互联网形态的模型,AISAS 模型:A 为 Awareness,引起关注;I 为 Interest,唤起兴趣;S 为 Search,主动搜索;A 为 Action,采取行动;S 为 Share,进行分享。图 3-1 展现了 AIDA 模型和 AISAS 模型的区别。

图 3-1　AIDA 模型和 AISAS 模型的区别

这个模型里比较特别的是两个"S":Search(主动搜索)与 Share(进行分享)。如果说,互联网出现之前的营销,消费者的习惯是被大众传媒进行议程设置⊜的话,那么互联网时代,消费者有了更多主动

⊖ 著名的国际化广告公司之一,成立于日本。

⊜ 大众传媒通过提供信息和安排相关的议题,来有效地左右人们关注哪些事实和意见及他们谈论的先后顺序。"议程设置功能"是传播学中的一个理论假说,最早见于美国传播学家 M.E. 麦库姆斯和唐纳德·肖 1972 年在《舆论季刊》上发表的一篇论文《大众传播的议程设置功能》。论文总结了他们在 1968 年美国总统选举期间就传播媒介的选举报道对选民的影响所做的一项调查研究。

探索和选择的空间,可以通过搜索来挑选产品,通过分享来影响周围人的消费决策,消费者具有了更多的主动权。

AISAS 模型除了体现了消费者搜索、分享的主观能动性之外,还让消费者心理路径的变化与其在互联网上的行为进行关联成为可能,表 3-2 展示了其中的对应关系。

表 3-2　AISAS 模型关联的互联网行为和对应的数据指标

模型单词	中文含义	关联的互联网行为	对应的数据指标⊖
A-Awareness	引起关注	观看广告	曝光量
I-Interest	唤起兴趣	点击广告	点击量
S-Search	主动搜索	搜索品牌/产品	搜索量、搜索广告点击量
A-Action	采取行动	购买	购买量
S-Share	进行分享	转发	转发量

AIDA 模型和 AISAS 模型是营销界最为常用的模型,后续的很多模型也是这两个模型的变体。不过,可以看出,在这个消费者行为路径之下,广告是营销的起点,也是营销中最重要的环节。除了展示类广告,搜索广告、电商平台的广告都有可能在 AISAS 的整个环节影响用户的决策。因此,在很长一段时间里,虽然"营销"包含更广阔的含义,但人们普遍默认"营销"几乎等于"广告"。

从广告到经营:AARRR 与 AIPL

互联网初期,人们通过计算机浏览网站;之后,移动互联网兴起,手机 app 开始成为新的获取信息的方式,人们除了浏览、点击之外,有了新的"下载""卸载"等动作。app 的出现,让各大品牌商看到了新的机遇。如果说,以前触达消费者往往需要通过在媒体上打广告来实现,那么现在品牌可以在有媒体属性的 app 上继续投放广告,同

⊖ 数据指标对应用户行为。先做理解,具体含义会在下一章重点说明。

时，是不是可以建立一个属于品牌自己的 app，把用户留住呢？星巴克、宜家、宝马等公司，都开始建立品牌自有的 app，助力品牌增长和运营。除此之外，大量多垂类的 app 开始兴起，游戏类、阅读类、视频类……众多 app 都需要用户的持续留存和使用，才能发挥价值。这个时候，互联网营销的目光逐渐从广告转移到经营。

AARRR 模型：A 为 Acquisition，用户获取；A 为 Activation，用户激活；R 为 Retention，用户留存；R 为 Revenue，获取收益；R 为 Referral，推荐传播。无论用户是主动搜索 app 下载的，还是通过广告找到这个 app 的，都是第一个 A（Acquisition，用户获取）的过程，而之后的四个动作都有赖于用户运营的能力。2015 年有一本叫作《增长黑客：创业公司的用户与收入增长秘籍》○的书备受吹捧，其中对于分析用户增长是如何实现的，用的就是 AARRR 模型。

各个行业在探索如何留住用户的同时，中国消费领域的重要企业阿里巴巴的营销模型也说明了把用户留住的重要性。○其中最为著名的是 AIPL 模型：A 为 Awareness，引起关注；I 为 Interest，唤起兴趣；P 为 Purchase，进行购买；L 为 Loyalty，保持忠诚。

这两个模型虽然都体现了营销"从广告到经营"的思路，但对比来看还是各有侧重的，从图 3-2 中可以窥见一斑。

AARRR 模型的语境更多适用于 app 运营，而 AIPL 模型更侧重于电商运营，二者最大的区别在于：AARRR 模型中的用户留存可以是 3 日留存、7 日留存或者 10 日留存，用户要把一个 app 分享给他人也只需要动动手指；但如果是购买一个商品，留存和推荐给他人往

○ 范冰. 增长黑客：创业公司的用户与收入增长秘籍 [M]. 北京：电子工业出版社，2015.

○ 阿里巴巴共提出了三大模型，分别是 AIPL 模型、FAST 模型、GROW 模型，其中 AIPL 模型在行业中影响力最大。阿里巴巴三大模型的具体信息详见：https://baijiahao.baidu.com/s?id=1655759993185953179&wfr=spider&for=pc。

往是在反复使用过同一产品产生信任和忠诚以后发生的。AARRR 模型的使用场景通常有两种：一种是作为内容类 app 的运营模型，另一种是作为品牌自有 app 的消费者关系管理运营。AIPL 模型则更多用于实体商品消费的用户运营。

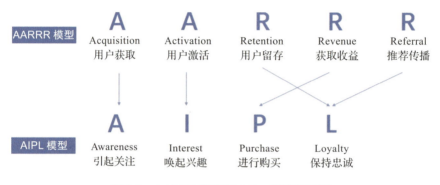

图 3-2　AARRR 模型和 AIPL 模型的区别

虽然提出这些营销模型的时候，还处于互联网用户的增长阶段，但不难想象，当互联网的新用户获取越来越难的时候，运营和维护好与老用户的关系，就会变得更加重要。广告营销可以帮助品牌完成获取用户的第一步，后面的经营就需要商家自身的智慧了。

从转化到分享："漏斗"与"波纹"

回顾一下前面说的模型，4P 和 4C 模型分别抓住了营销中的几个核心元素，前者更多侧重于商家角度，后者更侧重于消费者角度。AIDA 模型和 AISAS 模型描述了在广告营销领域消费者的行为路径。AARRR 模型和 AIPL 模型体现了营销"从广告到经营的思路"，更注重用户获取之后的运营和忠诚。虽然模型在不断变化，但把这些模型放在一起的时候，能够清晰地看到，AIDA 模型提出以后，后面的模型都是从消费者行为路径的角度深化和演变，该模型也成为营销人几乎最为常用的模型之一。

从消费者路径的角度来说，AIDA 模型、AISAS 模型、AARRR 模型和 AIPL 模型基本都是"漏斗"形的，每一个层级到下一个层级，都会有一部分用户流失掉。以 AIDA 模型为例，如图 3-3 所示。

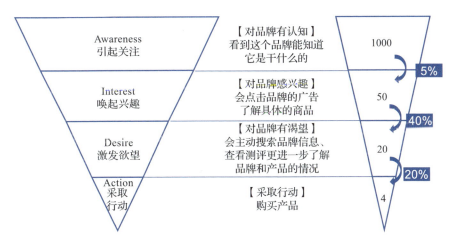

图 3-3　AIDA 模型的漏斗分析

我们假设处于 Awareness（引起关注）阶段的用户有 1000 个人，是不是只能有一小部分的用户愿意点击这个品牌的广告呢？我们假设有 50 个人进入 Interest（唤起兴趣）的阶段，那这个比例是 5%；接下来愿意主动了解品牌，即 Desire（激发欲望）的用户又会少一些，我们假设是 20 个人，那这个比例就是 40%（当然，这个假设的数字是非常乐观的）；最后，假设有 4 个人购买，那从 Desire（激发欲望）到 Action（采取行动）有 20% 的转化率。在图 3-3 中，每进入下一个层级的消费者数量除以上一层级的消费者数量，再乘以 100%，就是这两个层级之间的转化率。与 AIDA 模型类似，AISAS 模型、AARRR 模型、AIPL 模型，也可以用"漏斗"来展现。

这里其实有一个小小的问题：如果说其他的行为指向下一层级，

对应的消费者数量会变得更少,那么"分享"这个动作,则与其他环节不同,会带来更多的消费者。那么 AISAS 模型的最后一个 S-Share(进行分享)环节、AARRR 模型中最后一个 R-Referral(推荐传播)环节,虽然都在模型的最后一环,但它们有没有可能带来更多的消费者呢?答案是肯定的。

互联网从 Web1.0(用户通过门户网站单向获取信息)发展到 Web2.0(用户是内容的浏览者也是生产者),社交媒体快速增长,长期统治营销领域的漏斗模型已经不完全适用,"波纹"理论出现,如图 3-4 所示。

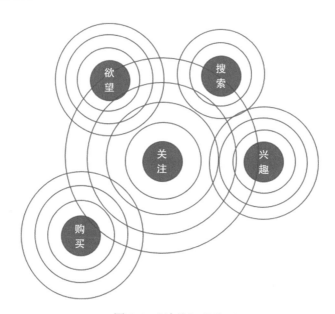

图 3-4 "波纹"理论

波纹理论认为,分享的动作可能出现在前面几个模型的任何一个环节中,只要通过精准的用户分析,就有可能以品牌的粉丝为原点,影响与粉丝有相似喜好的受众圈层。波纹理论放大了社交在营销中的影响,但其实与漏斗模型并不矛盾。如果说漏斗模型是纵向的,那么波纹模型是横向的。二者结合，可以模拟画出图 3-5，作为示例。

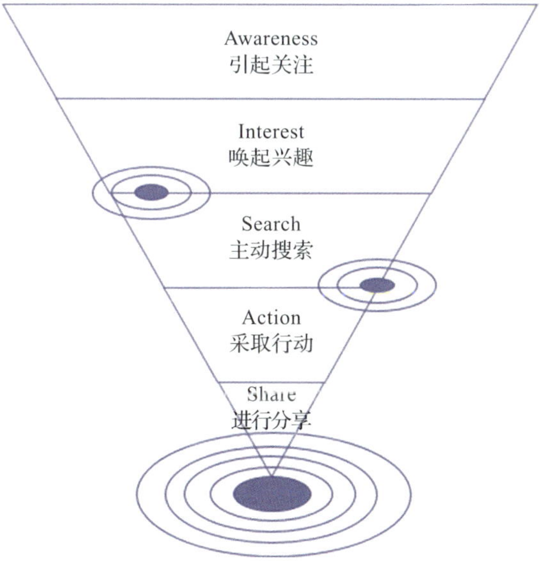

图 3-5　波纹模型和漏斗模型结合

从线性到乱序：5A

正是看到了营销流程的复杂性，营销学者科特勒更新了营销理论，提出了 5A 模型（见图 3-6），在一定程度上概括了之前的所有营销路径：Aware（了解）、Appeal（吸引）、Ask（问询）、Act（行动）、Advocate（拥护）。㊀

乍一看这个模型和 AISAS 模型有点像，但这个模型和之前所有漏斗模型的差别就在于：5A 模型认为，消费者对品牌的了解虽然通常是渐进的，但也可能是跳跃的，又或者是逆向的。跳跃，举例来说

㊀ 科特勒，卡塔加雅，塞蒂亚万. 营销革命 4.0：从传统到数字 [M]. 王赛，译. 北京：机械工业出版社，2018.

就是 Aware（了解）之后可能直接就 Act（行动），即购买了产品，尤其在互联网营销时代，消费者的决策周期大幅缩短，就会造成这样的情况发生；逆向，是说已经 Advocate（拥护）品牌的消费者也可能因为比如一个负面新闻，需要重新构建对品牌的 Aware（了解）。总结来说，消费者在 5A 之间反复跳跃，行为路径不再是线性的，而是乱序和复杂的。

图 3-6　5A 模型

5A 模型融入了前面的众多漏斗模型，也将分享动作融入 Appeal（吸引）和 Advocate（拥护）环节，与波纹理论类似，强调了消费者的参与感。

以上就是营销行业几个主流的营销模型，这些模型在不同时期描述了市场的供求关系、消费者的行为习惯，也指导了营销实践。值得说明的是：一方面，至今这些模型还都在不同的场景下被使用，模型之间并不因为时间的先后而产生一些模型比另一些模型更先进的情况，也没有对错之分，重要的是在合适的场景下使用匹配的模型；另一方面，营销的理论探索还在不断地发展变化，在这个方面还有很长的路要走，有待从业者付出更多的努力。

2. 营销模型中的"不变"量

前面分享了营销模型的变迁，除了 4P 和 4C 模型是基于营销要素，其他模型都是基于消费者行为路径的。虽然消费者行为在不断变化，但对比之前的众多营销模型，还是能够在各个模型之间找到彼此的"影子"。那么，在营销的规律中，一定有一些不变的部分，就是消费者在哪里，品牌方的渠道、媒介布局就在哪里。

因此，我们把角色转变一下，当消费者行为可能发生变化的时候，作为品牌方/商家，有没有什么"万变不离其宗"的框架可以遵循呢？品牌方找到了 POE 模型。

整合营销下的 POE 模型

POE 模型是站在品牌方分配资源的角度来构建的模型。在讲解 POE 模型具体代表什么之前，我们先把自己想象成一个品牌方：你是某计算机品牌的市场营销负责人，你希望全方位地触达消费者，让更多的人知道、喜欢、购买、使用你这个品牌的计算机，最好还能推荐给别人。你会怎么做？

首先，你可能会选择投放广告。为了更多层次地触达消费者，你可能会选择不同类型的媒体：为了扩大用户群，你可能会投放门户网站（比如新浪、搜狐）、视频媒体（比如抖音、快手、优酷、爱奇艺、腾讯视频）等媒体；为了覆盖对计算机、手机等科技产品感兴趣的消费者群体，你可能会投放 3C 垂直类媒体（比如中关村在线、太平洋电脑网）；想到喜欢科技的人群有可能浏览汽车网站，你说不定也会增加在汽车垂直类网站的投放（比如汽车之家）；想到消费者也许会搜索与计算机相关的信息，你还会投放搜索广告，让消费者在搜索"计算机"的时候更容易看到你的品牌。

接下来，你还需要考虑，如果消费者看到广告后点击了，接下来用户会到哪里？你希望消费者点击广告后进入官方网站，官网当前设计了与促销相关的信息，有一个按钮显示可以直接购买商品。同时，对于还在犹豫的消费者，如果想了解更多，还有在线客服。恰逢活动，对于还在犹豫的消费者，有一个页面显示留下手机号就可以获得折扣，你希望还在犹豫的消费者可以先把联系信息留下，之后客服再通过电话跟进。当然，你还会在官网留下官方微博和微信的二维码，希望消费者可以跟进。如果消费者扫码关注了你品牌的公众号，你会引导消费者加客服的企业微信，并且引导消费者成为会员。

最后，在微博和微信的官方账号上，你会设置一些促销活动，希望已经成为消费者的粉丝可以转发品牌信息，让更多人看到并参与到活动中来。

如果你想到了这些，那么你就已经想到了 POE 模型。广告投放环节需要品牌方向媒体平台付费，因此这部分对品牌方而言叫做 Paid Media（付费媒体）；而品牌的官方网站和社交账号都属于自有媒体，这类媒体只作为企业的运营成本，不需要额外向外付费，称为 Owned Media（自有媒体）；如果粉丝转发品牌信息，从而带来更多新的粉丝或者用户参与，就相当于品牌没有付钱而"赚得"了新用户，这样的平台称为 Earned Media（赚得媒体）。POE 模型由宝洁公司提出，后来又有人对这一模型进行了延展：POES 模型。其中 S 为 Sales Platform（电商平台）。

在本书中，主要使用 POE 模型，而不涉及电商平台，主要原因有两个：一方面，电商平台实际上类似于 Paid Media（付费媒体）+ Owned Media（自有媒体），电商平台需要投放广告引流，消费者进入店铺后需要品牌方自己运营，因此数据在逻辑上基本被前两种媒体类型覆盖，无须赘述；另一方面，电商特有的一些数据维度和指标的案例涉及品牌自有数据资产，具有保密性质，不适宜披露。

POE 模型的优势就在于：如果说前面所说的各种营销模型是对消费者行为的总结，那么 POE 模型给了商家/品牌方直接的营销指导建议，试图在整合营销的背景下，全面覆盖消费者可能经过的渠道，提供了整合的框架。如果一定要用 POE 模型和之前的几个用户路径模型进行对应的话，笔者在图 3-7 中进行了标示（方框代表付费媒体影响消费者的心智阶段，三角形代表自有媒体影响消费者的心智阶段，圆圈代表赚得媒体影响消费者的心智阶段）。

图 3-7　POE 模型和其他模型的对应

图 3-7 中也包含一些环节，有两个或者三个图形同时出现，是因为笔者认为不同的媒体都有可能影响该环节的消费者心智。具体来说，在 AISAS 模型的 Search（主动搜索）阶段，消费者可能会遇到搜索广告（付费媒体），也有可能没有受到搜索广告的影响而直接搜到了官方网站（自有媒体）。

需要说明的是，图 3-7 的总结为个人理解，并不绝对。图 3-7 更多是为了示意 POE 模型能够全面覆盖消费者的行为路径,对于 POE 模型中三种媒体是如何作用于不同阶段用户的,可以有更多元化的解读。

POE 模型与数据业务的关系

前面关于 POE 模型的例子,都是基于线上营销的,那么不妨想一想:POE 模型适用于线下吗?我认为是可以映射的。

- Paid Media(付费媒体):线下广告,如楼宇、机场、汽车站广告牌等;
- Owned Media(自有媒体):线下门店、快闪店等;
- Earned Media(赚得媒体):口耳相传、口碑传播。

我们能看到 POE 模型的全面之处:线上线下的营销节点都能够覆盖到。不过,由于线下的营销结果很难数据化,因此 POE 模型的一个重要作用就是可以指导线上数据的获取和分析。

营销行业常常出现这样的情况:理论和实践同时产生,相辅相成。在 POE 营销模型形成的同时,一批互联网数据公司兴起,而这些公司的业务版图恰恰就围绕这三种媒体类型演进(见表 3-3)。

表 3-3 三种媒体类型的演进

媒体类型	数据业务	解决业务问题
Paid Media(付费媒体)	互联网广告监测	广告是否触达了足够量的人群 触达的人群是目标受众吗 媒体有没有作弊 媒体组合是否有优化空间 ⋮
Owned Media(自有媒体)	网站和 H5(第 5 代超文本标记语言)数据监测	网站/H5 设计是否符合用户习惯 是否可以进一步优化 引流到这个网站的渠道表现如何 ⋮

（续）

媒体类型	数据业务	解决业务问题
Earned Media（赚得媒体）	社交媒体数据分析	有多少人讨论这个品牌 在消费者心中品牌哪里好 / 不好 账号粉丝质量如何 谁能够在社交媒体上影响目标消费者 产品可以向哪些方向迭代 …

接下来的三章，会分别根据表 3-3 中的内容展开，着重看在 POE 模型下，数据是如何帮助解决业务问题的。

思考练习

（1）前面分享的众多营销模型，哪个给你的印象最深呢？不要翻看前面的内容，试着把那个模型默写下来（你直接写出的第一个模型，也许与你的工作最为息息相关。希望它能帮到你）。

（2）如果我们用 AISAS 模型分析消费者群体的行为，设定以下规则。

- Awareness 对应用户观看广告的曝光量，曝光量 = 2,000,000；
- Interest 对应用户点击广告的点击量，点击量 = 40,000；
- Search 对应观看过广告、点击过广告之后，主动搜索的量，搜索量 =1,000；
- Action 对应产品购买量，购买量 =100；
- Share 对应用户把产品分享给朋友的量，分享数 =20。

那么请计算每一层级的转化率。

（3）回想一下自己曾经给朋友分享过哪些商品，用哪个（或者哪几个）营销模型解释分享行为更符合你的主观感受呢？

（4）请在百度搜索"电脑"，然后仔细浏览前 10 条信息，看一看里面有哪些是广告，哪些不是。为什么？

通常情况下，本书的问题都是开放的，希望你能结合自身经历和业务来思考。只有一小部分题目有标准答案。这里公布第 2 题的答案和第 4 题的线索。

第 2 题的答案。

AISAS 模型分析每一层级的转化率如图 3-8 所示。

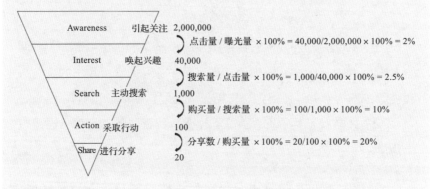

图 3-8　AISAS 模型分析每一层级转化率

也就是说，在 200 万个看过广告的人中，有 2% 的人点击了广告，后续点击广告的人中有 2.5% 的人搜索了品牌相关的信息，搜索的人群中有 10% 的人购买了产品，购买的人中有 20% 的人转发推荐给了别人。

之所以让大家计算一下这个题目，一是为进入下一章热身，二是提醒大家，模型通常是在理想状态下产生的，实际的数据可能会比这更复杂一些，运算维度也会更多一些。

第 4 题的线索。

这一题其实是让大家在互联网上浏览信息的时候，可以更简单地分辨广告内容。搜索"电脑"，出现的结果中如果有"广告"的标识，那么这一条就是广告信息，如图 3-9 所示。

图 3-9　广告信息示例

如果没有相关标识，那就是网站通过优化，自动在靠前的位置展现，如图 3-10 所示。

图 3-10　网站优化使搜索排位靠前示例

接下来如果你感兴趣，也可以在其他网站找找哪些是带有广告标识的信息，下一章会进行更详细的讲解。

第 4 章

Paid Media：
浪费的广告预算去哪儿了

营销界有一句品牌方常说的话："我们投放广告，知道有一半预算浪费了，但是不知道是哪一半。"品牌方每年会为投广告制定预算（就是当年在广告投放上打算花多少钱），但因为传统的广告难以测量效果，所以有了前面这句话。互联网时代，数据监测技术能够在一定程度上解决这个问题。这一章，就来讲一讲互联网广告是如何被精确监测的。

1. 广告监测的基本原理

在第 1 章，讲过营销中的几个重要角色：消费者、品牌方（广告主）、媒体、营销公司、第三方公司。

消费者在购买产品之前大概率在媒体上看到过广告，而这些广告之所以能够被消费者看到，是因为品牌方/广告主花了广告预算，向媒体购买了广告位（实际上是消费者的注意力），这个过程是由营销公司执行的。而这部分数据，除了媒体方能够获取之外，还有第三方数据公司进行数据监测，客观、中立地帮助广告主评估广告投放的效果。

接下来，我们就具体看看，整个过程是如何运转的。除此之外，还会分享一个完整的案例来帮助大家理解。

消费者在媒体上看广告

现在我们回想一个自己在互联网上看到广告的场景：在浏览微信公众号的时候，公众号文章末尾出现了一则广告，如图 4-1 所示。

图 4-1　微信公众号文章末尾出现肯德基广告

这个广告的品牌方很明显是肯德基。这个时候你恰好饿了，于是点击这个广告，进入了一个新的页面，如图 4-2 所示。

图 4-2　肯德基小程序页面

然后你发现自己进入的是肯德基的微信小程序。在这个小程序里，你选择了自己喜欢的食物，最终购买了。这就是一次广告对消费者造成的直接影响。当然，在中途有各种可能性，有可能看到广告但没有点击广告，又或者点击后没有购买……图 4-3 展示了消费者看到广告后整个链路中的多种可能性。

在整个过程中，消费者看到广告、点击广告是数据分析中的重要动作，品牌方（肯德基）会为这些动作付费，后续的一系列动作都进入了品牌的自有媒体（小程序）中。前面讲到很多营销模型来源于对于消费者行为路径的分析，消费者从看到广告到最终消费所经历的这一切，"竖过来"就符合之前说的漏斗模型，如图4-4所示。

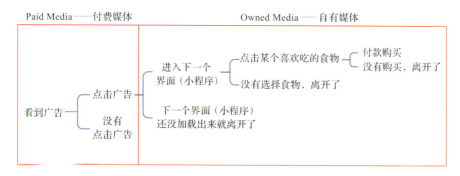

图4-3 消费者看到广告之后的行为路径和分类

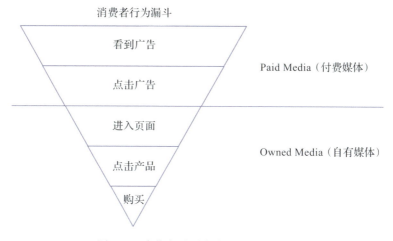

图4-4 消费者看到广告后的行为漏斗

消费者看到一次广告，就按照1个广告曝光来计算；点击一次广告，就按照1个广告点击来计算。具体的指标体系，会在后面详述。总之，在广告监测里，两个最基础也最重要的指标，就是曝光和点击，其他的指标都是围绕这两个动作产生的。

品牌方针对媒体类型分配预算

消费者可能并不会太在意自己是在哪个网站或者 APP 上看到广告的。但对于品牌方而言，他们的营销目标就是找到对的媒体，在对的媒体上找到对的人（潜在消费者）。品牌方预算分配的逻辑决定了消费者会在哪些媒体上看到哪些品牌的广告。因此，品牌方对于媒体有一套基于自己逻辑的划分，主要按照互联网媒体的内容类型和预算分配的逻辑，包括以下几种类型。

- 综合类媒体（基本等同于门户网站）；
- 搜索媒体（百度、搜狗等）；
- 社交媒体（微博、微信等）；
- 资讯类媒体（如今日头条、腾讯新闻等）；
- 视频类媒体（主要指长视频媒体：爱奇艺、优酷、腾讯视频等）；
- 短视频媒体（抖音、快手等）；
- 电商媒体（阿里、京东等）；
- 垂直媒体（如科技类媒体、汽车类媒体）；
- 其他。

一个品牌可能会选择上述媒体类型中的所有或部分媒体。举例来说，一个食品行业的广告主可能会投放以上所有类型的媒体，这些媒体类型的预算占比相加为 100%。而具体应该在哪类媒体上投入更多的广告预算，就需要数据监测来助力优化。

一个生产机床的机械类的品牌，大概率不需要被特别多的消费者了解，因此会在垂直媒体上投放广告，从而触达机械行业的专业人士，能够更大概率地触达目标消费者。如果为了扩大覆盖面，还可以在综合类和资讯类媒体中较为有公信力的媒体上投放广告，因为购买机械通常是企业行为，有公信力的媒体能够在一定程度上带来背书作用。这是品牌方要确定的第一层媒介策略。

互联网广告排期

当品牌方选定了在哪些媒体上投放广告时，就要考虑广告长什么样子（广告创意）、投放多长时间。这些活动属于广告投放的具体执行流程，通常由营销公司来完成，相关信息会落在一个表格里，行业里称之为"排期"。排期的作用就是细致地规划每一天在每个媒体，做多少投放、花多少钱。表 4-1 就是一个排期的示意。

从表 4-1 可以读出很多信息，我们先从左往右看，包括这样几个部分。

- **网站名称、刊登频道名称、广告位名称**。这几个信息透露了广告会具体投放在哪个位置。表 4-1 中，广告主选择了 4 家媒体，分别是：M 论坛、H 媒体、Y 媒体、T 媒体。以"M 论坛 – 论坛首页 – 通栏二"为例，在该论坛中的位置如图 4-5 所示，在"广告位：通栏二"的位置。

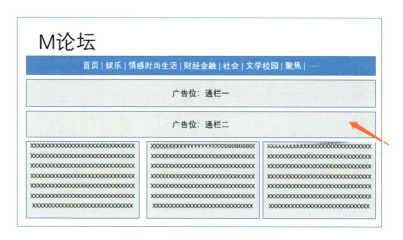

图 4-5　网页广告通栏示意图

表 4-1 排期示意

网站名称	刊登频道名称	广告位名称	尺寸	单元	刊例总计	单位曝光数	单位点击数	预计CTR	5月							
									20	21	22	23	24	25	26	27
M论坛	论坛首页	通栏二	600×350, <60KB, JPG/GIF/SWF+FLA 90%透明度。Flash要求: <25帧/s，广告时间≤6s。可关闭。在页面全部下载后广告下载，浮标: 20×100, <10KB	1	100,000	7,500,000	45,000	0.60%			1					
	娱乐类	帖内通栏02	670×90<30KB, JPG/GIF/SWF+FLA	6	360,000	4,000,000	27,000	0.68%		1					1	
	情感时尚生活类	帖内通栏02		6	96,000	2,400,000	7,000	0.29%		1					1	1
	财经金融	矩形三		4	28,000	2,400,000	3,000	0.13%				1	1		1	
	情感时尚生活类	矩形三		6	42,000	2,800,000	3,000	0.11%				1			1	1
	社会	矩形三		6	42,000	2,600,000	3,000	0.12%		1			1		1	
	文学校园	矩形三		6	42,000	2,400,000	3,000	0.13%		1		1	1		1	1
	聚焦页	FK广告		1	375,000	3,750,000	75,000	2.00%				1	1		1	1
	娱乐类	FK广告		6	630,000	3,250,000	30,000	0.92%		1		1	1		1	
	论坛首页	FK广告		1	195,000	3,750,000	45,000	1.20%		1			1		1	
	财经金融	矩形三		2	14,000	2,400,000	3,000	0.13%							1	1

媒体	位置	类型	单位	总量	基数	点击	点击率	1	2	3	4	5	6	7
H媒体	文章内容页	视窗	CPM	353,040	1,000	10	1.00%	368	368	368	368	368	367	367
H媒体	文章内容页	视窗	CPM	888,360	1,000	10	1.00%	926	926	925	926	925	925	925
Y媒体	×××精准媒体圈	××视频	CPM	279,070	1,000	15	1.59%	174	174	174	174	174	174	174
Y媒体	×××精准媒体圈	扩展××视频	CPM	186,047	1,000	16	1.60%	93	93	93	93	93	93	93
Y媒体	×××精准媒体圈	×××同位配送	CPM	540,000	1,000	8	0.80%	675	675	675	675	675	675	675
Y媒体	×××全网	×××特别配送	CPM	360,000	1,000	9	0.90%	900	900	900	900	900	900	900
T媒体	详见附件媒体列表	精准广告	CPM	950,850	1,000	14	1.40%	931	931	931	931	653	654	654
T媒体	详见附件媒体列表	精准广告	CPM	1,261,200	1,000	14	1.40%	1,524	1,524	1,524	1,524	576	578	578

- **尺寸**[注]。这里规定了广告创意的大小和格式。仍然以"M论坛—论坛首页—通栏二"为例,横纵比(像素)为600×350,存储应小于60KB,创意的格式可以是JPG/GIF/SWF等图片格式,也可以是Flash动画格式。如果是Flash动画格式,每一秒不得超过25帧,广告时间要控制在6s以内。
- **单元**。即计费方式。互联网广告接受按天计费、按曝光计费、按点击计费等方式,具体会在本章详述。
- **刊例总计**。"刊例"指的是刊载在媒体上的价目表,可以理解为广告的收费,刊例总计是整个周期的广告总价格。
- **单位曝光数、单位点击数、预计CTR(Click Through Rate)**。前面讲过,曝光和点击是广告监测中最重要的两个动作,这些数据都是媒体预估的数据,媒体根据自己的用户量级、用户在媒体平台观看和点击广告的行为,预估了一个"单元"内能带来多少曝光、点击。CTR=点击/曝光,描述的是在看到广告的人当中,有多少人会点击广告。
- **投放周期与日投放策略**。表4-1显示,这一波广告是在某年5月投放的,投放时间是从5月20日到5月27日,共投放了8天。其中,在M论坛上,并不是每个位置每天都投放;但在H媒体、Y媒体、T媒体上,这几天是连续投放的。

看完排期,你可能已经了解了这个广告主要在什么时间、什么媒体,投放什么样式的广告。如果对于"单元"和曝光、点击、CTR的数据还有一些疑问,那么请往下看。

[注] 受篇幅限制和对媒体信息的保护,图4-5中只展示了两个广告位的尺寸,其他被脱敏删除,实际排期中各广告位尺寸均会有规定。

互联网广告计费方式

在继续对排期进行解读之前，先介绍一下互联网广告的几种主流计费方式和含义（见表4-2）。

表4-2 互联网广告主流计费方式和含义

计费方式	含义
CPD	Cost Per Day，按天计费 广告主与媒体协定一个广告位一天花多少钱，以此为依据计费 举例，媒体的广告位1天需要10,000元，那么广告主要在广告位投放3天，则需要付给媒体30,000元
CPM	Cost Per Mille，或Cost Per Thousand Impressions，按千次曝光计费，也叫"千次曝光成本"，就是每1000个曝光需要花多少钱 本质上是以曝光量来计算成本，之所以按照千次计费，是因为1个曝光的费用可能会少于1分钱，计数的时候不方便，因此用1000次曝光作为一个单位来计数 举例，如果1000个曝光也就是1个CPM需要花费5元，那么一个网站承诺广告主广告位可以带来2,000,000个曝光，广告主就需要花：5元 ×（2,000,000/1000）= 10,000元
CPC	Cost Per Click，单次点击成本，就是一个点击多少钱 举例，广告主在网站投放了广告，一共有30,000个点击，1个点击0.5元，那么广告主应该在网站投入15,000元
CPA	Cost Per Action，单次转化成本。广告主需要定义"转化"的动作。比如，下载app，或者购买产品，并以该动作为基准来计算广告费用

行业内当前使用较多的计费方式为CPM，也是国际上较为通用的付费方式。以上几个指标的公式可以总结如下。

- CPD＝总费用/投放天数；
- CPM＝总费用/总曝光数 ×1000；
- CPC＝总费用/总点击数；
- CPA＝总费用/总转化数。

通过计算单元、单位曝光数、单位点击数、预计CTR，我们能够预估媒体的总曝光数和总点击数，这对于广告监测非常重要。我们回到排期表来计算（见表4-1）。

先看 M 论坛。M 论坛的"单元"这一列写的都是整数，单元的数量等于后面每一天上标的"1"之和。举例来说："论坛首页 – 通栏二"总共投放了 1 天，是在 5 月 22 日投放的；"娱乐类 – 贴内通栏 02"共投放 6 天，从 5 月 21 日投放到 5 月 26 日。可以看出，M 论坛是按照 CPD 购买的，按天投放。那我们来计算一下这两个广告位的预估总曝光数和预估总点击数。

"论坛首页 – 通栏二"以天为单位投放，共投放 1 天，单位曝光数为 7,500,000，单位点击数为 45,000。因此，预估总曝光数 = 1 天 × 单位曝光数 = 1 × 7,500,000 = 7,500,000，预估总点击数 = 1 天 × 单位点击数 = 1 × 45,000 = 45,000。

再来看 M 论坛的另外一个广告位。"娱乐类 – 贴内通栏 02"以天为单位投放，共投放 6 天，单位曝光数为 4,000,000，单位点击数为 27,000。因此，预估总曝光数 = 6 × 4,000,000 = 24,000,000，预估总点击数 = 6 × 27,000 = 162,000。

M 论坛的其他位置的预估总曝光数和总点击数可以依次按照上面的方式计算。值得注意的是，当知道预估总曝光数之后，也有另一个方式可以计算出预估总点击数：用"预估总曝光数"乘以"预计 CTR"即可。前面讲过，CTR 体现的是看了广告的人中有多少人点击了广告，细看"预计 CTR"就是"单位点击数"除以"单位曝光数"的结果。

和 M 论坛使用 CPD 方式结算不同，H 媒体、Y 媒体、T 媒体的"单元"这一列写的是 CPM，也就是说，这三家媒体是按照千次曝光来购买的，因此单位曝光数都写的是 1000。

先来看"Y 媒体 – ××× 精准媒体圈 – ×× 视频"这个位置，从 5 月 20 日投放到了 5 月 27 日，按照 CPM 投放了 8 天，每天都投放 174 个 CPM。"按照 CPM 投放"的意思是：以 1000 个曝光作为单位来投放。那么也就是说，每一天投放的曝光数 = 174 × 1000 =

174,000。要计算这个位置的预估总曝光数,就用"8 天"乘以"每天投放 174,000 个曝光",那么这段时间这个位置的预估总曝光数就是 1,392,000。预估总点击数 = 1,392,000 × 1.5% = 20,880。

如果是按 CPD 购买,通常情况下一天内的预估曝光数是相同的,但按 CPM 购买,每天媒体分配给品牌的曝光数有可能不同。举例来说,H 媒体的第一个广告位"文章内容页 – 视窗"分天的曝光数就不同,排期中显示:这个广告位投放时间为 8 天,从 5 月 20 日投放到了 5 月 27 日,其中从 5 月 20 日到 5 月 25 日每天投放了 368 个 CPM,也就是 368 个"1000 个曝光",5 月 26 和 5 月 27 日每天投放了 367 个 CPM。因此,该位置的预估总曝光数 = 单位曝光数 × 每天的单位数之和 = 1000 × (368 × 6+367 × 2) = 2,942,000,预估总点击数 = 2,942,000 × 1% = 29,420。

因此,在排期最后增加两列,就可以得出一个包含广告预估总曝光数、预估总点击数的排期(见表 4-3)。

这个排期就成为监测广告的依据,预估的曝光数、点击数、CTR 相当于媒体对品牌方的承诺。通常情况下,在总曝光达到预期的情况下,分天的曝光数没有非常大的异常,都说明媒体完成了承诺,就称之为"达标"。当然,除了总数之外,广告监测还能够获得更细致的数据。接下来,就看看具体是如何实现细致的监测的。

第三方公司如何监测媒体

媒体的数据表现,除了媒体平台自身之外,还有第三方公司可以监测。从业务流程来说,通常是广告主委托营销公司在某媒体平台投放广告,广告主要求进行广告监测,从而授权第三方公司来执行。而为了保证媒体本身的权益也能受到保护,第三方公司的监测是基于广告素材的,而不是对整个媒体平台进行监测。具体的监测方式,也因互联网设备的不同而有所差异。

表 4-3 包含计算出的预估总曝光数、预估总点击数的排期

网站名称	刊登频道名称	广告位名称	单元	刊例总计	单位曝光数	单位点击数	预计CTR	5月 20	21	22	23	24	25	26	27	广告预估总曝光数 Ested Total Imp	广告预估总点击数 Ested Total Clicks
M论坛	论坛首页	通栏二	1	100,000	7,500,000	45,000	0.60%			1						7,500,000	45,000
	娱乐类	帖内通栏02	6	360,000	4,000,000	27,000	0.68%		1	1	1	1	1	1		24,000,000	162,000
	情感时尚生活类	帖内通栏02	6	96,000	2,400,000	7,000	0.29%			1	1	1	1	1	1	14,400,000	42,000
	财经金融	矩形三	4	28,000	2,400,000	3,000	0.13%		1	1	1	1				9,600,000	12,000
	情感时尚生活类	矩形三	6	42,000	2,800,000	3,000	0.11%		1	1	1	1	1	1		16,800,000	18,000
	社会	矩形三	6	42,000	2,600,000	3,000	0.12%		1	1	1	1	1	1		15,600,000	18,000
	文学校园	矩形三	6	42,000	2,400,000	3,000	0.13%		1	1	1	1	1	1		14,400,000	18,000
	聚焦页	FK广告	1	375,000	3,750,000	75,000	2.00%						1			3,750,000	75,000
	娱乐类	FK广告	6	630,000	3,250,000	30,000	0.92%		1	1	1	1	1	1		19,500,000	180,000
	论坛首页	FK广告	1	195,000	3,750,000	45,000	1.20%						1			3,750,000	45,000
	财经金融	矩形三	2	14,000	2,400,000	3,000	0.13%								1	4,800,000	6,000

第 4 章 Paid Media：浪费的广告预算去哪儿了

媒体	位置	形式	计价方式														
H媒体	文章内容页	视窗	CPM	353,040	1,000	10	1.00%	368	368	368	368	368	368	367	367	2,942,000	29,420
H媒体	文章内容页	视窗	CPM	888,360	1,000	10	1.00%	926	925	926	925	926	925	925	925	7,403,000	74,030
Y媒体	×××精准媒体圈	××视频	CPM	279,070	1,000	15	1.50%	174	174	174	174	174	174	174	174	1,392,000	20,880
Y媒体	×××精准媒体圈	扩展××视频	CPM	186,047	1,000	16	1.60%	93	93	93	93	93	93	93	93	744,000	11,904
Y媒体	×××精准媒体圈	×××同位配送	CPM	540,000	1,000	8	0.80%	675	675	675	575	675	675	675	675	5,400,000	43,200
Y媒体	×××全网	×××特别配送	CPM	360,000	1,000	9	0.90%	900	900	900	900	900	900	900	900	7,200,000	64,800
T媒体	详见附件媒体列表	精准广告	CPM	950,850	1,000	14	1.40%	931	931	931	931	654	653	654	654	6,339,000	88,746
T媒体	详见附件媒体列表	精准广告	CPM	1,261,200	1,000	14	1.40%	1,524	1,524	1,524	1,524	576	578	578	578	8,406,000	117,684

互联网终端设备比较粗粒度地划分为"PC 端"（指的是 Personal Computer，个人计算机）和"移动端"（指的是移动互联网终端，可以便携联网的设备，主要指手机、Pad、手环等也属于移动端）。基于设备的不同，监测的技术手段也有差异。PC 时代主要通过 Cookie 来实现广告监测，移动互联网时代则通常使用 API（应用程序接口）和 SDK（软件开发包）。

网页环境下使用 Cookie 监测。当用户浏览某网站时，由 Web 服务器置于用户硬盘上的一个非常小的文本文件——行业中将这个小小的文本文件称为 Cookie——记录用户 ID、密码、浏览过的网页、停留的时间等信息。这个文件会储存在浏览网页的浏览器上，在浏览器的"设置"功能里，也有"清除 Cookie"的选项，如图 4-6 所示。

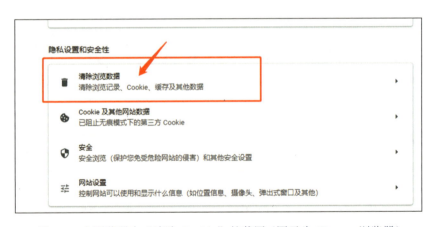

图 4-6　在浏览器中"清除 Cookie"的截图（图示为 Chrome 浏览器）

就算浏览器中的 Cookie 没有被用户主动清理，这个文本文件也是有存活期限的。浏览器 Cookie 具备以下特征：①有存活期限，在 Cookie 生成的时候就会被指定一个过期（Expire）值，超出期限也会被自动清除；②专属性，A 网站存放在 Cookie 中的信息，B 网站无法获取；③可删除。因此，仅靠浏览器中的 Cookie 做广告监测，有很多限制。比如，一个用户在 A 网站看了某品牌广告，到 B 网站又看了一遍，如何监测出是一个人呢？如果用户有删除 Cookie 的习惯，又怎么进行监测呢？

网站除了会在浏览器上存储文本，还会在 Flash 中存储信息，而多数广告素材都是 Flash 格式的。Flash 一般是动态的，更能够在纷繁复杂的网站中吸引用户，前面举例的排期中的通栏广告、视频类型的广告，都是 Flash 格式的。Flash Cookie 比浏览器 Cookie 存活周期更长，而且可以跨浏览器监测，相当于互联网上的身份证。用户在 A、B 两个网站分别观看过同一个广告，是可以通过 Flash Cookie 获知的。因此，对于 PC 端的广告监测，通常使用 Flash Cookie 来完成。

具体操作方式为：第三方公司或者营销公司根据排期，在监测公司的系统内输入排期中的广告媒体、媒体频道、广告位，系统会根据这三个信息生成一对相应的代码（很简单的一串信息，以 http 开头），包括一条曝光代码、一条点击代码，将这两条代码添加到广告的 Flash 素材图层上，当用户在一个网站浏览这个广告的时候，曝光代码就会被调用，对这个曝光计数，当用户点击的时候，就会对点击计数。

当越来越多的用户开始使用手机时，移动端广告监测的需求就产生了。这其中包括两种情况：如果用户是通过浏览器来观看广告的，那么仍然可以通过 Flash Cookie 来进行监测，监测原理和在 PC 端基本相同；而越来越多的 app 诞生，这部分数据就需要使用新的方式来监测，具体又有 API 和 SDK 两种模式。

移动端广告监测的 API（Application Programming Interface，应用程序接口）：API 监测是指 app 媒体方将额外需要的信息填在监测代码中预先设定的参数内，抓取用户的设备型号、识别码、LBS[一]等

[一] LBS：Location Based Service，基于位置的服务。

信息，一并传回给第三方公司的服务器。可以把 API 比喻成一个"管道"，作为媒体的 app 根据第三方公司的需求，把广告相关的数据信息传给第三方公司。仔细思考会发现，这种监测方式会让媒体方更加主动，而第三方公司是被动获取数据的，媒体方存在一些操作空间，因此这种监测方式主要存在于 app 广告监测的初期，通常作为监测的一种过渡方案。有没有一种方式可以更加客观地站在第三方公司的视角对 app 进行监测呢？于是就产生了当下更为主流的 app 广告监测方式。

移动端广告监测的 SDK（Software Development Kit，软件开发包）：SDK 一般都是一些被软件工程师用于为特定的软件包、软件框架、硬件平台、操作系统等建立应用软件的开发工具的集合。一个 app 中有很多 SDK，其中第三方公司监测的 SDK 是其中一种，当 SDK 植入 app 之后，可以简单粗暴地理解为：app 是一座房子，这个房子中的一部分"租"给了广告主，广告主要求给这个房子装个摄像头，SDK 就是这个摄像头。这样，就不需要 app 把数据传送给第三方公司了，第三方公司通过一次性植入 SDK，就可以对 app 进行监测。当用户观看广告、点击广告的时候，数据会直接回传给第三方公司。这种方式第三方公司监测较为主动，不过有一些细节需要注意：①在同一个 app 有不同厂商的情况下，SDK 需要分别对接；②需要对用户进行监测信息告知。目前，多数 app 媒体的广告监测都是通过 SDK 来实现的。

2. 广告监测的维度和指标

虽然不同终端的广告监测方式不同，但监测到的数据指标是一致的。如果将这些指标进行分类，则可以按照不同的用途进行区分（见表 4-4）。

表 4-4　广告监测指标归类

基础指标	监察指标	优化指标
曝光量 | 曝光达标率	人均曝光 | 曝光频次	重合度
点击量 | 点击达标率	人均点击 | 点击频次	新用户比例
CTR | CTR 达标率	细分维度排查	人群属性

所谓"基础指标",是确认媒体是否按照对品牌的承诺达到了相应的曝光、点击数据;"监察指标"则是通过查看单个用户的频次数据,来查看数据来源是否可靠,有无可能存在媒体作弊的现象;"优化指标"则是为广告主未来的投放制定策略提供重要依据的。接下来分别展开来看。

基础指标

"基础指标"是品牌方必选的广告监测指标,也是最基本的指标。在之前讲到的互联网广告排期和互联网广告计费方式中,已经涉及了一些指标的计算方式。表 4-5 展示了一些基础指标的定义。

表 4-5　广告监测指标——基础指标定义

指标	指标解读
曝光(量)	用户的互联网浏览行为,造成已添加监测代码的广告,在网页、客户端等环境下展现的次数之和
曝光人数	基于用户唯一信息,按一定时间进行去重(去除重复)处理后的曝光记录数之和
曝光达标率	曝光(量)/ 预估总曝光
点击(量)	用户在网页、客户端等环境下,点击已添加监测代码超链接的次数之和
点击人数	基于用户唯一信息,按一定时间进行去重(去除重复)处理后的点击记录数之和
点击达标率	点击(量)/ 预估总点击
CTR	Click Through Rate,点击通过率 = 点击次数 / 曝光次数 × 100%

表 4-5 中，有"曝光（量）"和"曝光人数"与"点击（量）"和"点击人数"这两组概念。以曝光相关的一组概念为例：如果一个人看了一次广告，那么曝光人数 +1，曝光量 +1；如果一个人看了三次广告，那么曝光人数 +1，曝光量 +3。因此，曝光人数 ≤ 曝光量。那么一个人在什么情况下可能在某个网站上看很多次相同的广告呢？你可能有过这样的体验，在一个视频网站，视频内容之间的贴片广告常常重复，这只是一种可能；也有可能你打开一个网站，曝光代码被调用后，你又对网站进行了刷新；再或者你离开了网站后又重新打开，都有可能带来曝光量的增加。

那么如何去判别"一个人"呢？在 PC 端时代，通过 Flash Cookie 来辨认用户的唯一信息；在移动端时代，可以通过 APP ID 或者手机设备信息等方式来推断单一用户。虽然，品牌方非常希望透视到在媒体背后真正的消费者，但为了更好地保护用户的隐私，对用户的数据获取均为针对群体维度的，并且是脱敏的（即不会定位到用户本人）。

在广告监测过程中，还是更经常使用"次数"而不是"人数"作为达标的指标，媒体的预估曝光数据为"曝光次数"（或者叫"曝光""曝光量"）而不是"曝光人数"，点击也是如此。广告达标意味着，媒体完成了在排期中对品牌方许诺的曝光量、点击量。而 CTR 意味着，在一定的曝光下有相当一部分点击的转化率保证。

举例来看，某广告主在四个媒体上投放了广告，已知媒体预估曝光和点击量，监测到媒体的曝光次数、曝光人数，就可以计算各媒体的达标率和 CTR。表 4-6 展示了其除曝光达标率、点击达标率和 CTR 之外的排期数据。

表 4-6 除曝光达标率、点击达标率和 CTR 之外的排期数据示意

媒体名称	花费	上线天数	单位	广告数据							
				预计曝光	预计点击	曝光次数	曝光人数	曝光达标率	点击次数	点击人数	点击达标率	CTR
中×××网	—	89	天	50,200,000	224,000	56,462,454	23,777,845		256,968	256,088		
大×××网	—	34	天	18,000,000	183,900	18,749,291	5,858,369		198,780	179,723		
宝×××网	—	60	天	23,600,000	75,930	34,119,661	16,966,281		79,592	79,414		
天×××网	—	26	天	9,280,000	78,800	7,880,600	4,229,749		73,515	72,521		
总计	—	209	天	101,080,000	562,630	117,212,006	50,832,244		608,855	587,746		

以"中 ×××网"为例,曝光达标率 = 曝光次数 / 预计曝光 × 100% = 56,462,454/50,200,000 × 100% ≈ 112%,点击达标率 = 点击次数 / 预计点击 × 100% = 256,968/224,000 × 100% ≈ 115%。可见,"中 ×××网"的曝光和点击达标率均大于 100%,达成了目标。其实际的 CTR = 点击次数 / 曝光次数 × 100% = 256,968/56,462,454 × 100% ≈ 0.46%,也就是说,在这个网站上,看了 1000 次广告可能带来 46 次点击。

表 4-6 中有一个网站的曝光和点击没有达标,你知道是哪个网站吗?你可以根据上面的表格进行计算,答案将在本章最后公布。

监察指标

媒体为了完成对广告主的许诺,完成广告投放的达标任务,有可能进行数据造假,监察指标可以用更为直接的方式来帮助查看媒体有无作弊嫌疑。表 4-7 展示了几种监察指标的定义。

表 4-7 广告监测指标——监察指标定义

指标	指标解读
人均曝光	平均一个人看了多少次广告,计算方式为:曝光次数 / 曝光人数
人均点击	平均一个人点击了多少次广告,计算方式为:点击次数 / 点击人数
曝光频次	广告在同一用户前展现的频次(20 次以上曝光不应超过总曝光量的 20%,特殊频控项目除外)
点击频次	广告被同一用户点击的频次(3 次以上点击不应超过总点击量的 10%,特殊频控项目除外)

这些指标主要看的是曝光和点击是否存在明显异常,通过人均曝光和人均点击能粗略辨别是否异常。如果消费者普遍看(或者点)很多次广告,有可能存在问题;而具体到单一用户,就通过曝光频次、点击频次来衡量,看 20 次以上或者点击 3 次以上广告,都可能存在异

常，20 和 3 的规则，来源于行业内约定俗成的共识规定。曝光频次的数据会显示：曝光 1 次的曝光量、曝光人数；曝光 2 次的曝光量、曝光人数……曝光频次排查如图 4-7 所示。

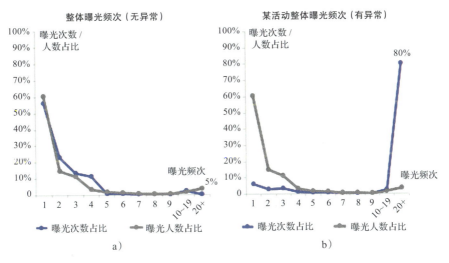

图 4-7　曝光频次排查示意图

图 4-7a 中各个曝光频次上的曝光次数与曝光人数趋势基本吻合，达到 20 次以上曝光的占比很低，因此曝光频次无异常；而图 4-7b 中，曝光频次在 20 次的曝光次数占比达到 80%，则存在异常，需要继续查看各个媒体的频次数据，从而找到可能造成该异常情况的媒体。

在对曝光和点击频次的指标解读中有一个词叫作"特殊频控"，指的是一些广告主会有一些特别的频次控制策略。比如，有的快消品牌希望在一波活动中让消费者多次看到广告，有时候会规定要看 5 次以上（行业内表达为"5＋reach"，意思是触达 5 次以上）。之所以会有这样的频控策略，是因为广告主可能在一些研究中洞察到消费者的行为习惯，认为只有足够多的广告触达，才有可能让消费者记住品牌，对品牌感兴趣。

除了基于频次的分析之外，在监察环节，还会对总体的数据进行细致的拆分。如果一波广告活动本身达标，数据正常，那么可以从以下维度细分：从媒体、广告位等维度细分，查看每个环节的具体数据是否正常；可以从时间维度细分，查看分天、分小时的数据是否正常；还可以通过分地域的数据来查看。

在一些具体的案例中，有一些广告曝光情况、频次情况正常，但是仔细挖掘，会发现广告曝光集中在深夜2点，而每天的其他23小时几乎没有广告曝光，这与互联网消费者的日常作息差异非常大，就属于数据异常。还有一些广告活动，通过数据监测，发现70%的广告曝光来自同一个IP地址（Internet Protocol Address，互联网协议地址，通常用来判定PC端消费者的地理位置），那么就需要继续排查，如果曝光是来自同一个地方，有可能存在数据异常。举例来说，图4-8展示了T媒体、Y媒体和H媒体的分小时曝光曲线。

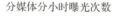

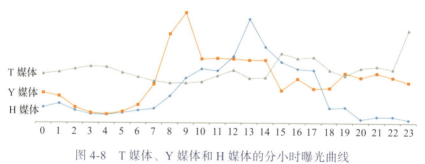

图4-8　T媒体、Y媒体和H媒体的分小时曝光曲线

能看出Y媒体8~9点早高峰的时候曝光最多，H媒体13~14点午休的时候曝光最多，而T媒体晚间23点曝光最多。如果这些数据和媒体的属性吻合，则数据正常；如果严重不吻合，则需要进一步排查原因。

优化指标

如果说广告监测的基础指标是及格线,监察指标是考试时候的监考老师,那么优化指标就指出了从及格到优秀的距离。在一波广告活动之后,如果数据达标,监察数据也没有显示任何异常,那么就要看有没有什么可以从这次活动中积累的经验,以及下一波广告还有哪些可以优化的地方。优化指标主要包括以下几项(见表 4-8)。

表 4-8 广告监测指标——优化指标定义

指标	指标解读
重合度	基于用户唯一信息,在用户定义的时间段内,某主体(项目/媒体/广告位等)所覆盖的独占用户数除以其所覆盖的所有用户数
新用户比例	基于用户唯一信息,在特定时间段内(一般为自然天),某主体(项目/媒体/广告位)所覆盖的新独立曝光者除以当天的独立曝光者(该指标仅限于曝光)
人群属性	性别、地域、婚姻状况等维度的数据比例

重合度数据体现的是多个主体之间的用户重合情况,通常情况下用不同媒体做重合度分析,具体数据展示方式见表 4-9。

表 4-9 曝光重合度拆分示意

	A 媒体	B 媒体
A 媒体	100%	A 媒体与 B 媒体重合的曝光人数 /B 媒体曝光人数
B 媒体	A 媒体与 B 媒体重合的曝光人数 /A 媒体曝光人数	100%

如何解读该数据呢?我们假设 A 媒体与 B 媒体重合的曝光人数 /B 媒体曝光人数 ×100% = 17%,A 媒体与 B 媒体重合的曝光人数 /A 媒体曝光人数 ×100% = 2%。于是我们得到图 4-9,可见,A 媒体的曝光量更大。

如果 A 媒体与 B 媒体重合的曝光人数 /B 媒体曝光人数 ×100% =

62%，A 媒体与 B 媒体重合的曝光人数 /A 媒体曝光人数 ×100%＝13%，那就说明，A 媒体几乎可以覆盖 B 媒体的大量用户（见图 4-10）。

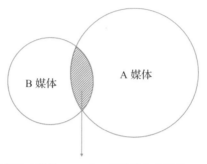

占 A 媒体曝光人数的 2%，占 B 媒体曝光人数的 17%

图 4-9　曝光量 A 媒体大于 B 媒体的情况下重合度示意图

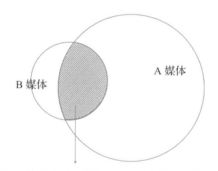

占 A 媒体曝光人数的 13%，占 B 媒体曝光人数的 62%

图 4-10　曝光量 A 媒体远大于 B 媒体的情况下重合度示意图

如果广告主希望覆盖更多新的消费者，则 A 媒体更符合广告主的营销策略。重合度数据的计算常常会发生在多个媒体之间，数据情况也可能更加复杂，分析的时候每次都聚焦于两个主体来看就可以了。

新用户比例显示的是在广告曝光的用户中，每天能覆盖多少新用户，理论上投放第一天的新用户比例一定是 100%。如果一个媒体的新用户比例衰退过快，则说明网站本身能覆盖的用户数量可能较为有限。

在图 4-11 中，项目整体的新用户比例维持在 80% 以上，只有 M

论坛的新用户比例下降相对较快。一方面说明 M 论坛的黏性很高；另一方面也说明用户较为垂直，广告会反复曝光给一部分相同的用户。而 H 媒体的新用户比例衰退最少，如果要覆盖更多用户，选用 H 媒体则更为合适。

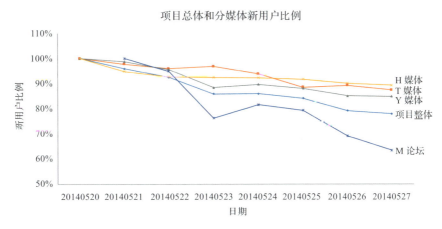

图 4-11　多个媒体新用户比例差异对比示意

优化指标并不是用来判别媒体的"好坏"，而是根据广告曝光的密度，来分析什么样的广告投放策略更适合什么样的媒体。这部分指标在广告监测领域算是"锦上添花"，不是"雪中送炭"，品牌方通常一定会通过第三方公司监测基础指标和监察指标，而优化指标只是作为参考的一部分。

3. 案例：广告监测评价媒体效果

了解了广告监测的众多指标，接下来分享一个广告主的实际案例，来看各种维度的指标是如何在具体环境中运用的。在数据分析之前，我们先了解一下广告主的需求和项目背景。

某国际品牌（机械制造行业）首次进入中国，初步投放试水，选择投放主流门户媒体和本行业垂直媒体。希望借由这次投放，对媒体质量有所了解和把控。该客户的要求如下。

- 有明确的曝光、点击要求，需要确认各媒体是否达标；
- 由于是to B产品，因此希望精准触达目标受众，对频次没有特殊要求；
- 如有数据异常，需要明确披露，方便后续媒体选择。

接下来，我们就使用前面所说的三类指标，来为客户进行数据分析。

媒体许诺的曝光点击是否达标

通过数据监测，能够获得活动整体以及不同媒体、广告位的监测数据。按照数据排查的基本逻辑，先查看广告是否达标，见表4-10。

表4-10中，有一部分广告位没有开放曝光监测，用"-"标识。纵列框线查看曝光和点击达标情况，当达标率小于100%时，视为不达标。

曝光未达标的广告位包括："中×2×网－首页－下拉式广告""造××××网－首页－顶部通栏Banner""中×××××网－首页－顶部半通栏""×网－龙渊覆盖类视窗资源池组合"。

点击未达标的广告位包括："中×2×网－首页－下拉式广告""中×××××网－首页－顶部半通栏""×网－首页顶部五轮播通栏""×网－新闻首页要闻下两轮播通栏02""×网－新闻首页国内新闻下三轮播通栏03""C网－右侧画中画"。其中，"×网－首页顶部五轮播通栏"和"C网－右侧画中画"点击达标率为99%，为轻微不达标。还需要注意的是，"C网"的其他位置达标率均超过100%，因此"C网"的整体点击是达标的。

表 4-10 监测数据示例

媒体	位置	曝光					点击					CTR	
		预估曝光	曝光次数	曝光人数	曝光达标率	人均曝光	预估点击	点击次数	点击人数	点击达标率	人均点击	次数	人数
中×1×网	应用设计频道Application Design Channel-顶部通栏Top Banner	85,000	135,547	124,822	159%	1.1	1,700	4,511	4,496	265%	1.0	3.33%	3.60%
中×2×网	首页Homepage-下拉式广告Crazy ad	1,700,000	806,459	447,998	47%	1.8	2,000	1,027	643	51%	1.6	0.13%	0.14%
慧××××网	首页Homepage-焦点图6Focus Picture6	1,500,000	—	—	—	—	45,000	57,160	56,529	127%	1.0	—	—
	机械工业行业终端页Machinery industry terminal page-画中画PIP	750,000	—	—	—	—	15,000	18,804	18,734	125%	1.0	—	—
中×3×网	首页Homepage-通栏Banner	810,000	4	4			7,500	8,078	8,039	108%	1.0	—	
造××××网	首页 Homepage-顶部通栏Top Banner	650,000	368,606	2,440	57%	151.1	3,750	6,424	6,392	171%	1.0	1.74%	261.97%
汽××××网	首页Homepage-焦点图PIP	200,000	4	1	—	—	19,000	24,239	23,752	128%	1.0	—	—
中×××××网	首页Homepage-顶部半通栏Top Half Banner	170,000	45,224	7,871	27%	5.7	1,200	783	720	65%	1.1	1.73%	9.15%
中×××社区	帖子内页Post Inner Page-通栏Banner	—	—	—	—	—	—	1,876	1,177	—	1.6	—	—
×网	首页顶部五轮播通栏	2,500,000	—	—	—	—	6,000	5,959	5,582	99%	1.1	—	—
	龙渊覆盖类视窗资源池组合	6,756,000	4,166,644	3,481,917	62%	1.2	23,646	31,628	28,933	134%	1.1	0.76%	0.83%
	新闻首页要闻下两轮播通栏 02	1,500,000	—	—	—	—	600	386	367	64%	1.1	—	—
	新闻首页国内新闻下三轮播通栏 03	1,000,000	—	—	—	—	400	253	230	63%	1.1	—	—
C网	homepage Top Banner 首页顶部通栏	444,000	608,572	396,777	137%	1.5	2,664	3,860	3,812	145%	1.0	0.63%	0.96%
	Articlepage PIP 1 文章页画中画 1	4,550,000	5,255,479	3,253,410	116%	1.6	22,750	26,158	25,506	115%	1.0	0.50%	0.78%
	Articlepage right skyscraper 文章页右竖幅	2,860,000	3,073,583	2,200,224	107%	1.4	11,440	13,647	13,374	119%	1.0	0.44%	0.61%
	右侧画中画（Right-In Article Ad）	7,800,000	11,175,549	5,229,939	143%	2.1	31,200	30,780	13,601	99%	2.3	0.28%	0.26%
	右侧小通栏（Right-In Article Banner）	5,000,000	9,430,037	4,310,649	189%	2.2	20,000	24,337	12,598	122%	1.9	0.26%	0.29%

没有达标的媒体，需要对广告主进行相应的补量；而达标率过低的媒体，在没有特殊技术执行问题⊖的情况下，广告主有可能将其排除在下一次广告投放的媒体列表之外。

除了达标率之外，基础指标还包含 CTR，表 4-10 中 CTR 数据有两列，第一列使用"点击次数"除以"曝光次数"，第二列使用"点击人数"除以"曝光人数"。其中，第二列存在异常数据，"造××××网–首页–顶部通栏 Banner"以人数为基准的 CTR = 261.97% > 100%。正常情况下，用户先看到广告再点击广告，因此点击 < 曝光，理论上 CTR 一定小于 100%。从常识出发，人们也不会看到广告就点击，在网站上，CTR 一般是个位数甚至更低，因此这个数据存在异常。

除了基础指标之外，表 4-10 中还有监察指标：人均曝光、人均点击。"造××××网–首页–顶部通栏 Banner"除了 CTR 数据异常之外，人均曝光高达 151.1，就是说平均每个人看了 150 多次相同的广告。因此，在后续查看频次数据的时候，需要重点关注"造××××网"，进行异常数据的排查。

是否存在异常数据

在基础数据中已经看到了一些初步的问题，接下来通过监察指标中的频次数据，进行更加细致的排查，如图 4-12 所示。

图 4-12a 是这波活动整体的曝光频次数据，包含所有媒体，显示整体数据正常，曝光频次在 21 次以上的占比为 2%。但由于之前发现"造××××网"的 CTR 和人均曝光数据异常，因此图 4-12b 专门聚焦该网站，发现曝光频次在 21 次以上的占比高达 99%。看图 4-12b 的表格，在频次为"21+"用户占比 4%，但带来了 99% 的曝光，该数据异常。初步可以断定，"造××××网"本次广告活动数据异常。

⊖ 这里指一些特殊的执行问题。例如，广告投放期间，部分时间段广告代码未添加等人工失误。本案例中不包含类似情况。

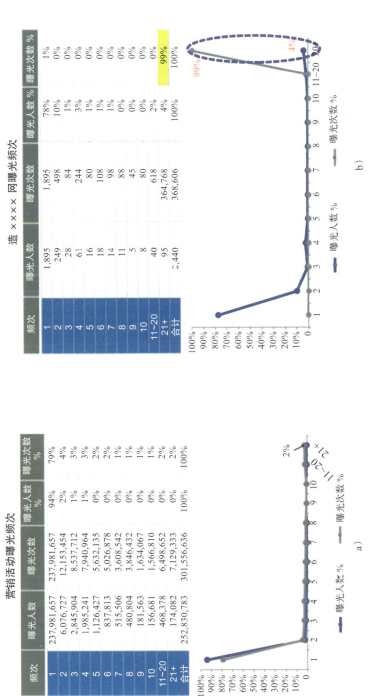

图 4-12 曝光频次数据排查示意图

除了曝光频次之外，还需要进一步查看点击频次，图 4-13a、b 分别展示了活动整体点击频次数据、分媒体的点击频次数据。

营销活动整体点击频次

频次	点击人数	点击次数	点击人数%	点击次数%
1~3	1,770,433	1,981,762	97%	82%
4~6	40,823	189,260	2%	8%
7~9	9,894	77,105	1%	3%
10+	11,795	180,199	1%	7%
合计	1,832,945	2,428,366	100%	100%

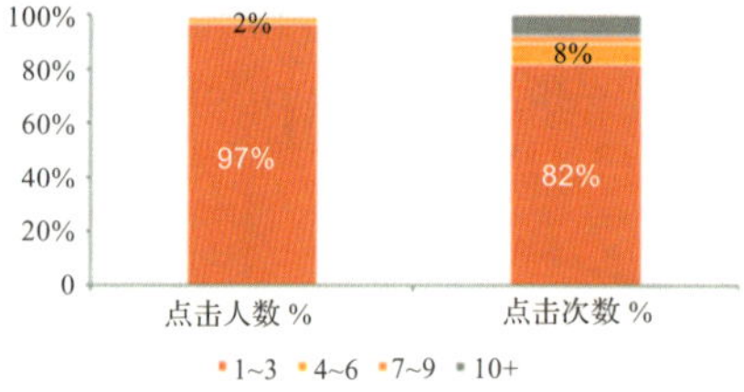

分媒体点击频次

媒体名称	1~3	4~6	7~9	10+
C 网	58.0%	41.9%	0.1%	0.0%
× 网	87.6%	7.2%	2.5%	2.7%
中 ×3× 网	84.7%	1.3%	1.2%	12.8%
造 ×××× 网	80.7%	10.5%	4.1%	4.7%
汽 ×××× 网	99.7%	0.3%	0.0%	0.0%
中 ××××× 网	90.8%	7.2%	1.4%	0.6%
中 ××× 社区	99.8%	0.1%	0.0%	0.1%
中 ×1× 网	99.8%	0.2%	0.0%	0.0%
中 ×2× 网	72.3%	8.5%	4.6%	14.6%
慧 ×××× 网	66.2%	11.7%	3.1%	19.0%

a)　　　　　　　　　　　　　　b)

图 4-13　点击频次数据排查示意图

通常认为，点击频次超过 3 次有可能存在数据异常。活动整体有 18% 点击频次超过 3 次，主要来自四家网站：C 网，有 41.9% 的点击频次在 4~6 次；中 ×3× 网，有 12.8% 的点击频次在 10 次以上；中 ×2× 网，有 14.6% 的点击频次在 10 次以上；慧 ×××× 网，有 19.0% 的点击频次在 10 次以上。

因此，结合曝光频次和点击频次来看，有问题的媒体可能共有 5 家：造 ×××× 网、C 网、中 ×3× 网、中 ×2× 网、慧 ×××× 网。

未来投放有哪些优化空间

这波活动也监测和分析了优化指标，首先看重合度的数据结果，如图 4-14 所示。

曝光独占

媒体名称	独占人数	独占人数%
C网	123,120	98.6%
×网	4,600,666	99.0%
中×3×网	9,489,232	99.8%
造××××网	3,450,349	99.4%
汽××××网	130,530,451	98.8%
中××××网	8,362,192	99.8%
中×××社区	94,157,304	98.4%
中×1×网	446,165	99.6%
中×2×网	2,364	96.9%
慧××××网	7,675	97.5%

a）

曝光重合度

行标签	C网	×网	中×3×网	造×× ××网	汽×× ××网	中×× ××网	中××× 社区	中×1×网	中×2×网	慧×××× 网
C网	100%	0%	0%	0%	0%	0%	1%	0%	1%	0%
×网	0%	100%	0%	0%	0%	1%	1%	0%	0%	0%
中×3×网	0%	0%	100%	1%	0%	0%	0%	0%	0%	0%
造××××网	0%	0%	2%	100%	0%	0%	0%	0%	0%	0%
汽××××网	0%	0%	0%	0%	100%	0%	0%	0%	0%	0%
中××××网	0%	0%	0%	0%	0%	100%	0%	2%	0%	0%
中×××社区	0%	0%	0%	0%	0%	0%	100%	0%	0%	0%
中×1×网	0%	0%	0%	0%	0%	0%	1%	100%	0%	0%
中×2×网	0%	0%	0%	0%	0%	0%	1%	0%	100%	0%
慧××××网	0%	0%	0%	0%	0%	0%	1%	0%	0%	100%

b）

图 4-14　曝光独占和曝光重合度分析示意

图 4-14a 展现了曝光的独占数据，即在这波活动中，各媒体各自有百分之多少的用户是本媒体独有的，数据均在 96% 以上；图 4-14b 展示的重合度数据也显示，各媒体之间的重合度不超过 1%。也就是说，虽然这波活动是针对较为垂直细分的机械行业，也在垂直媒体上投放了一些广告，但各个垂直媒体之间的用户并不是同一拨人，这波活动帮助广告主尽可能多地覆盖了潜在的受众群体。新用户比例的数据也佐证了这一点，如图 4-15 所示。

新用户比例整体维持在 80% 以上，较为平稳；分媒体来看，只有"汽××××网"衰落相对较快，⊖但对整波活动影响不大。

结合前面的所有数据情况，可以进行各媒体表现分析总结（见表 4-11）。

表 4-11　案例中各媒体表现分析总结

媒体名称	未达标	频次异常	优化投放
C 网		点击，4~6 次较多	
× 网	曝光和点击		
中 ×3× 网		点击，10 次以上较多	
造 ×××× 网	曝光	曝光，严重异常	
汽 ×××× 网			新用户衰落较快
中 ×××× 网	曝光和点击		
中 ××× 社区			
中 ×1× 网			
中 ×2× 网	曝光和点击	点击，10 次以上较多	
慧 ×××× 网		点击，10 次以上较多	

综合以上信息，根据这一波活动的广告投放质量，未来可以选择投放的媒体为"汽 ×××× 网""中 ××× 社区"和"中 ×1× 网"。

⊖ "汽 ×××× 网"的新用户比例数据存在波段，主要是由于广告主在周末不投放广告，零星的曝光数据由于缓存等原因计入了周末，并非媒体异常。这一判断通常来自数据分析师的经验。

第 4 章 Paid Media：浪费的广告预算去哪儿了 91

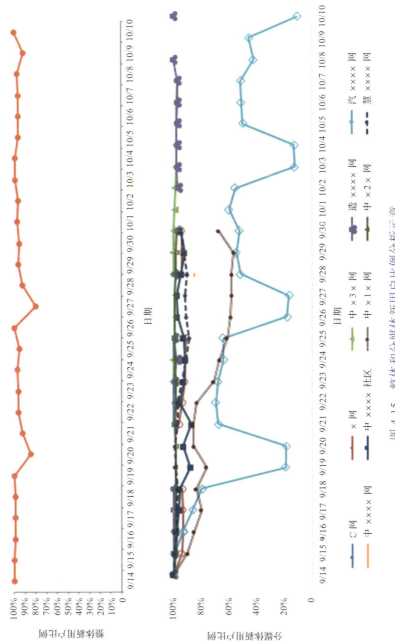

图 4-15 整体和分媒体新用户比例分析示意

思考练习

（1）在广告监测的基础指标中，有四个媒体曝光、点击的数据。除了"中×××网"之外，你是否已经计算出其他网站的曝光达标率、点击达标率、CTR了呢？答案就在这里（见表4-12）。

所以没有达标的网站是"天×××网"，这个网站需要在之后为广告主增加投放。

在上面的计算场景中还需要注意一点："总计"应该如何计算？"量"相关的数据可以直接加和，比如曝光次数、点击次数。人数的数据可以通过系统去重计算，也可以简单加和作为可浮动的数据参考。但达标率、点击率，是不能直接对各媒体的数据进行加和计算平均值的，而是应该使用已经计算完的加和数据进行除法计算。

（2）仍然是上面的表格，请计算人均曝光、人均点击的数据，并填写在表4-13内。

（3）请把这一章涉及的所有计费方式、指标的含义、公式进行总结，这能够帮助你更好地掌握这一章的内容。

（4）请打开任意网站或app，尝试讲出你看到的第一个广告位的名称。

由于篇幅所限，本章无法穷尽列举广告位名称，如果你看到这个广告，但不知道如何称呼该广告位，可以在搜索引擎中描述这一位置，或者搜索"媒体名称 营销"探索广告位信息。

（5）你会不会有这样的疑问：这一章讲到的广告都是有固定广告位的，但是有时候不同的人在同一个媒体的同一个广告位会看到不同的广告，这是为什么呢？这样是否会影响广告监测呢？如果你有这样的疑问，在看完这章之后，可以直接跳到第7章查看。

表 4-12 排期数据计算答案

媒体名称	花费	上线位置天数	单位	预计曝光	预计点击	曝光次数	曝光人数	曝光达标率	点击次数	点击人数	点击达标率	CTR
中×××网	—	89	天	50,200,000	224,000	56,462,454	23,777,845	112%	256,968	256,088	115%	0.46%
太×××网	—	34	天	18,000,000	183,900	18,749,291	5,858,369	104%	198,780	179,723	108%	1.06%
宝×××网	—	60	天	23,600,000	75,930	34,119,661	16,966,281	145%	79,592	79,414	105%	0.23%
天×××网	—	26	天	9,280,000	78,800	7,880,600	4,229,749	85%	73,515	72,521	93%	0.93%
总计	—	209	天	101,080,000	562,630	117,212,006	50,832,244	116%	608,855	587,746	108%	0.52%

表 4-13 人均曝光和人均点击计算题

媒体名称	花费	上线天数	单位	预计曝光	预计点击	曝光次数	曝光人数	人均曝光	点击次数	点击人数	人均点击
中×××网	—	89	天	50,200,000	224,000	56,462,454	23,777,845		256,968	256,088	
太×××网	—	34	天	18,000,000	183,900	18,749,291	5,858,369		198,780	179,723	
宝×××网	—	60	天	23,600,000	75,930	34,119,661	16,966,281		79,592	79,414	
天×××网	—	26	天	9,280,000	78,800	7,880,600	4,229,749		73,515	72,521	
总计	—	209	天	101,080,000	562,630	117,212,006	50,832,244		608,855	587,746	

第 5 章

Owned Media：用户来看我，我好看吗

关于互联网线上广告和品牌自有网站的关系，可以用线下的购物活动来比喻。广告就是一个店铺到处散发的传单，而店铺本身就相当于网站，有些消费者会因为传单而来到店里，也有一些消费者会自发地走进来。

如果是线下消费场景，消费者能够进入店铺，就说明对这个品牌不仅仅会 Awareness（引起关注），也可能会 Interest（唤起兴趣）或者 Desire（激发欲望）。消费者进入品牌的网站也是类似的，用户已经对这个品牌有所了解，当进入该品牌网站时，是抱有期待的。自有媒体的设计应该满足消费者的期待，做到"用户来看我，我要足够好看"。而"我好不好看"也是可以通过数据来衡量的，这一章就展开描述自有媒体监测的原理、指标和案例。

1. 自有网站和 H5 的监测原理

自有媒体主要指品牌方自有的网站和 H5，因此在数据监测这方面，只需要品牌方直接向第三方公司授权即可。相比于广告监测，网站监测的原理相对简单，先从一些基本概念入手来了解。

从 HTML 说起

在了解各种网站之前，需要先了解 HTML 这个概念。HTML（Hyper Text Mark-up Language），即超文本标记语言或超文本链接标示语言，是目前网络上应用最为广泛的语言。简单理解，用 HTML 写出来的内容，可以通过浏览器识别打开，这就是我们通常看到的"网页"。网页是网站（Website）的基本元素。举个例子，进入完美日记的官方网站（https://www.perfectdiary.com/），首先看到的是官网的首页⊖（消费者看到的第一个网页），如图 5-1 所示。

图 5-1 完美日记官网首页

单击"NEW"这个按钮，则会进入"新品"相关的网页，如图 5-2 所示。

⊖ 通常网站的内容会随时间更新，截图时间为 2022 年 9 月。

图 5-2　完美日记新品页面

当然，以此类推，单击"BEST SELLERS"则会进入"热销"页面，单击"LIPS"会进入"唇妆"页面……一个网站拥有很多个网页。品牌方的官方网站会经常更新，一方面基于产品的迭代创新，另一方面也可能针对特别的营销活动而建立全新的活动网页。

HTML 在网络迅猛发展的过程中起到重要作用，在历史上也产生了很多版本。在移动互联网崛起的过程中，HTML 发展出了第五代版本，称为"HTML5"，简称"H5"。H5 是公认的新一代 Web 语言，极大地提升了 Web 在富媒体、富内容和富应用等方面的能力。

很多人可以通过工具做出简单的 H5。很多人用"婚礼纪"制作的多个页面的电子婚礼请柬就是 H5 页面。而品牌方使用 H5 的方式有很多种，最常用的方式是通过 H5 来收集消费者的联系方式。图 5-3 就展示了一个典型的消费者路径：消费者搜索"房产"，看到一则广告（左下角有"广告"标识），点击广告后跳转到 H5，H5 的设计引导消费者填写姓名和电话。

当然，H5 还有很多用法。把 H5 理解成一个移动端的小型网站的话，就可以理解，H5 中的各个页面之间可以跳转。因此也有品牌方用 H5 制作小游戏，来增强和消费者的互动。总之，无论是计算机上看到的网页还是移动端的 H5，消费者如何在网站浏览和互动，这些数据都是可以被获取的。总之，在数据监测的过程中，可以把 H5 当作一个小型网站来看待。

图 5-3　在手机上点击广告后落地到 H5 页面的示意图

消费者进入品牌网站之前

除了消费者在品牌网站上的互动动作之外，当针对品牌网站添加代码进行监测时，还可以分析消费者进入网站之前的上一个页面的大致来源。比如：如果进入官网前的上一个页面是 Baidu，那么大概率消费者是搜索而来的；前面举例完美日记的官网，是笔者从浏览器的收藏夹中单击进入的；举 H5 的例子的时候，是笔者先看了广告，点击广告进入的页面。这些在理论上也是可以监测得到的。

一般来说,我们将来到活动网站的流量是否受到在线广告影响作为标准,把活动网站的流量分为广告流量和非广告流量,如图 5-4 所示。

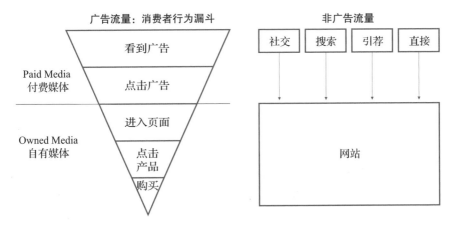

图 5-4　看到广告进入自有媒体(左)或通过广告之外的渠道进入网站(右)

图 5-4 中的左侧展示了广告流量的特征,即一个消费者看到广告后进入品牌页面的全过程。品牌方既然拥有网站——前面讲到,网站就像是一个人的房子,主人是知道每天有多少人来访问的,那么品牌方大概率是知道网站本身的流量情况的——品牌方为什么依然授权第三方公司监测呢?原因之一就是希望第三方公司能够在监测广告数据的时候,同时分析出每个媒体为网站带来了多少用户,用户表现如何。这个整体链路的监测过程,通过第 4 章讲到的 Cookie、通过广告位区分的监测代码,来区分不同媒体、广告位为网站带来了多少用户。

图 5-4 中的右侧展示的是非广告流量,用相对简易的方式进行区分:通过社交(微博等)、搜索(百度等)、引荐(朋友私信)或者直接(直接输入网址,或者从收藏夹直接点击网址)进入品牌网站。利用 HTTP 来源地址,也就是查看访客的上一个页面,就可以了解消费者

的来源。

这里可能存在一个问题：如果品牌方在微博或者百度上投放了广告，消费者进入了品牌网站，那么如何认定这个消费者的来源呢？非常简单，优先看这个消费者是不是通过广告点击进入的，如果不是，再看其上一级页面属于社交还是搜索。

品牌方针对自有网站的监测

网站监测包含对网站本身的互动和网站来源数据，那具体是如何实现的呢？对于网站和H5的监测，基本上也有三种方式。监测代码（Java Script，直接将一串代码写入所要监测的网站或H5即可）可以对全网页进行监测，也是第三方公司监测最常用的方式，这里主要针对这一方式展开说明。

监测代码分为两个部分：通加代码、事件代码。通加代码，顾名思义，是针对整个网站进行通用的监测，只需要一条代码，就能够对整个网站进行监测，包括每个网页有多少人访问、访问了多久、什么时候进入、什么时候离开等。事件代码，是针对"事件"（Event）的监测，事件主要指的是在网站上点击某个按钮，或者填写信息提交等动作。以刚才的H5页面为例，如图5-5所示。

可以点击的"使用本机号码""VIP咨询""获取更多项目资料"都成为按钮（Button），需要针对几个按钮做监测，就需要产出几条代码添加到对应的按钮位置。因此，通常一个网站需要1条通加代码和多条事件代码。

在实际操作中，通常是第三方公司把需要监测的代码给到品牌方，品牌方的网站运维人员将代码按照需求添加到相应的页面。在沟通顺畅的情况下，这个流程会很快完结。

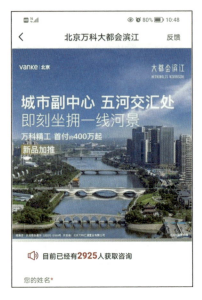

图 5-5　H5 页面示例

2. 网站和 H5 监测的指标

网站监测的指标分为"基础指标"和"兴趣评估指标",前者是针对网站访问、网页浏览的指标,后者是评估页面是否吸引消费者的指标。

基础指标

在介绍基础指标之前,需要再次强调"网站"和"网页"的概念。网站是一个站点,是网页的集合,一个网站可能有多个网页。在一个品牌的线上营销活动中,承接消费者需求的可能是相对复杂的有多个页面的网站,也有可能就是一个单一的网页。表 5-1 对基础指标进行了介绍,里面的指标有的是针对网站维度的,而有一些是针对网页维度的，这一点需要特别注意。

表 5-1　网站和 H5 监测指标——基础指标定义

指标	指标解读
一次访问（Visit）	访问次数，针对网站维度的指标 访问者对网站发起的具体会话次数。每一次用户对活动网站进行连接，就会产生一个访问 需要注意的是，虽然 Visit 是网站维度的指标，但是用户访问包含多页面的网站，是可能从任意一个网页进入的，因此对单一页面来说也有"访问"的概念
唯一身份访问者（Unique Visitor，UV）	唯一身份访问者，针对网站维度的指标 指定时间段内访问网站的去重人数，唯一身份访问者用 Cookie 拟定
浏览量（Page View，PV）	浏览量，针对网页维度的指标 用户进入活动网站后浏览的页数
着陆率（Landing Rate）	着陆率 = 访问次数 / 点击次数 用来测量用户点击某广告，为活动网站带来流量转化的效率

关于 Visit 和 PV 的关系，可以这样理解：一次访问（Visit）就像一串葡萄，而一个 PV 就是这串葡萄上的一颗葡萄，一颗葡萄一定隶属于一串葡萄，因此一个 PV 必然隶属于一次访问。

仍然以前面完美日记的官网为例来说明这个原理。今天笔者为了写本章前面的内容，打开了完美日记的官网，写完之后又关掉了该网站。随后又要拿这个网站举例，所以重新进入该网站。那么，今天笔者为该网站贡献了 2 次访问。

第一次进入网站的时候，先浏览了首页（https://www.perfectdiary.com/），为首页带来了一个 PV，如图 5-6 所示。

之后又截图了"新品"页的页面（https://www.perfectdiary.com/collections/new-in），为新品页带来一个 PV，如图 5-7 所示。

那么，第一次访问带来了 2 个 PV。

第二次访问，我仍然首先进入首页，之后再次进入"新品"页面，后来我又刷新了一次"新品"页面,那么第二次访问带来了 3 个 PV(1 次来自首页,2 次来自新品页)。而如果要以今天进入网站的人数来看,UA=1。因为从 Cookie 来看,都是来自我一个人。

图 5-6　完美日记官网首页

图 5-7　完美日记新品页面

假设一个品牌的官网每天有 300,000 个访问(Visit),平均每个用户浏览 3 个页面,那么总 PV=300,000×3=900,000。

Visit、UV、PV 都是基于网站或网页本身的数据,与广告数据没有关联。基础指标中有一个指标与广告数据密切相关,就是 Landing

Rate,指的是消费者点击广告后"着陆"到品牌页面的转化率。具体可以看图 5-8。

图 5-8　手机端从广告到 H5 页面的消费者行为漏斗示意图

图 5-8a 是前面示意过的从广告跳转到网站或者 H5 页面的过程，这个过程就叫"着陆"（Landing），所以品牌网站的活动页面也常被称为"落地页"。图 5-8b 展现了在消费者行为路径中，Landing Rate 的计算逻辑。通常消费者已经点击了广告，就会等待品牌页面加载出来，正常"着陆"。但也存在一些情况，会导致消费者在短短的等待时间中离开。比如，在手机上看视频，突然出现一个广告，用户明明是想点"×"把广告关掉，但一不小心点到了广告上，这叫"误点"，当消费者意识到自己点错了的时候就后悔了，所以不等页面加载出来就可能再次退出。也有其他的情况，比如，消费者在地铁或者一些网络状况不好的地方，虽然点击了广告很期待落地页加载出来，但是网站迟迟加载不出来，消费者没有耐心，也会离开。当然，落地页加载不出来的情况除了网络状况之外，跟落地页的设计也有很大关系。如

果落地页本身视频等富媒体素材过多,也有可能因为加载速度过慢而影响用户体验,导致消费者流失。

总之,Landing Rate 能够解释消费者从广告进入品牌活动页面的意愿。一般广告素材越大,广告形式越复杂,后续活动网站服务器越慢;活动网站内容越多,Landing Rate 越低。通常认为,Landing Rate 在 40%~80% 都是可以接受的范围。

兴趣评估指标

基础指标能够解释网站的基本情况和消费者进入网站的意愿。那进入网站之后,网站本身的设计是否合理?能否让消费者对品牌更感兴趣呢?就需要一些指标来评估(见表 5-2)。

表 5-2 网站和 H5 监测指标——兴趣评估指标定义

指标	指标解读
按钮点击量	添加代码的按钮的点击数量
跳出(Bounce)	在一次访问中访问者进入网站后只访问了一个页面但没有进行任何操作就离开的数量
跳出率(Bounce Rate)	该网页是会话中"唯一网页"的会话次数占由该网页开始的所有会话访问量的百分比。跳出率 = 访问一个页面后离开网站的次数 / 该页面对应的总访问量 ×100%
退出(Exit)	从网站离开的次数
退出率(Exit Rate)	网页是会话中"最后一页"的浏览次数占该网页总浏览量的百分比。退出率 = 退出次数 / 总浏览量 ×100%
平均访问停留时长(Visit Duration)	平均每次访问持续的时间(s) Visit Duration=Total time spent/Total Visit
平均页面访问深度(Visit Depth)	平均页面访问深度,平均每次访问在网站上浏览的 PV Visit Depth=Total Pageview/Total Visit

在上面的众多指标中,比较难理解的是"跳出率"和"退出率"的区别。可以用一个例子来说明,如图 5-9 所示。

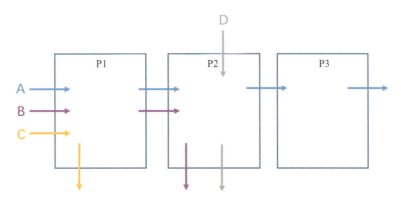

图 5-9 跳出率和退出率分析示例

在图 5-9 中，一个网站包含三个页面，分为 P1、P2、P3，同时有 4 个用户 A、B、C、D。

- A：从 P1 进入网站，之后进入 P2、P3。1 个从 P1 开始的 Visit 带来 3 个 PV，从 P3 离开（退出）网站；
- B：从 P1 进入网站，之后进入 P2，从 P2 离开（退出）。1 个从 P1 开始的 Visit 带来 2 个 PV；
- C：从 P1 进入网站，就直接离开（跳出且退出）了，带来 1 个 Visit，1 个 PV；
- D：从 P2 进入网站，就直接离开（跳出且退出）了，带来 1 个 Visit，1 个 PV。

接下来，分别计算每个网页下的跳出率和退出率（见表 5-3）。

表 5-3 计算不同页面的跳出率和退出率

网页	跳出率	退出率
P1	分子：C 带来的 1 个跳出 分母：A、B、C 3 个 Visit 跳出率 = 1/3 × 100% ≈ 33%	分子：C 带来的 1 个退出 分母：浏览该页面的 A、B、C 带来 3 个 PV 退出率 = 1/3 × 100% ≈ 33%

(续)

网页	跳出率	退出率
P2	分子：D 带来 1 个跳出 分母：D 带来的 1 个访问（注意，A、B 贡献浏览量，但其访问动作对应的是 P1 而不是 P2） 跳出率 = 1/1 × 100% = 100%	分子：B 和 D 退出 分母：浏览该页面的 A、B、D 带来 3 个 PV 退出率 = 2/3 × 100% ≈ 67%
P3	分子：0，没有用户首次进入页面并离开 跳出率 = 0	分子：A 退出 分母：浏览该页面的 A 带来 1 个 PV 退出率 = 1/1 × 100% = 100%

跳出率通常能展示网站首页的吸引力，即消费者首次进入网站后是否具有继续探索内容的意愿。如果跳出率比较高，也有可能是因为消费者在首页就已经了解到了最需要的信息，不需要进入其他网页继续探索了。所以，网站本身的设计思路和目标十分重要。通常情况下，跳出率和平均访问停留时长两个指标也会互相佐证。如果消费者只浏览了一个页面但认真观看，在访问时长上会有体现；如果完全因为没有兴趣而离开，那么访问时长会非常短。

总之，以上指标没有绝对的更高（低）就更好的规则，需要根据业务需求具体分析。

热力图插件

如果说前面讲的网站监测指标还需要通过分析数据的高低来优化网站设计和营销决策，那么热力图插件则用更直观的、可视化的方式展现消费者在网站上的表现。目前互联网上有很多热力图插件可供开放或者付费使用⊖，而对第三方公司而言，制作这样的插件在技术上也并不是难事。

⊖ 能够提供热力图服务的工具有很多，国际上使用比较多的是 Google 的 Page Analytics，搜索"热力图"也可以获得很多国内相关服务的结果。

热力图是基于消费者在网络上的鼠标光标滚动实现的，按照颜色来展示用户关注热度的可视化图像。类似于小时候在地理课学的"分层设色地图"。

图 5-10[一]示意了用户在浏览网页时候的特点：最左侧的图展现了人们的注意力规律，通常最关注左上角，之后是左下角而非右上角；通过中间的图可以看出，当网页中有图像的时候，人们的注意力可能根据图像的引导而变化。

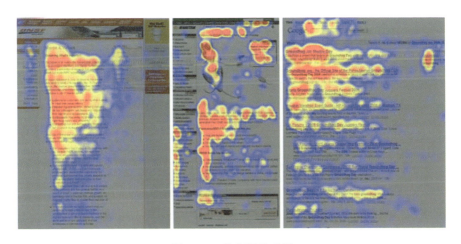

图 5-10　热力图示意图

热力图能够帮助品牌方优化网站设计，不仅可以让消费者对品牌方的网站更感兴趣，而且更有机会提升消费者的转化率。比如，一个网站中包含了表单，希望消费者能在网站留下联系方式以便后续跟进销售，但表单可能放得太靠下了，处于热力图里比较"冷"的位置，那就需要修改表单的位置。

　　㊀　图片来自网络：https://instapage.com/blog/landing-page-heat-map。

3. 案例：网站监测评价活动效果

了解了网站监测的众多指标，接下来分享一个品牌方的实际案例，来看各种指标是如何在具体环境中运用的。

案例 1：异常数据排查

针对广告媒体的监测不仅仅在广告监测一环，一些媒体在落地页环节也可能"露出马脚"。这里用一个案例来说明。

某品牌方在不同的 6 家媒体投放广告，点击广告后进入同一页面。落地页设计较为简单，没有设置按钮来吸引消费者互动。客户希望监察不同媒体在网站的表现是否存在异常。活动整体可监测数据的用户路径如图 5-11 所示。

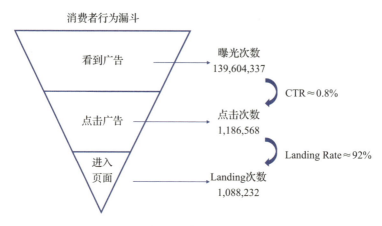

图 5-11　投放总体消费者漏斗数据

在这样的需求下，只需要对各媒体的广告数据、网站数据进行打通，使用原始数据即可初步查看是否存在数据异常。漏斗中的总体数据对应表 5-4 中的"总计"，同时表 5-4 还包含分媒体的各阶段数据表现。

表 5-4　分媒体消费者漏斗数据示意

媒体名称	广告数据						网站数据				
	曝光次数	曝光人数	人均曝光	点击次数	点击人数	人均点击	CTR	Landing次数	Landing人数	Landing Rate	停留时间/s	跳出率
中×××网	28,161,047	13,791,322	2.0	195,521	193,466	1.0	0.7%	179,400	178,883	92%	84	54.38%
太××××网	47,265,493	12,059,186	3.9	506,411	442,790	1.1	1.1%	420,728	384,460	83%	76	56.28%
普×××网	32,623,759	16,282,326	2.0	73,250	73,034	1.0	0.2%	70,448	70,352	96%	65	62.66%
艾×××网	13,008,272	7,903,677	1.6	95,323	95,067	1.0	0.7%	91,478	91,382	96%	60	71.95%
天×××网	13,724,213	6,127,919	2.2	209,701	205,606	1.0	1.5%	221,466	217,781	106%	303	82.73%
电×××网	4,821,553	2,313,321	2.1	106,362	106,137	1.0	2.2%	104,712	104,590	98%	54	70.25%
总计	139,604,337	58,477,751	2.4	1,186,568	1,116,100	1.1	0.8%	1,088,232	1,047,448	92%	107	66.37%

其他媒体没有明显的数据异常，只有"天××××网"出现了 Landing Rate>100% 的现象。这个数据意味着：点击广告从而进入落地页的数量＞点击数量。但这是不可能的，点击的动作在前，落地的动作在后，Landing Rate 不应该大于 100%。表 5-4 中"天××××网"的 Landing Rate 是用"Landing 次数"除以"点击次数"获得的，为 106%；换个方式使用"Landing 人数"除以"点击人数"，数据为 106%，仍然大于 100%。因此，有理由认为"天××××网"存在数据异常。

同时有另一个数据可以佐证。从"天××××网"进入品牌页面的停留时间也远远高于其他媒体。虽然有可能是因为消费者对落地页内容比较感兴趣，而造成停留时间较长，但前面说到，该落地页设计十分简单，消费者没有与网页进行频繁交互的空间。如果平均每个人浏览 5min 左右（303s），也难免让人产生疑问。

因此得出结论，在这波活动中，"天××××网"存在数据异常。

案例 2：广告和网站优化分析

除了排查异常数据之外，网站监测还能够帮助品牌方对未来的营销策略进行优化。下面这个案例就是以此为目标的。某电子产品的广告主在 10 家媒体投放广告，这些广告向同一个活动页面引流，落地页包含购买转化按钮并可以监测。客户希望：

- 评估不同媒体在品牌自有网站的转化能力；
- 针对落地页提出可复用的优化方法论。

为了能够更好地展示从广告到品牌活动页面的整体数据情况，在基础数据之上，可以进行如图 5-12 所示的可视化分析。

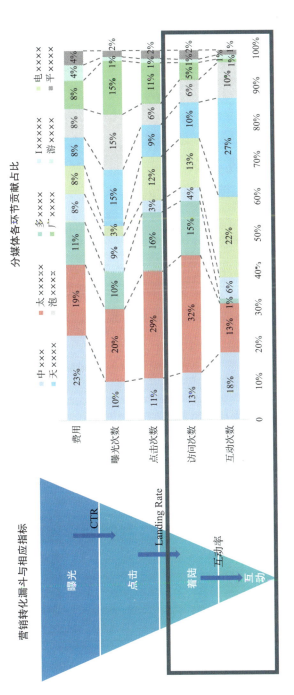

图 5-12　营销漏斗与分媒体各环节占比示意图

图 5-12 中的左侧按照可以监测的数据指标，构造了营销漏斗。除了曝光、点击、着陆到落地页之外，消费者在落地页点击按钮的动作称为"互动"，各环节之间都有转化率。

图 5-12 中的右侧把不同媒体在各转化层级的表现都按照总体为 100% 来计算贡献率。以第一家媒体"中×××"为例，该媒体使用了 23% 的营销费用，带来 10% 的曝光、11% 的点击、13% 的访问和 18% 的互动。该媒体在曝光覆盖环节并不占优，但引流的用户产生了较多的互动；而相比之下，第二家媒体"太×××××"则在点击和访问环节占优。通过对数据的分析，能够了解不同媒体在不同营销转化环节的擅长程度。

图 5-12 所示下部长方形框出来的部分就是消费者进入品牌活动页后的动作，也就是网站监测数据。总体来说"太×××××"的消费者从点击到进入落地页转化程度较好，"天××××"的消费者在进入品牌页面后互动率相对较高。这就完成了对各个网站不同环节转化能力的比较。

根据按钮互动和热力图的数据能够对网站设计进行评估和优化，如图 5-13 所示。

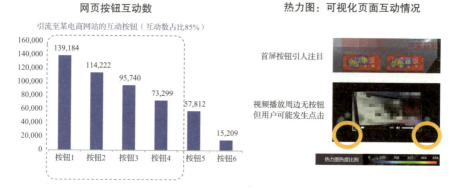

图 5-13 网页中的按钮互动和热力图数据示意图

该网站的设计中"按钮1~按钮4"在页面上方,而"按钮5、按钮6"在页面下方,"按钮1"在页面最显眼的左上角,因此从左侧的按钮互动数看,数据表现较为正常。通过热力图插件,发现首屏的两个按钮"按钮1、按钮2"较为引人注目,消费者互动较多;但页面下方有一个小视频,并且有让人误解的播放按钮,实际上并不能与用户发生互动。视频周围有用户点击的小范围热力颜色,未来如果再进行类似网站的设计,需要注意优化,做好交互。

思考练习

(1)请在网上搜索你脑海中第一个想到的品牌名称,去看看那个品牌的网站有几个页面,有哪些位置消费者可以交互?

(2)其实每个人都可以制作属于自己的H5页面。选择一个免费的H5页面制作平台或工具(如兔展、MAKA等,仅作参考,并非推荐),制作一个你自己的专属相册或自我介绍发给你的朋友们吧。

(3)这是一道"大题"。

第一步,请结合第4章的内容,对A、B、C、D四个媒体的广告数据进行计算,填写表5-5。

表5-5 分媒体广告监测基础数据计算

媒体名称	广告数据										
	预计曝光	预计点击	曝光次数	曝光人数	曝光达标率	人均曝光	点击次数	点击人数	点击达标率	人均点击	CTR
A媒体	50,200,000	224,000	56,462,454	23,777,845			256,968	256,088			
B媒体	18,000,000	183,900	18,749,291	5,858,369			198,780	179,723			
C媒体	23,600,000	75,930	34,119,661	16,966,281			79,592	79,414			
D媒体	9,280,000	78,800	7,880,600	4,229,749			73,515	72,521			

第二步，计算后会发现 A、B、C、D 中有一个媒体有不达标的情况，请你找到它。

第三步，请观察表 5-6 中 A、B、C、D 媒体引流到同一个品牌网站后的数据情况，根据本章学习的内容和网站数据，排查出可能存在异常的媒体，并说明原因。

表 5-6　网站数据异常排查示例

媒体名称	广告目的页数据				
	着陆次数	着陆人数	着陆率	平均停留时间 /s	跳出率
A 媒体	232,815	232,184	91%	49.6	59.96%
B 媒体	130,982	125,704	70%	91.3	35.07%
C 媒体	55,977	55,926	70%	45.6	59.94%
D 媒体	72,194	70,828	98%	203.9	98.22%

第四步，你将看到前面三步的答案，请自行确认。

第一步的答案，见表 5-7。

表 5-7　第一步的答案

媒体名称	广告数据				
	曝光达标率	人均曝光	点击达标率	人均点击	CTR
A 媒体	112%	2.4	115%	1.0	0.5%
B 媒体	104%	3.2	108%	1.1	1.1%
C 媒体	145%	2.0	105%	1.0	0.2%
D 媒体	85%	1.9	93%	1.0	0.9%

第二步的答案是 D 媒体。曝光达标率 =85% ＜ 100%，点击达标率 =93% ＜ 100%，曝光和点击都不达标。

第三步的答案仍然是 D 媒体。平均访问停留时长远高于其他几个媒体，说明消费者对页面较感兴趣；跳出率明显高于其他媒体，说明消费者并没有对品牌深入探索的欲望；两个数据存在可能的矛盾。因此"可能存在异常"，还需要进一步排查。

第6章

Earned Media：
社交数据撬动粉丝力量

品牌方除了可以通过媒体和品牌自有网站与消费者建立联系之外，社交平台也是一个重要的阵地。而且相比于广告，在社交媒体的品牌形象建设，有机会让品牌"人性化"，拉近与消费者的距离，让营销过程更加自然。

可以这样理解"POE"三种媒体类型的关系：付费媒体用来与消费者建立联系；自有媒体让已经对品牌有感知的消费者"走进来"；赚得媒体则是让品牌的影响力"传出去"。

从数据的角度来看，如果说针对付费媒体和自有媒体的数据都是数字的话，社交平台作为赚得媒体带来的数据中有数字，也包括文字、图片、视频，当前的技术能力已经可以支持这些内容样式的解析。关于社交数据是如何获取并被运用的，本章将从概念、指标、案例三个方面展开。

1. 社交媒体和数据的基本概念

社交媒体是当前公众较为常用的媒体，数据的指标也相对简单，但还是有些基本概念需要先厘清。

社交媒体与社会化营销

社交媒体的出现，与互联网从 Web1.0 时代转向 Web2.0 时代有很大关系。Web1.0 时代，内容生产者和内容消费者有明确的区分，对内容消费者来说，Web1.0 是个"只读"的环境，更多的是浏览；而 Web2.0 时代，内容消费者可以同时是内容生产者，每个人都可以生产内容，创造了"互动"的环境，在一定程度上也实现了话语权的普惠。

社交媒体之所以与传统网站不同，是因为前者既具有"媒体"的属性（和其他网站类似）还具备"社交"的属性，它们带来了更多人在互联网上的发声。在海外，有 Facebook、Twitter 等社交媒体，在中国则出现了微博、微信等平台。虽然针对不同人群也有不同的社交媒体产生，例如针对大学生的人人网（原"校内网"）、针对知识类人群的知乎、针对交友人群产生的众多媒体……但具有商业化价值（即品牌方希望在社交媒体上做宣传）的核心媒体仍然是微博和微信。从商业角度如何看待这两个媒体呢？可以用图 6-1 来说明。

图 6-1 有两个维度，横坐标代表人们来到该社交网站的目的：为了双向交往，或者为了获取信息。通常，人们在微博上关注热点新闻和八卦，而在微信上和他人沟通。纵坐标代表人们社交的开放程度。

微博上的信息更多是为了广泛传播；而微信上的交流更多以私信或者群消息为主；公众号的信息虽然相对开放，但主要限于关注公众号的受众获取信息。因此，在图6-1中，微博位于右上角的象限：开放、利于信息获取。微信处于左下角的象限：更利于私有的、封闭关系的双向互动。

图6-1 社交媒体类型示意图

站在营销的角度，前面说到，社交媒体同时具备"媒体"和"社交"的双重属性。作为"媒体"，微博和微信也都可以通过广告赚取收入，这个逻辑和其他付费媒体的变现逻辑相同。品牌同样可以在社交媒体的环境下搭建自己的自有媒体，创建自己的品牌号（在微博上体现为加蓝色"V"的账号，在微信上可以创建订阅号或者服务号），这套逻辑和前面讲的品牌自有网站的逻辑也类似，只是更多需要品牌的内容产出。那么赚得媒体从何而来呢？社交媒体建立了人与人之间的关系，因此每个人本身就是媒体，赚得媒体指的就是品牌通过品牌自身账号、代言人、达人账号的粉丝所获得的新的消费者。举个例子，你可能会在微博上看到一些你喜欢的明星在使用某个唇膏，也许你也正需要，你就去购买了，甚至你还转发了这个明星的微博，你的朋友看到这条微博就又买了……你就是这个品牌的赚得媒体。

社交媒体在广告之外，也为营销打开了一个新的切口。随着消费者对广告日渐敏感，品牌与消费者的关系也需要日渐软化。在社交媒体上，品牌方可以让品牌不仅仅是个Logo，还可以有个性、用人格化的方式与消费者进行直接的沟通。表6-1列出了Web1.0时代营销与Web2.0时代营销的差异点。

表6-1　Web1.0时代和Web2.0时代的营销差异

营销差异点	Web1.0时代	Web2.0时代
品牌印象	概念、Logo	概念、可以人格化
品牌传播方式	生硬，以广告为主	软化
品牌与消费者的关系	通过付费媒体沟通	在社交媒体实现了直接沟通

业内人士通常把Web2.0时代新的营销方式称为"社会化营销"。

社交数据的获取、解析、结构化

社交媒体的监测原理相较于前面的广告、品牌网站来说，也相对简单。理论上，社交媒体上的数据是"所见即所得"的。例如，在微博上，除了账号设置的一些不对所有人可见的信息之外，一个用户关注了多少人、被多少人关注、发布过多少条微博、微博内容是什么、收到了什么样的评论……都能够看见，这些数据就都可以被获取。微信生态相对封闭，个人数据是无法被广泛获取的，但从订阅号、服务号上能够看到阅读量、点赞量，同样是可以获取的。获取方式较为简单，主要有两种：一种是平台主动开放数据，从品牌方的角度，可以直接在后台看到账号表现，从第三方角度可以申请平台开放API，提供数据管道；另一种则是通过爬虫（按照一定规则自动爬取互联网的信息）来获取。

社交媒体的数据获取环节是相对简单的，有很多公司提供数据获取的工具。但由于社交媒体的数据不仅仅是数字,还包含文字、图片等,对数据的解析就显得复杂一些了。这里就要用到自然语言处理(Natural Language Processing,NLP)技术对文字进行理解,而对图像的理解要借助于图像分割(Image Segmentation)技术,这些技术都是为了更好地帮助我们理解语言或图像。NLP 技术的应用场景有很多,比如,该技术能够帮助判断人们对某个品牌的情绪:正面——喜欢该品牌、负面——不喜欢该品牌、中立。图像分割技术和机器学习,能够让任何一张猫的图片出现的时候,在系统中打上"猫"的标签。

这里也就引出社交数据获取、理解后的另一个环节:结构化。社交数据是一种典型的"非结构化数据",要把丰富的社交数据放入表格中进行结构化的规范是很难的,而要把这些数据变成"结构化数据",就是要让它们可以按照一些固定的维度和指标进入表格,从而更便于后续的数据分析。把社交数据结构化的过程包含很多手段,其中一个常用的手段就是"打标签"。标签化的本质是归类,"正面""负面""中立"本质上是一组标签,把与"猫"相关的内容提取出来,也类似于把某个标签下的内容提取出来。

因此,社交媒体的数据不像广告和品牌网站上的数据需要复杂的监测流程,而是可以相对容易地获取,但后续需要对内容进行解析和结构化。

2. 社交媒体数据的指标

社交数据被获取、解析、结构化之后,就会形成表格,以便进行业务分析。社交媒体的数据指标由简单到复杂可以分为:互动指标、舆情指标、关系指标。

互动指标

互动指标非常简单,按照平时在社交媒体的互动动作,计算数量即可,见表6-2。

表6-2 社交媒体数据指标——互动指标

互动动作	互动指标
发布	发布量
关注	微博:粉丝量 微信:订阅量
转发	微博:转发量 微信:分享数
阅读	微博:阅读量 微信:浏览量
转发	转发量
评论	评论量
点赞	点赞量

表6-2中,虽然微博和微信对互动指标的表达略有差异,但都聚焦在社交媒体的几个核心动作上,这些动作是后面几类指标的基础。

舆情指标

舆情指标主要因用户的"发布"和"评论"动作而产生,在营销数据分析场景下,通常用于分析消费者在社交媒体上提及某个品牌关键词时的内容。具体指标见表6-3。

表6-3 社交媒体数据指标——舆情指标

指标	指标解读	使用方式
声量	指在一段时间内品牌或者话题在网络上被提及的次数的总和,声量越高,代表在网络上被讨论得越多	通常看一波营销活动前后的声量趋势变化,理论上如果活动期间声量上升,活动结束后仍然在网络上被讨论,说明活动被持续传播和发酵

（续）

指标	指标解读	使用方式
SOV	Share of Voice，声量占有率。通常按照媒体来分，即提及同一品牌不同媒体贡献的声量占比	在同一段时间下观察不同媒体的占比，总和为100%
正负面比例	1）最简单的计算方式 正面占比 = 正面 / （正面 + 负面 + 中性） 负面占比 = 负面 / （正面 + 负面 + 中性） 2）只看有情绪的数据 正面占比 = 正面 / （正面 + 负面） 负面占比 = 负面 / （正面 + 负面）	正面占比越高，说明消费者对品牌情绪越乐观；负面占比越高，说明品牌口碑的风险越大
NSR	Net Sentiment Rate，净好感度。同样有两种计算方式 第一种：（正面 − 负面）/（正面 + 负面） 第二种：（正面 + 中性 − 负面）/（正面 + 中性 + 负面）	净好感度越高说明消费者对品牌情绪越乐观

在舆情分析的环节，首先需要注意关键词的选择。例如，如果要了解一个集团品牌的整体舆情，不仅要获取集团品牌关键词，还需要获取子品牌的关键词。比如"蒙牛"这个品牌，除了该品牌词之外，还需要涉及冠益乳、优益C、纯甄、未来星⊖等子品牌的词，数据才算完整。

其次，当数据足够全面后，还有一个重要的环节：去噪，就是去除噪声。虽然自然语言处理的技术已经较为发达，但仍然可能有一部分数据并不属于品牌。比如，可能有人会发布"在内蒙牛非常健壮"，"在内蒙"和"牛非常健壮"之间没有逗号，那就有可能在抓取"蒙牛"这个关键词的时候把这个数据抓取回来，因此需要人工进行简单的核对。

当舆情数据较为完备以后，除了要了解消费者"说了多少"，还需要了解消费者"说了什么"，词云（Word Cloud）就是一个趁手的工具。

⊖ 关键词通过蒙牛官网获取，仅使用一部分示意。

图 6-2 的词云就是前三个自然段的文字放入词云工具生成的。其中"品牌"这个词的词频最高,出现了 6 次;"数据"出现了 5 次。关于词云如何制作,在本章最后的"思考练习"处有详细说明。

图 6-2 词云示意图

关系指标

如果说舆情指标更能反映社交媒体的"媒体属性"的话,那关系指标则体现了社交媒体的"社交属性"。舆情指标通常是针对某个(或多个)品牌关键词的分析,而关系数据通常用来分析账号的情况。

互动指标和舆情指标在微博和微信场景下都适用。由于微信的关系数据更为私密和封闭,而在微博上可以看到用户之间的关注关系,因此关系指标主要涉及微博场景。关系指标更多是基于"关注""转发""评论"等互动动作产生的,但这些指标通常不是简单的互动动作的计数,而是对多个影响因素进行建模衍生计算,形成一个系数来评估账号的媒介属性和社交属性。表 6-4 列举了一些可用的关系指标的计算方法。

表 6-4　社交媒体数据指标——关系指标

指标	指标类型	指标解读
共同关注	媒介属性	人群中共同关注的账号，以共同关注人数最多的账号为基准测算系数
倾向转发	媒介属性	人群转发微博所属的相同账号，以倾向转发人数最多的账号为基准测算系数
影响力	粉丝质量	结合账号粉丝量、粉丝本身的影响力综合计算得分
真实度	粉丝质量	综合考虑用户基本信息、互动特征、内容特征等多方面，为粉丝真实度打分并测算系数，目标是鉴别僵尸粉、活动粉
活跃度	粉丝质量	活跃度 = 账号日均发帖数量 / 全网用户日均发帖数量，数值越高越活跃
水度	粉丝质量	水度 = 转发蓝 V 的微博数量 / 用户总发帖数量，数值越大水度越大

需要说明的是，不同的监测机构可能会建立不同的关系指标，也可能使用不同的建模方法。虽然方法不同，但"条条大路通罗马"，这些指标都是为了满足品牌方在社交媒体上的业务需要：自查营销效果、挑选代言人、探索消费者需求等。这些指标也让品牌能够更直观地认识消费者，可以更清晰地勾勒社交媒体用户画像，帮助品牌校正在社交媒体上的传播策略。

指标解读误区

社交指标相对直观、好理解，但是可能会给人一种错觉——社交媒体的数据分析比广告、网站的分析更简单。其实不尽然，广告和网站指标都是通过技术监测直接获得的，而社交媒体的一些指标还需要建模，实际上社交数据是更加复杂的，因此在解读数据的时候也会出现一些误解。这里分享几个常见的误区。

典型误解 1：品牌在社交媒体上的正面评价占比越高越好。

希望品牌获得更多正面评价是人之常情，但是在分析正负面数据的时候，需要从多个层次来理解数据。

首先，消费者在社交媒体上发声的时候，提到一个品牌，很可能是"恰好提到"的，因此，实际的数据占比往往会显示"中性"内容最多，所以盲目追求正面评价的高占比本身就是个伪命题。也正因为"中性"评价往往占多数，在计算正负面比例和 NSR 指标的时候，有时候会排除"中性"数据，来分析包含更多消费者情绪的数据。

其次，有个成语叫"不平则鸣"，指的是受到委屈就要表达出来。当人们觉得一个产品使用正常的时候，是不会表达的；但如果人们遇到不好的体验，总会找个渠道吐槽。因此，消费者相对来说更容易表达负面情绪。不过这并不是坏消息，盲目沉迷于分析正面评价可能只起到锦上添花的作用，而对负面信息的关注可能会帮助品牌提前处理好危机，雪中送炭。

因此，品牌能够获得好的口碑固然好，但从数据分析的角度来说，抓住负面信息，了解品牌和产品可以在什么地方加以改进，甚至直接在社交媒体上回应撰写负面信息的消费者，对其进行追访、解决问题，才是舆情分析的正确打开方式。

典型误解 2：选择 KOL，粉丝量是最核心的指标。

KOL（Key Opinion Leader，关键意见领袖）是社交营销中的重要概念。在社交媒体中，每个人自身就是一个媒介，KOL 在覆盖度和影响力方面具有优势，能够对消费者起到一定的引导作用。KOL 在微博上体现为"大 V"，在微信上通常指的是粉丝量高、经常产出 10 万+ 阅读文章的"大号"（公众号）。在选取 KOL 的过程中过分关注粉丝量，可能会让社交媒体的营销陷入几个层面的问题。

首先，策略层面，要先明确希望覆盖多少受众和受众的特征。有一些品牌本身就相对小众，那么不一定需要粉丝量大的 KOL 提升知名度，反而可以选择一些粉丝量级较小但在垂直领域有影响力的专家类 KOL，这个逻辑可以简单理解为"只选对的，不买贵的"。

其次，执行层面，KOL 选择通常是一套组合拳，一波营销活动需要不同粉丝量级的 KOL 来分别触达不同类型的粉丝。因此，只选择粉丝量大的 KOL 也不现实。

最后，效果层面，粉丝量大不代表粉丝质量一定高。有些 KOL 账号虽然拥有很多粉丝，但如果查看粉丝的影响力、活跃度等数据，可能会发现其粉丝质量一般，该账号能带来的实际效果不一定好。营销手段越来越精细化，品牌对 KOL 的评估方式也越来越结果导向，甚至有些品牌在特定营销活动中直接评估 KOL 带来的消费者转化率（产品购买情况）。可见，粉丝量并不是 KOL 评估的唯一标准，甚至可能不是最高优先级的评估标准。

典型误解 3：每个粉丝的价值是相同的。

举一个极端的例子，如果有两个账号，一个账号有 100 万个粉丝，每个粉丝都是素人，另一个账号有 20 万个粉丝，但这个账号获得了某明星的关注。那么这两个账号哪个的影响力和潜力更大呢？

从这个例子可以看出，每个粉丝的价值其实与"粉丝的粉丝"的价值密切相关。因此，假设以 A 账号为起始点，那么关注 A 账号的一度关注者的质量对 A 的质量有着直接的影响，而二度关注者就相对间接地影响着 A 的质量。所以，每个直接关注的粉丝价值不同，而一个账号的价值是其粉丝价值的总和，关系越直接的粉丝对账号质量的影响越大。

3. 案例：社交媒体数据分析的 5 大场景

了解了社交媒体评估的指标，并且排除了对指标的常见误解，接下来分享 5 个社交媒体数据分析的典型场景。

日常舆情监测与活动效果评估

社交媒体数据分析需求中,最常见的就是对品牌进行持续的关键词抓取和舆情关注。按照"所见即所得"的原理,可以通过 API 或者爬虫获得如表 6-5 所示的舆情分析的原始数据(Rawdata)。

表 6-5　舆情分析原始数据示意

原始数据就是没有经过分析、加工和可视化展现的数据,我们就要从这些数据中抽取需要的信息,为业务所用。监测方可以获得的数据包括以下信息(从 A 列到 P 列):

- 关键词:发布的微博中提及该关键词,则相应微博会被抓取进表格中;
- 微博 URL:URL 就是互联网上的链接,将其输入到浏览器就可以看到微博原文;
- 微博内容:微博文字内容;
- 发表时间:发表微博的"年 / 月 / 日 时:分:秒";
- 粉丝数:该微博的账号粉丝数量;
- 评论:微博被评论的条数;
- 转发:微博被转发的次数;

- 点赞数：微博被点赞的次数；
- 来源：能够体现使用的浏览器或手机、ipad 设备；
- 是否原创：TRUE 为原创，FALSE 为非原创；
- 内含：除文字外是否包含链接、图片、视频等；
- 情感类型：通过自然语言处理技术，机器初步判定的正面、负面、中性；
- 昵称：发布该微博的用户昵称；
- 性别：发布该微博的用户在微博上展示的性别；
- 是否加 V：是否有蓝 V、红 V、黄 V 等身份，TRUE 为是，FALSE 为否；
- 地域：根据发布微博的 IP 获得的数据。

根据这些数据，可以对品牌进行初步的数据分析。这里简单分享一个案例，某快消品牌有 5 个子品牌，长期按月监测相关关键词声量，以某年 8 月数据为例，如图 6-3 所示。

图 6-3 中最左侧显示了子品牌的声量占有率，其中子品牌 Y 和 M 更为强势。从中间的折线图可以看出，8 月相较于 7 月，声量区间相差不大，但 8 月中旬有一波 #N 天 ×××× 计划 # 的话题，因此在月中有一个突出的高点。针对这波话题活动单独查看，在图 6-3 中的最右侧可以发现，微博是这波活动的主要发酵地，相比于新闻、博客、微信公众号，微博的声量占到 99.9%。而在微博上，8 月 11 日的声量最高，活动持续了将近一周的时间后衰落。

以上就是典型的简单舆情分析。舆情分析的指标很简单，重要的是如何对比。这里提供 3 个常用的对比维度。

1）和上一个数据对比。在图 6-3 中，中间的折线图对比 8 月和 7 月的声量趋势，就是一个方法。根据场景不同，数据时间窗口可以为一年、半年、一个季度等。

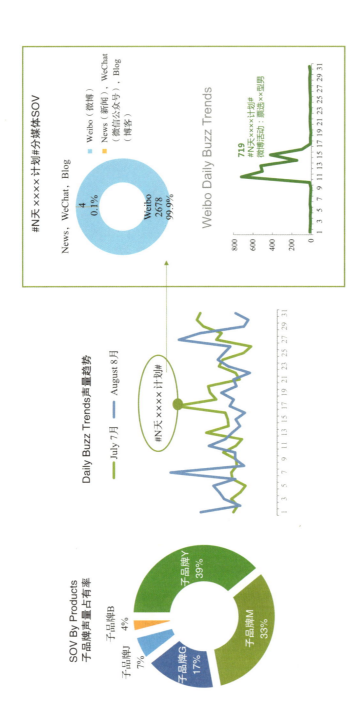

图 6-3 舆情数据分析示意图

2）和竞品数据对比。这就牵扯到要设定新的关键词，比如"奔驰"品牌可能同时也希望了解"宝马""奥迪"品牌在社交媒体上的情况。广告数据、网站数据都是品牌方自我掌控的数据，但社交数据具有"所见即所得"的特征，是开放的数据，因此该数据也经常用于竞品的口碑分析场景。图 6-3 里快消品牌有 5 个子品牌，如果各自有竞品，那么在分析的时候也需要分别设置竞品的关键词。

3）和大盘数据对比。"大盘"可以是微博大盘数据，也可以是中国网民数据⊖，这些通常在涉及对提及某个关键词的用户进行用户画像时使用。比如，如果微博上某个省的用户占比较高，那么讨论某品牌的时候该省消费者占比 TOP1 就很正常，符合大盘的常态，这并不能说明该省的消费者更喜欢谈论该品牌。

日常的舆情分析是很多品牌口碑管理的基本操作，利于查看营销活动是否充分发酵，也利于在营销活动之外通过社交媒体进行公共关系的维护。

品牌负面处理和危机公关

舆情有"日常状态"就有"战时状态"。对品牌来说，维持在公众心目中的形象十分重要，但有时危机爆发只在一瞬间。在品牌的负面信息登上微博"热搜"之前，如果能够提早发现舆情隐患，就有机会控制住局面。当然，这并不容易。这里所说的危机处理，也不是"立刻让人删帖"这样简单粗暴的错误手段，而是通过数据进行及时反馈的机制。

现在很多品牌都建立了在微博上及时回应消费者的机制。笔者曾

⊖ 中国网民数据可以通过 CNNIC（中国互联网络信息中心，官网为 https://www.cnnic.com.cn/）获取，该机构每年会产出《中国互联网络发展状况统计报告》，针对中国网民情况进行详细剖析。

经在微博上讨论过一个办公软件频繁更新的情况，该品牌的官微就进行了及时、妥当的回复。这背后就很可能有基于大数据的设定，当触发品牌关键词并包含负面情绪时，就会提醒人工服务进行处理。目前市面上有很多这样的系统、工具可以实现这一业务场景。

除了危机预警、及时处理消费者的负面情绪之外，社交媒体的数据还能够帮助品牌在消费者的多类负面问题中先定位"真问题"，再采取行动，做到有的放矢。这里分享一个案例，某电影在刚上映的时候十分关注社交媒体上的数据，在上映第一天发现网络上出现了负面信息，如图 6-4 所示。

图 6-4 中左侧的词云显示了一些负面关键词，具体看观众在社交网络上发布的内容示例，发现大家的负面评价来自很多方面。此时，就需要根据评论角度对具体的内容进行标签化处理，从而产出了最右侧的结论：虽然观众对于演员、定档、导演、预告、票房、海报都有微词，但主要争议点集中在演员身上。该影片有两位帅气男演员出演，观众对演员 A 的评价多为正面，但对演员 B 的负面评价较多，并在一些时候将两位演员进行对比。

有了上述数据结论，就可以根据电影宣发的需求进行营销方向的调整。如果观众对两个演员的对比能够促进更多的线上讨论，并且对演员和电影本身没有实质性的伤害，那么可以等待这一话题继续发酵；如果观众对 B 演员的负面评价有可能对电影口碑和票房造成伤害，就需要采取公关手段。

其实舆情数据无论是正面评价还是负面评价，对品牌来说都是有益的资产。有一些负面评价帮助品牌在产品上、营销和销售策略上进行调整，甚至更利于生意的推进。有这样一个案例，某酸奶品牌在新品上市前分析了竞品的舆情情况，发现消费者对于没有密封盖的常温酸奶有一种"不安全感"。

第 6 章 Earned Media：社交数据撬动粉丝力量 131

负面评论角度占比

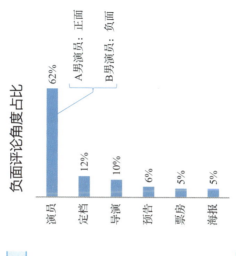

- 演员：62%
- 定档：12%
- 导演：10%
- 预告：6%
- 票房：5%
- 海报：5%

A男演员：正面
B男演员：负面

负面关键词

有点失望 不怎么样 不好看 烂片 扑街 圈钱 这么丑 沉闷 票房诈骗

示例

砸招牌的烂片又要来了，真是毁了某导演一世英名啊
可是上半部不好看啊。下半部之后就不贡献票房咯（一）
讲真看了上半部之后有点失望
看上半部的票房就知道这部一定扑街
剪成上下部，上部还这么烂，直接觉得某导演就是在
圈钱而已
泰坦尼克号以后，对沉船题材就没兴趣了
这个电影上半部不怎么样，这下半部不
打算看了
哪个是某明星啊[疑问][疑问]。。。第七张是谁，怎么
这么丑[吐]
上半部太无聊沉闷了，下半部根本是不起兴趣啊！
一米八真的是票房毒药[微笑]

图 6-4 危机舆情分析示意图

- "有多少人在纳闷，×××里面到底应不应该有密封盖？现在打开没有密封盖，总怕是别人打开过的。"
- "在某商场买了个×××，内盖居然是被人撕掉的，应该是被哪个讨厌的孩子偷喝了又放在那里，结果我中奖了！"
- "×××，买来就没有密封盖，这是被人开过呢，还是……？"

酸奶品牌预期上市的是一款含有果粒的常温酸奶，一旦品牌包装被质疑，果粒有可能被消费者错认为异物，造成很严重的后果。因此，该品牌在包装上非常慎重，使用双重包装：消费者需要先拧开瓶盖，然后打开密封盖来饮用。

从这个例子可以看出，分析舆情数据，正面、负面的评论占比很重要，但更重要的是了解消费者"说了什么"，从而定位需求并迭代经营。

消费者需求挖掘与新产品探索

通过对舆情的响应来改进生意的例子有很多，最具代表性的就是小米品牌的崛起。虽然小米主要通过自建的社群与消费者交流，提升消费者的"参与感"，但还是能看到社交对产品迭代的促进作用。

手机行业通过数据洞察挖掘消费者需求的例子还有很多。在手机市场竞争最激烈的几年，是能够感知到一些趋势的：手机屏幕越来越大、拍照功能越来越强、电池待机时间越来越长。某手机厂商在早期就发现了与屏幕相关的需求，通过数据洞察指导新产品研发，如图 6-5 和图 6-6 所示。

该数据包含手机垂直网站测评数据、社交媒体数据，从中发现近半年人们谈及最多的是电池及充电、屏幕。对屏幕的需求再细分，评论最多的是屏幕大小、屏幕分辨率。

图 6-5　手机品类消费者洞察示意图——配置和功能

图 6-6　手机品类消费者洞察示意图——正负面

看正负面数据，发现屏幕大小、屏幕分辨率这两个评论最多的项目"正面+中性"占比很高，正面为主。而触摸屏、屏占比、背光三个项目，正面反馈较少，在这些方面应该进一步优化用户体验。伴随着这些洞察，消费者可以感知到的是：在手机屏幕逐渐变大后，屏占比越来越高，但手机本身的大小变化已经不大了。

除了手机行业，也有一些行业通过洞察消费者的需求而创造新的产品，但使用数据的方式有所不同。本书第 2 章举了可口可乐昵称瓶的案例，与手机行业案例不同，可口可乐对消费者的洞察是通过营销人员的想法产生的，认为可口可乐要传达快乐的理念，而快乐是需要分享的。基于这样的洞察，澳大利亚首先发起了一个活动：在瓶身上写上常见的英文名，让消费者可以互相赠送。

这个营销策略进入中国市场的时候，使用社交媒体数据获取了当时最常见的标签：吃货、小清新、正太……之后又通过调研找出最受欢迎的标签词贴在瓶身上。这是创意和数据、大数据与小数据结合的案例，推动了产品包装的创新和营销手法的创新。更有趣的是这件事之后又衍生出了歌词瓶，在美国还出现了行业瓶，如图 6-7 所示，分别有 An Educator，A Caregiver，A Doctor，为不同的职业喝彩。

图 6-7　可口可乐行业瓶（英文版）

代言人与 KOL 选择

品牌方可以从社交数据中洞察消费者更关注哪些与品牌话题相关的明星和网红，从而选择更符合品牌调性的 KOL。前面提到过，这个过程中也包含营销策略，根据影响力和配合度，可以如图 6-8 所示这样划分。

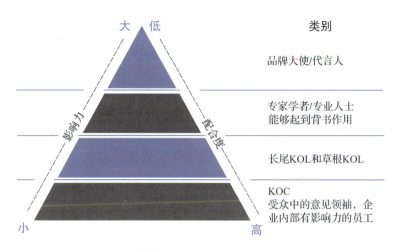

图 6-8 代言人和 KOL 选择金字塔模型

图 6-8 中左侧展示了品牌选择代言人和 KOL 的金字塔，金字塔越往上影响力越大，但配合度和可控性可能越低。金字塔从上到下依次是以下几类人。

- 第一层：品牌大使/代言人；
- 第二层：专家学者/专业人士，能够起到背书作用的 KOL；
- 第三层：长尾（垂直领域粉丝量一般）KOL 和草根（粉丝量较大但受众比较泛化）KOL；
- 第四层：KOC（Key Opinion Consumer，关键意见消费者），品牌的员工或者是非常认同品牌、具有一定影响力的消费者。

和前面的很多营销数据分析逻辑类似，选择代言人和 KOL 的分析也非常依托业务逻辑，而图 6-8 就是思考框架和模型。具体到社交数据如何使用，可以用一个案例来说明。某宠物食品的品牌方，希望为一款专门为幼犬设计的狗粮选择代言人和上市活动的微博 KOL。

于是，品牌先筛选了近半年在微博上讨论过"幼犬"、提及相关关键词的消费者。然后，通过查看他们的"共同关注"指标，找到了这些消费者在微博上共同关注的账号，其中又可以按照加V、个人或是机构划分。

首先，提及"幼犬"的消费者共同关注的"蓝V"TOP3为如下账号（见表6-6），这些数据能够为品牌在销售渠道、广告营销渠道和广告创意上提供发散的思路。

表 6-6　提及"幼犬"的消费者共同关注的"蓝V"TOP3 分析示意

账号名称	消费者需求洞察与营销创意
@天猫	消费者在微博上关注 @ 天猫 官方账号，而该宠物食品正准备在天猫上架，符合消费者日常需求，是一个侧面印证
@爱奇艺	消费者可能会喜欢看剧，未来可以考虑在一些爱奇艺的剧目中做植入，或者在长视频媒体上投放广告
@美图秀秀	消费者热爱拍照，而萌宠恰好是图片和短视频的重要素材，营销活动可以考虑相关创意

接下来，看金字塔第一层可能的人选，查看这些消费者共同关注的明星TOP5。当然，代言人的选择过程比数据分析要复杂，品牌方需要结合预算、代言人风格、谈判情况等诸多原因最终选择，而微博的关注数据为品牌方提供了参考。

而在消费者共同关注的非明星账号中，与宠物密切相关的代表性账号如表6-7所示，可以作为第二层 KOL，与品牌的相关性更大。

表 6-7　消费者共同关注非明星账号示意

账号名称	粉丝数[一]	风格与营销方向判断
@每日一狗	964 万	粉丝量大，突出宠物可爱
@可爱宠物中心	800 万	

[一] 账号粉丝数为本书撰写时的粉丝数，时间为 2022 年 9 月，本章后同。

（续）

账号名称	粉丝数⊖	风格与营销方向判断
@环球宠物之旅	46万	近期活跃度一般，待观察
@芭比堂宠物眼科医生-董轶博士	25.7万	提供专业背书
@盲人陈燕和她的导盲犬	19万	代表性人群KOL
@宠物美容师punk安	4.4万	专业垂直，粉丝量较少
@牵狗的牙牙	3.2万	

接下来看第三层KOL。这些账号可能与"幼犬"的相关度不大，但是仍然获得了很多消费者的共同关注，那么这些账号大概率可以更广泛地覆盖有可能对品牌感兴趣的人群。在非明星、非专业人士的个人账号中，能够触达泛需求人群的账号TOP10见表6-8。

表6-8 消费者共同关注的泛需求KOL TOP10

共同关注排名	账号名称	粉丝量
1	小野妹子学吐槽	1919万
2	天才小熊猫	808万
3	使徒子	890万
4	颜文字君	561万
5	伊吹鸡腿子	425万
6	同道大叔	1767万
7	坛九	597万
8	伟大的安妮	905万
9	瓜皮的id酱	629万
10	Happy张江	1281万

从表6-8中的数据可以看出：按照共同关注的排名，粉丝量大的账号不一定共同关注就多。因为共同关注是基于提及幼犬的消费者关系数据来看的，这样更有利于在筛选KOL的时候实现"广泛中的精准"。

要获取金字塔最后一层的数据，则需要使用另外一个取数逻辑：方案一，将微博关注了该宠物食品品牌的消费者，定义为KOC，查看这些消费者的账号质量；方案二，在品牌微信公众号中找到更愿意传播品牌活动的消费者来实现传播，这就需要对不同的消费者账号进行分析。

账号分析与客户关系管理

无论是品牌自身的账号，还是可能被品牌选择的KOL账号，都有必要进行账号分析。在微博上，品牌可以通过查看粉丝量、粉丝质量数据来评估账号。在微信上，品牌通常通过公众号（订阅号或者服务号）发布信息，同时使用客服账号或企业微信与消费者进行一对一服务或群沟通。其中，公众号的数据是可以进行查看和分析的。

公众号分为订阅号和服务号，从用户的角度来说，在微信上的显示有所差异。订阅号被聚合在一个消息盒子里，点击"订阅号消息"就可以查看自己所有关注的订阅号；而服务号一般是能够提供服务的商家，会直接在消息界面展示，图6-9中的"外投家""麦当劳"就是笔者所关注的服务号。

从用途上来说：订阅号可以每天发布内容，除了品牌方之外，内容创作者、个人都可以注册订阅号；服务号需要由公司或组织注册，每个月可以发布四条信息，发布频率比订阅号要少，但可以关联小程序、进行消费支付等。

从数据角度来说，无论是订阅号还是服务号，都可以在微信后台进行内容分析、用户分析、菜单分析、消息分析等。

- 内容分析：针对发布的每篇文章进行数据分析；

- 用户分析：账号用户画像，包含性别、地域等信息。在粉丝量没有大幅变化的情况下，用户特征较为稳定，该数据变化不会太大；
- 菜单分析：公众号下方可点击的菜单，查看用户点击的数据；
- 消息分析：用户与公众号互动，回复关键词等数据。

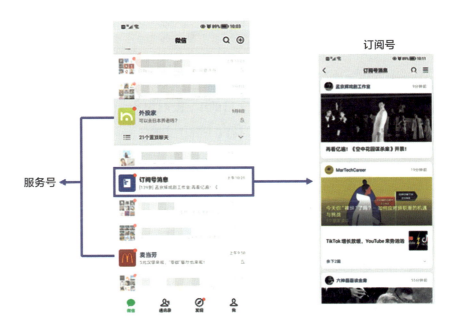

图 6-9　服务号和订阅号示意图

需要注意的是，无论是用户画像还是用户的互动行为（点击菜单或者给账号发送消息），在很大程度上都取决于这个账号本身的内容，因此内容分析十分重要。表 6-9 展示了内容分析的数据。

表 6-9　某微信公众号内容数据示意

文章内容	发布日期	送达人数	图文页阅读（人次）	图文页阅读（人数）	图文页阅读率	分享转发人数	分享转发率	形式类别	内容类别	文章位置
十一出游五大陷阱，你中招了吗？	20××/10/1	3525	237	162	7%	6	3.7%	图文混排	科技生活	图文1
俄罗斯未来派美女Model大揭秘@某品牌敏捷网!	20××/10/2	3539	3137	2379	89%	118	5.0%	图文混排	敏捷动态	图文1
敏捷交换机S5720HI出关记	20××/10/8	3539	961	668	27%	57	8.5%	视频类	敏捷动态	图文1
10月15日某品牌邀您一同体验中国无线网络最f	20××/10/9	3547	797	578	22%	31	5.4%	图文混排	敏捷动态	图文1
互联新校园，携手众教育	20××/10/9	3547	384	269	11%	27	10.0%	图文混排	敏捷动态	图文2
某品牌AR路由器全球市场份额解读	20××/10/10	3525	1261	960	36%	62	6.5%	长图类	敏捷产品	图文1
享千兆WiFi网络，品专属拿铁咖啡	20××/10/10	3525	442	339	13%	20	5.9%	图文混排	敏捷动态	图文2
走进GITEX	20××/10/11	3577	262	203	7%	7	3.4%	图文混排	敏捷动态	图文1
构建高品质安防网络，助力清华大学教学与科	20××/10/11	3577	153	127	4%	6	4.7%	图文混排	敏捷动态	图文2
手机摇一摇，Mate7等你拿！	20××/10/12	3577	654	480	18%	11	2.3%	图文混排	行业观察	图文1
沙尔克参加中德合作论坛	20××/10/14	3581	157	128	4%	7	5.5%	图文混排	敏捷动态	图文1
舌尖上的波兰，视觉的飨宴	20××/10/14	3615	429	313	12%	21	6.7%	图文混排	敏捷动态	图文1
揭秘钢铁侠CE12800强大之谜	20××/10/14	3615	462	326	13%	26	8.0%	图文混排	技术剖析	图文2
关头开讲：AR511更多、更全面的使用场景	20××/10/14	3615	234	161	6%	15	9.3%	长图类	敏捷产品	图文3
古方正元携手某品牌构建移动办公应用安全解	20××/10/14	3615	129	85	4%	7	8.2%	图文混排	敏捷动态	图文4
某品牌携敏捷网络高相GITEX2014	20××/10/15	3743	139	98	4%	1	1.0%	图文混排	敏捷动态	图文1
全场一起"摇"，极速WiFi体验会	20××/10/15	3743	440	323	12%	20	6.2%	图文混排	敏捷动态	图文2
某品牌与民航信息化专家共同解读智慧机场	20××/10/15	3743	268	186	7%	10	5.4%	图文混排	行业观察	图文3
GITEX 乐享记	20××/10/16	3745	315	179	8%	6	3.4%	图文混排	敏捷案例	图文1
插上"信息化"翅膀，安心飞翔蓝天	20××/10/16	3745	100	38	3%	2	5.3%	图文混排	敏捷案例	图文2
移动办公神器Anyoffice	20××/10/16	3745	548	264	15%	21	8.0%	长图类	敏捷案例	图文3
面对宽带困扰，长城宽带的解决之道	20××/10/16	3525	240	99	7%	7	7.1%	图文混排	敏捷案例	图文4

该账号为互联网技术服务号，从公众号后台直接导出的数据中包含 A 到 H 列的基础数据，框线框出的 I～K 列为人工标签的信息。公众号后台可以直接导出的数据包括以下几个方面。

- 文章内容（标题）；
- 发布日期；
- 送达人数；
- 图文页阅读（人次）：如果 1 个人看了 2 次，计数为 2；
- 图文页阅读（人数）：如果 1 个人看了 2 次，计数为 1；
- 图文页阅读率：送达人数中查看的次数；
- 分享转发人数；
- 分享转发率。

第 I～K 列之所以需要手动打标签，是因为品牌希望了解更多维度的信息。

- 形式类别：品牌希望知道受众更喜欢看图片、视频，还是图文混排的内容；

- 内容类别：品牌对内容有几个方向的规划，希望查看不同类别下用户的阅读情况；
- 文章位置：理论上第一条的阅读量最高，那么如果有位置靠后的文章受到更多关注，那么就需要对该文章进行深入分析，为后续的文章内容提升提供方法。

以上分析通常用于公众号创建初期，需要通过数据分析了解用户倾向于查看的内容类型，不同的品牌方分析侧重也有所不同。随着很多品牌公众号运营越发成熟，粉丝量和阅读量日益平稳，使用公众号平台提供的数据基本可以满足分析需求。除了表6-9常用的数据之外，公众号后台在不断迭代的过程中，还增加了一些新的分析维度和指标。

- 阅读后关注人数；
- 首次分享数；
- 分享产生阅读次数；
- 首次分享率；
- 内容URL：方便直接点击链接查看内容。

在账号数据分析的基础之上，微博和微信的数据还可以作为"客户关系管理"的窗口之一。什么是"客户关系管理"呢？客户关系管理简称CRM（Customer Relationship Management），是企业从客户获取到留存、转化、忠诚等一系列针对客户全生命周期的管理，通过使用信息技术协调了企业在营销、销售和服务上的交互。

为了更好理解，我们做个比喻：把品牌和它的客户（消费者）的关系比作一对潜在的情侣，两个人需要建立关系。投放广告就像是品牌自己在表白说"我很好，我很适合你"；建设网站就像是把自己360度地展示在消费者面前；在社交媒体上则更有人情味，同时还有一些其他人（KOL）替品牌说好话。一旦二者确立了关系，就需要更深层的"交往"，这就需要 CRM 来完成。

那为什么社交媒体同时也涉及 CRM 的工作呢？因为"交往"过程中需要不断沟通，社交媒体是一个很好的媒介；同时，有"交往"就可能有摩擦，消费者有可能在社交媒体上宣泄不满（如同一些人分手后做的事情一样），这时品牌一方面需要安抚消费者情绪，另一方面还要看有没有机会"挽回"消费者。在 POE 三种媒体中，社交媒体是更适合做这件事的。当然，CRM 在社交媒体出现前就已经有了，也有很多与消费者沟通的方式，包括但不限于邮件、电话、短信等，社交媒体只是渠道之一。

在第 6 章讲到过，在微博这个开放平台上，负面舆情的管理在于与消费者进行有效的沟通，了解消费者真正的诉求，这其实涉及一些客户关系管理的工作。相比于微博，微信与邮件、电话、短信类似，更具有私密的属性，更适合与消费者实现一对一沟通，而微信上一些依托服务号和小程序来实现的服务，能够建立一套基于消费者的系列数据，这也成为社会化营销的必然趋势。具体的实现方案和未来发展方向，将在下一章展开。

思考练习

（1）请先了解"私域"这一概念。然后根据微博和微信的特点，思考："私域运营"这个概念为什么主要出现在微信场景？

（2）这一章主要讲了在微博和微信上如何进行社交媒体的数据分析。短视频也具有社交属性，那么短视频平台算不算社交媒体呢？短视频平台上的营销与微博、微信有哪些相同和不同的地方呢？

（3）请在互联网上找到一段你喜欢的话，最好长一点，根据下面的指引制作词云。

第一步：找到你喜欢的那段话。

第二步：请打开以下任一词云工具来制作词云。

- 词云工具 1：微词云（https://www.weiciyun.com/），制作词云的工具是免费的，但是词云会自带水印，要想去水印的话需要成为会员。
- 词云工具 2：Word Cloud Art（https://wordart.com/），免费，英文网站，对于制作英文词云的需求更加友好，制作中文词云需要上传字体包。

为方便大家尝试，将本章讲解舆情指标过程中使用"微词云"工具的过程还原一下。

1）在网页中打开"微词云"。

2）在"内容"分类中单击"导入单词"，如图 6-10 所示。

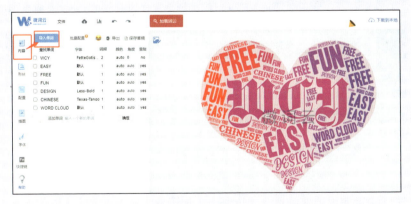

图 6-10　"微词云"导入数据入口示意图

3）根据需求选择导入词的方式，由于需要输入一段话，由系统进行分词,因此选择"分词筛词后导入",如图 6-11 所示。

图 6-11 "微词云"中导入分词数据的入口示意图

4)将文本粘贴进文本框,如图 6-12 所示。

图 6-12 "微词云"中导入整段文本示意图

5)单击右下角"开始分词",如图 6-13 所示。

6)根据需要调整分词结果,勾选需要的词类,选择完成后单击"确定使用所选单词",如图 6-14 所示。

7)再次确认所选词后,单击"加载词云",如图 6-15 所示。

第6章 Earned Media：社交数据撬动粉丝力量 145

在舆情分析的环节，首先需要注意关键词的选择。例如，如果要了解一个集团品牌的整体舆情，不仅要获取集团品牌关键词，还需要获取子品牌的关键词，比如"蒙牛"这个品牌，除了该品牌词之外，还需要涉及冠益乳、优益C、纯甄、未来星等子品牌的词，数据才算完整。

其次，当数据足够全面后，还有一个重要的环节：去噪。去除噪声。虽然自然语言处理的技术已经较为发达，但仍然可能有一部分数据并不属于品牌。比如，可能有人会发布"在内蒙牛非常健壮"，"在内蒙"和"牛非常健壮"之间没有逗号，那就可能在抓取"蒙牛"这个关键词的时候把这个数据抓取回来，因此需要人工进行简单的核以。

当舆情数据较为完备以后，除了要了解消费者"说了多少"，还需要了解消费者"说了什么"，词云（Word Cloud）就是一个趁手的工具。

图6-13　"微词云"中"开始分词"按钮示意图

图6-14　在"微词云"中对词进行过滤和编辑

图6-15　在"微词云"中加载词云

8）词云产生，如图6-16所示。

图6-16　在"微词云"中查看生成的词云

9）单击"形状"，选择更适合词云场景的形状，如图6-17所示。

图6-17　在"微词云"中修改词云形状等

（4）表6-10是某品牌社交媒体的舆情数据。

表 6-10　某品牌社交媒体舆情数据示意

	A	B	C	D	E	F	G	H	I	J	K	L	M	N	O	P
1	关键词	微博url	微博内容	发表时间	粉丝数	评论	转发	点赞数	来源	是否原创	内容	情感类型	昵称	性别	是否MV	地域
2	某品牌	http://weDN某品牌产	202X/8/6	14:28:56	73	0	0	0	喜闻乐评A	TRUE	链接图片	眼独sz	f		FALSE	河北 泰皇岛
3	某品牌	http://we早餐 鲜肉,	202X/8/6	8:14:13	91	3	0	0	iPhone客户	TRUE		中性	船卡卡卡卡f		FALSE	海外 其他
4	某品牌	http://we#某品牌一	202X/8/6	16:27:41	68256	1	0	0	微博 weib	TRUE			DNBY官方号		TRUE	上海 黄浦区
5	某品牌	http://we还是觉得某	202X/8/6	15:20:47	452	4	0	0	红svg	TRUE	图片	中性	一个人一直f		FALSE	广东 佛山
6	某品牌	http://we发表了博文	202X/8/6	20:35:08	1	0	0	0	新浪博客f	TRUE	链接	正面	MNDN-飘奶 m		FALSE	北京 石景山区
7	某品牌	http://we#运动打卡#	202X/8/10	22:01:34	15	0	1	3	iPhone客户	TRUE		中性	当不破身的f		FALSE	海外 海外
8	某品牌	http://we#某品牌一	202X/8/3	9:41:25	69706	0	0	0	微博 weib	TRUE		正面	DNBY官方号		TRUE	上海 黄浦区
9	某品牌	http://we上班踏程比	202X/8/3	7:46:25	7176	0	8	0	三星Galax	FALSE	链接	中性	五香道 f		FALSE	河北 廊坊区
10	某品牌	http://we早安, 早餐	202X/8/3	8:01:37	2268	0	0	2	iPhone 6	TRUE	图片	中性	医学专家私f		TRUE	江苏 江苏
11	某品牌	http://we再也不动脸	202X/8/3	9:06:26	128	0	0	0	iPhone 5s	TRUE		中性	_哈哈大哈f		FALSE	上海 青浦区
12	某品牌	http://we我觉得最的	202X/8/3	9:38:42	788	0	0	1	iPhone	TRUE		中性	rorvrrr f		FALSE	广东 广州
13	某品牌	http://we#DN某品牌	202X/8/15	15:00:06	67258	0	0	0	皮皮时光机	TRUE	图片	正面	DNBY官方号		TRUE	上海 黄浦区
14	某品牌	http://we#DN某品牌	202X/8/15	15:40:48	13	0	0	0	达能碧婴音	TRUE	链接	中性	陈发212 f		FALSE	其他 其他
15	某品牌	http://we#越爱罗伦夯	202X/8/1	21:04:29	69070	1	0	1	微博 weib	TRUE	图片	正面	DNBY官方号		TRUE	上海 黄浦区
16	某品牌	http://we被度罗伦夯	202X/8/1	14:54:46	1686	7	2	0	iPhone 6	TRUE	链接图片	中性	刀闸面的群f		TRUE	重庆 南岸区
17	某品牌	http://we秋巨禾谷君	202X/8/27	10:43:20	67192	0	0	0	微博搜索	FALSE		中性	DNBY官方号		TRUE	上海 黄浦区
18	某品牌	http://we对这款某足	202X/8/27	21:03:16	6	0	0	0	喜闻乐评A	FALSE		正面	没错就是是f		FALSE	其他 其他
19	某品牌	http://we#某品牌大喜	202X/8/27	15:10:55	79	0	0	0	vivo智能子	TRUE	图片	中性	AAAyui哩_f		FALSE	江苏 无锡
20	某品牌	http://we#越某品牌	202X/8/26	16:20:45	67192	0	0	0	喜闻乐评A	TRUE	链接	中性	用户56539 m		FALSE	上海 黄浦区
21	某品牌	http://we会员买DN某	202X/8/26	7:43:35	2	0	0	0	喜闻乐评A	TRUE	链接	中性	用户56539 m		FALSE	河南 安阳
22	某品牌	http://weDN某品牌冉	202X/8/26	16:42:13	2	0	0	0	喜闻乐评A	TRUE	链接	中性	用户56539 m		FALSE	河南 安阳

请通过表 6-10 的数据计算：

1）谈论"某品牌"的微博，都发表在哪几天？哪天相关微博最多？

2）请计算"某品牌"的情感类型中，正面、负面、中性评价占比。

3）表 6-10 中的数据只列出了 20 多条，如果有成百上千条数据，你有办法使用表格计算出来吗？如果你有办法，那么应该已经很了解 Excel 里数据透视表的使用了；如果暂时还不清楚，可以查看第 11 章的内容。

第 7 章
POE 模型下的行业变革与机会

品牌方常常会问营销公司这个问题："下一个平台在哪里？"回到 2010 年，门户网站和搜索引擎是互联网营销的主流，那个时候"下一个平台在哪里？"的答案应该是社交媒体。但其实回到当年，人们是很难给出一个明确的答案的。同样的情况发生在 2016 年，社交媒体已经走向成熟，微博、微信是当时重要的营销渠道，也很少有人能预见短视频是"下一个平台"。

营销行业总在快速地变化，变化意味着挑战，也意味着新的机会。这一章仍然很难回答出"下一个平台"的"正确答案"，但能够帮助我们从结构化的营销模型中看到更深层的业务机会。Paid Media（付费媒体）、Owned Media（自有媒体）、Earned Media（赚得媒体）各自也正在发生变化，而这为营销从业人员带来新的职业可能，也把营销领向了程序化、数字化、社会化的新阶段。这一章就向大家分享 POE 模型下的行业趋势和新机会。

1. Paid Media：程序化广告与动态优化

第 4 章讲了互联网广告是如何通过数据监测来进行效果评估的，但是这留下了一些问题。第一，如果数据监测只能做到事后评估，那么还有可能在一波营销活动的过程中进行优化和干预吗？第二，如果所有的广告都依托于固定的位置，那么更大的、位置更靠前的、更显眼的广告位就会卖得越来越贵，那么其他的广告位如何发挥价值呢？

很多聪明的前辈已经找到了答案，答案就是程序化广告。程序化，代表了互联网广告发展的趋势，也代表了行业的共识。

程序化广告趋势成为共识

不知道你是否遇到过这样的情况，你和一个人同时打开一个网站或者 app，都会看到广告，但是你们两个人哪怕在同一时间，在这个相同的媒体平台上看到的广告也是不同的。又或者，你逐渐发现，自己看的广告可能和曾经搜索过、点击过的一些信息有关联。如果你遇到过类似的情况，那么你就看到了程序化的广告。

程序化广告（Programmatic Advertising）是指利用技术手段对广告进行交易和管理，更具体地说，就是把"针对一个来到媒体的消费者，对他展示什么样的广告"这个决策，交给程序来决定。

在传统媒体时代，我们拿报纸来举例，报纸上能够刊登什么广告，哪个品牌的广告可以出现在头版，哪些广告会被放在报纸中缝，是由报纸的商务、编辑决定的，这个过程是人为的。互联网广告最初也是如此，所以最早的互联网广告是按天购买的，结算方式和传统媒体相同。后来因为曝光、点击量都可以通过技术手段来监测，就产生了 CPM 和 CPC 的计费方式。即便有了新的计费方式，早期还是按照人为选择在固定位置投放固定的广告，主流的结算方式从按天（CPD）变成了按曝光（CPM）结算。

互联网从业者打开思路，如果能够不断建立新的媒体平台，或者在已有的平台上增加广告位，就可以获得更多广告收益。于是，很多媒体网站纷纷建立起来，并且增加更多的广告位。这个时候，广告的供给就更多了，而需要投放广告的品牌方和广告公司，就需要找很多家媒体进行复杂的人工对接，这样会非常复杂烦琐，效率会受到影响。与此同时，供需关系也存在错位。一方面，大品牌、大广告主更倾向于把广告投放在它们认为更"好"的位置，那么一些"小媒体"或看起来边边角角但同样能够影响消费者决策的广告位就难以售卖；另一方面，中小广告主预算有限，它们很难在大型媒体上投放广告，但又很难找到小媒体。

这个时候出现了 Ad Network（Advertising Network，即"在线广告联盟"或"网络联盟"，简称"网盟"，简写为 ADN），它把众多媒体的长尾流量统一集中起来，定价再统一售卖给广告主，从这个过程中抽佣。具体流程如图 7-1 所示。

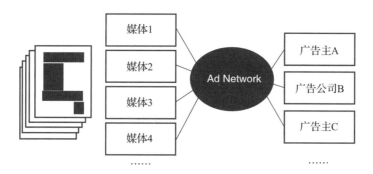

图 7-1　ADN 聚集不同媒体的长尾流量售卖给广告主的流程示意图

网盟的出现，一方面提升了广告主、广告公司对接媒体的效率，它们直接找到网盟统一购买流量即可；另一方面也调整了供需关系，让所谓的"长尾流量"能够被充分利用，优化了资源配置。这个时候互联网广告还没有完全进入程序化阶段，也带来了一些新的问题，这与 Ad Network 的角色相关，其角色类似于"中介"——有可能会压低媒体方的广告价位，再高价卖给广告主，来赚取更多的差价。市场出现问题，就会产生新的解决方案，因此诞生了 Ad Exchange（广告交易平台，简写为 ADX）。

Ad Exchange 是一个基于实时竞价（Real-Time Bidding，RTB）的广告交易平台，撮合广告主和媒体的交易。媒体将自己的广告位接入 ADX 后，广告主可以按自己的人群定义来挑选流量，在每次展示时实时出价，ADX 会选取出价最高的广告主作为胜出者，并将这位广告主的广告素材传给媒体让媒体进行展示，从而促成一次交易。这个过程有点类似于人们进行股票交易，要在很短的时间内进行这么多决策，整个决策都交给了程序，这就是程序化。

ADX 的出现，意味着互联网广告的思路从"买位置"变成了"买人"。无论广告位是不是位置够靠前、面积够大、够有可见性，都不重要，重要的是，广告主能找到目标消费者。因此，即便是"长尾流量"或者边角的位置，只要是"对的人"看到了，这个广告就是有意义的，因此竞价的本质是竞争到目标消费者，而不是竞争到广告位。

为了能够更顺利地完成交易，程序化广告的链路中还出现了新的角色：DSP（Demand Side Platform，需求方平台）和 SSP（Supply Side Platform，供给方平台）。具体如图 7-2 所示。

广告主和广告公司是广告的需求方，而媒体是广告的供给方。DSP 负责替广告主对接 ADX，表达广告主的需求。例如，一个母婴品牌希望触达 28～35 岁的女性群体，并且希望这些群体的收入水平相对较高,在 DSP 上可能就会对年龄、使用的手机型号、城市等进行筛选,只需要在平台上按几个按钮,就可以完成这个表达。SSP 服务于媒体,媒体在 SSP 上管理自己的广告位,控制广告的展现。

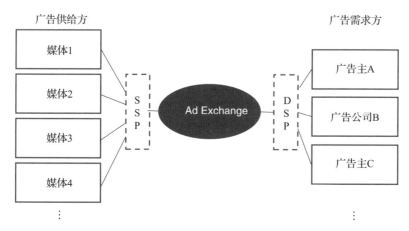

图 7-2 ADX、SSP、DSP 在程序化广告中的流程示意图

为了更好地理解各方的关系,可以把程序化广告投放的流程与投资的流程做个映射,如图 7-3 所示。

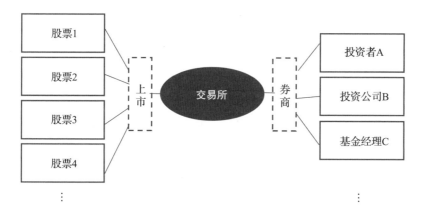

图 7-3 与 ADX 类比的交易所的示意图

媒体和广告位对应的就是图 7-3 中的股票,SSP 类似于助力企业

上市的券商，Ad Exchange 就是交易平台，DSP 类似于投资者操作股票买卖的账户。整个过程也是实时竞价的。

程序化广告对媒体、品牌方和广告公司、消费者都有好处。

对媒体来说，首先实现了广告填充率的上升，更多的广告位能够被充分利用，实现了资源的优化配置。其次通过实时竞价的方式，能够避免广告位售卖价格过低的情况，得到了相对公正的收益。

对品牌方和广告公司来说，一方面提升了广告投放的效率，降低了沟通成本，从之前的人工对接需求反复沟通，变成了投放需求程序化的表达，另一方面也利于品牌方内部的资源优化配置。程序化广告出现之前，有多个子品牌的集团类公司需要针对不同子品牌分别规划预算，A、B子品牌可能都需要在同一家媒体投放广告，但以前的预算分配方式常常导致两个子品牌的市场部分别和这家媒体沟通，分别采买，程序化广告的出现让一部分集团类公司在内部规划广告预算的时候，能够统筹多个子品牌的需求。最重要的是，当广告投放从聚焦"位置"到定向到"人"之后，广告投放变得更加精细化。

对消费者而言，程序化广告让广告更"懂"消费者了，消费者的需求可以得到更快更精准的满足。程序化广告呈现"千人千面"，在相同的媒体上，消费者更大概率会看到自己真正感兴趣的广告。虽然有些消费者会担心数据隐私的问题，但实际上一方面政策有规定和保障，另一方面广告数据在营销漏斗模型的最上层，离消费者本人的私密数据更远，因此在这方面不必过分担心。

总之，程序化广告已经成为当下主流的互联网广告投放方式，国际 DSP 公司和中国本土 DSP 公司层出不穷，强势媒体平台如阿里、字节、腾讯、百度等均建立了自己的投放平台，实际上也起到了 DSP 的作用。集团类公司如宝洁等也建立第一方 DSP，沉淀品牌数据，助力投放决策。互联网广告已经不是一种趋势，而是一个共识。

数据如何在程序化广告中发挥作用

前面讲了程序化广告的机制，但具体是一个怎样的流程，数据又在其中发挥什么样的作用呢？我们假设有一个汽车类的品牌方，该品牌可以通过 DSP 对接到 ADX，从而对接到多家互联网媒体平台。假设该品牌的目标受众关键词是北京、男性，那么 DSP 就会帮助品牌表达这一需求，当媒体方有这样的消费者出现的时候，DSP 就会为广告主进行竞价，整体流程可以用图 7-4 来展现。

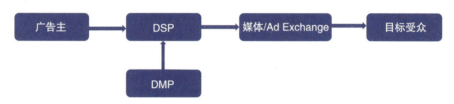

图 7-4　从广告主出发的程序化广告流程示意图

图 7-4 里面有一个角色之前还没有出现过，就是 DMP（Data Management Platform，数据管理平台），DSP 可以用来表达广告主投放需求，而 DMP 就像是 DSP 的"军师"，是用来计算和判断的。

前面说到，这家汽车品牌希望触达的是北京的男性，那么每来一个受众，就需要判断对方是不是目标受众。DMP 就像是一个数据库，看到一个 Cookie，就根据这个 Cookie 以往在互联网上的习惯，来判断他是否是品牌的目标受众，然后"告诉"DSP"这个人值得争取"或者"算了，这个人不是我们想要的人"。在这个案例里，如果 DMP 判定这个消费者是北京的男性，那么就会"告诉"DSP 去 ADX 那里竞价，争取得到一次被展现的机会。同样，除了这个汽车客户之外，还会有很多其他品牌也在同一时间需要决定是否"争抢"这个用户。图 7-5 展现了从人群筛选到竞价的过程。

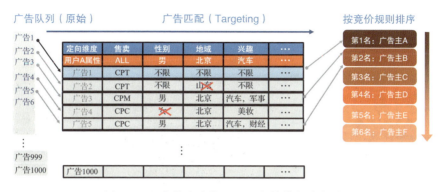

图 7-5　程序化广告的匹配和竞价排名示意图

图 7-5 中的左侧是跃跃欲试的广告主已经准备好的广告素材。中间是广告主购买广告时对目标受众的表达，有的广告主认为可以对所有消费者展示，比如广告 1 在性别、地域都设置了"不限"，而有的就做了限制，比如广告 3 就定义了北京的男性。当前，恰好有一个北京的男性来到广告位面前，那么广告 2 定向地域山东、广告 4 定向女性，都没有必要参与竞价，于是广告 1、广告 3、广告 5 去参与竞价。竞价就像比武招亲或者拍卖会，最后谁赢了，谁的广告就展现在消费者面前。

总之，数据在这个环节担任了快速决策的作用，刚才这一系列判断都是在毫秒级别的速度下完成的。但"养兵千日，用兵一时"，可以想象，一个 DMP 的搭建和数据积累是需要很长时间的，搭建的过程需要对能采集的数据的维度有清晰的了解，积累则需要不断有新的 Cookie（或任何能识别某一个消费者的编码依据）进入到数据池中。这也是很多公司都在搭建 DMP 的原因，同时也是人们把大数据比喻成商业社会的油、电、矿藏的原因。当商业决策都需要基于数据的时候，数据就成为重要的资源，也就值得争抢。

作为消费者，你也可以选择自己的数据是否被媒体、第三方获取。在政策和行业规则越来越健康的今天，进入网站会被提问是否接受获取 Cookie 以允许个性化内容推送，如图 7-6 所示。

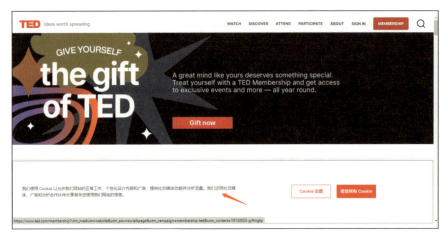

图 7-6　网站询问是否接受获取 Cookie 示意图

营销信息的个性化是一把双刃剑，一方面能够为消费者带来更高效的信息推送，让消费者感觉到"自己的需求还没说出口就可以被满足"，但另一方面也会让消费者担心自己独立思考的边界被侵犯，因此消费者对广告的态度也越来越敏感。

媒体平台也深知广告对消费者的过分打扰，从长期来说会损害平台收益。因此，媒体平台越来越注重保护消费者的隐私和用户体验，适当调整广告在内容中的占比，让广告更加原生化，具备内容的可看性，甚至开发出一些激励广告（比如玩"羊了个羊"的时候要获得道具就需要看一会儿广告）。总之，从长期来说，媒体平台、用户、品牌方之间形成良性循环，才更有利于市场的整体发展。

从投放程序化到创意自动化

互联网广告投放的程序化目前已经进展到了非常成熟的阶段，因此也催生出新的工作模式。就像股票里有"基金经理"的角色一样，程序化广告中也有一个重要的角色，称为"投手"或者"优化师"。他们在 DSP 的账户里设置针对哪些受众、如何出价、使用什么样的广告创意、整体预算控制在多少以内……技术的发展在可量化的领域突飞猛进，事实上，当有足够大量级的数据进入 DSP 所依赖的 DMP，有足够多的广告主参与程序化广告投放之后，就会有更多维的数据可以帮助到投放决策。比如，汽车行业的出价建议在什么范围，下一步投放可以有什么优化。就像基金经理有一套决策系统一样，优化师也可以不仅依赖经验，还依赖系统的建议来设置账户。甚至，一些媒体平台已经推出了自动出价等功能，大大减轻了优化师的工作。那么接下来，这个行业中的职业机会在哪里呢？

就像现在的基金经理和第一代基金经理的工作方式不同了，但基金经理并没有失业一样，当账户操作变得越来越简单以后，广告优化师就可以把精力放在广告创意的优化上。一方面，在互联网广告浪潮中短视频兴起，视频制作的门槛降低；另一方面，视频广告的创作时间和成本终究比图文要多，而要策划、拍摄、剪辑出抓人眼球的视频广告则更需要知识和技术的积累。因此，广告行业在创意方面有很多新机会。

当然，当前创意制作也有了很多新的发展。比如，图片与视频转换、横版视频与竖版视频的转换、在视频中实现音乐卡点等功能。Meta 在 2022 年 9 月发布了 Make-A-Video[一]，可以实现录入一段文字就产出一张图片甚至一个视频，也可以输入一张或多张图片产出视频。伴随 AI 绘图等技术能力的提升，相信创意自动化也会成为广告行业的发展趋势。

㊀ 具体信息详见：https://makeavideo.studio。

2. Owned Media：从营销数字化到经营数字化

第 5 章讲了 Owned Media 的数据获取与分析，这些从线上获取的网站或 H5 数据，实际上只是企业"Own"（拥有）的数据的一小部分，传统行业如文旅、商超等企业积累了很多线下数据，也需要盘活。如果说企业数字化转型中"营销数字化"是相对轻量级的探索，那么要更好地服务于业务，还需要实现"经营数字化"。因此就需要把企业能够找到的、拥有的几乎所有数据进行数字化处理，并根据处理结果分析支持生意决策。

第一、二、三方 DMP

在分享程序化广告中数据的作用的时候，出现过 DMP 这个概念。作为数据管理平台，DMP 的任务就是把分散的多方数据进行整合，并对这些数据进行标准化和细分，从而支持营销决策。可以理解为，要搭建一个 DMP 需要三大步骤：收集数据、打标签、使用数据。DMP 可以根据某个 Cookie 或某个设备 ID 来判断一个用户，而这个用户浏览的网页、点击的广告这些数据，就可能让 DMP 识别出其性别、地域、爱好等，在广告投放的过程中作为参照。

这里其实还有一个小问题：在程序化广告的流程中，DSP 拥有 DMP 帮助它做投放决策，那么媒体方可不可以搭建 DMP 呢？广告主可不可以搭建 DMP 呢？

媒体需要识别这些本来就是因为它的存在而聚拢而来的受众，需要给他们打上标签，从而更好地推送广告内容和其他信息。广告主也希望对消费者的特征具有掌控感，那有没有可能自己搭建 DMP，然后把数据传输给 DSP 去做投放呢？再或者更"狠"一点，干脆自己直接建一个 DMP+DSP，自己存储数据，自己做广告投放，只是多投入一些技术和人力而已。

所以 DMP 不仅可以存在于 DSP（第三方）一侧，也可以存在于广告主（第一方）和媒体（第二方）中。这几方 DMP 的目标相同，主要差异来自收集到的数据有所不同。在程序化广告发展的同时，很多集团类客户也在搭建第一方 DMP，希望把数据的主动权掌握在自己手里。

DMP，CRM 与 CDP

虽然数据已经成为"兵家必争之地"，广告投放流程中，广告主为了更好地掌控这一环节而搭建第一方 DMP。但实际上，广告主自身拥有比广告数据更为深入的消费数据，这些数据通常保存在 CRM 平台中，CRM 帮助企业进行从客户获取到留存、转化、忠诚等一系列针对客户全生命周期的管理，通过使用信息技术协调了企业在营销、销售和服务上的交互。

如果说，DMP 数据更多地依赖 Cookie 来获取的话，那么 CRM 的数据通常是带有消费者的手机号的，数据中可能包含售前、售后等多种信息。如果说 DMP 更聚焦于对用户 Awareness（引起关注）和 Interest（唤起兴趣）的影响，CRM 则更符合 AARRR⊖的营销模型。

从数据角度，用一个样例⊜更容易区分二者，如图 7-7 所示。

CRM 数据是对"已经买了的"消费者的分析，而 DMP 是对可能对品牌"感兴趣的"消费者的分析，当然，二者在一些场景下又可能是同一个人。CRM 数据识别一个消费者的方式是根据邮件或手机号等识别符，而 DMP 则根据 Cookie 或设备号。

⊖ 详见第 3 章从广告到经营：AARRR 与 AIPL。
⊜ MA H. CRM、DMP、CDP，都是什么鬼？有什么区别差异？别说你都懂 [EB/OL].（2018-08-01）[2022-09-30]. https://maxket.com/crm-dmp-cdp/.

```
CRM
姓名    地址                    电邮                手机          上次购买    积分    订阅频道
张三    上海市XX区XX路XX号XXX室    zhangsan@163.com    150XXXXXXXX   2018/6/3   1002   科技
李四    北京市XX区XX路XX号XXX室    lisi@164.com        151XXXXXXXX   2018/6/4   124    体育
王五    广州市XX区XX路XX号XXX室    wangwu@165.com      152XXXXXXXX   2018/6/5   326    音乐
赵六    深圳市XX区XX路XX号XXX室    zhaoliu@166.com     153XXXXXXXX   2018/6/6   847    国际

DMP
设备标识符  设备类别    标签列表                  上次活跃    浏览记录
AAAAA     Cookie     音乐、日剧、北京……         2018/6/3   某视频网站、某社交网站
BBBBB     IMEI       综艺、宝马、女性、22岁       2018/6/4   某汽车网站
CCCCC     UDID       摄影、科技、学生            2018/6/5   某IT网站、某摄影app
DDDDD     MAC        上海、中考、TF Boys         2018/6/6   某题库、某本地论坛
```

图 7-7　CRM 和 DMP 数据字段差别示意图

那么，既然"已经买了的"和"感兴趣的"人，可能是一个人也可能不是，有没有一种可能把这两种数据连接在一起，找出这些不同阶段的人，从而更加有的放矢地影响他们呢？有。CDP（Customer Data Platform，客户数据平台）应运而生，对它进行文字描述的定义五花八门，但归根结底可以理解为将多种业务数据整合打通从而帮助生意决策的一种平台。如果仍然使用一个数据示例来表达的话，CDP 可以整合 DMP 和 CRM 数据，如图 7-8 所示。

```
CDP
姓名  地址                    电邮                手机          指纹         上次购买   积分   订阅频道  标识符列表                         微信openid   上次登录
张三  上海市XX区XX路XX号XXX室    zhangsan@163.com    150XXXXXXXX   YYYYYYYY2   2018/6/3  1002  科技     aaaaa (Cookie)、bbbbb (UDID) ……   345151634   2018/6/3
李四  北京市XX区XX路XX号XXX室    lisi@164.com        151XXXXXXXX   YYYYYYYY3   2018/6/4  124   体育     hhhhh (Cookie)、ccccc (IMEI) ……    322451345   2018/6/4
王五  广州市XX区XX路XX号XXX室    wangwu@165.com      152XXXXXXXX   YYYYYYYY4   2018/6/5  326   音乐     ……                              272457724   2018/6/5
赵六  深圳市XX区XX路XX号XXX室    zhaoliu@166.com     153XXXXXXXX   YYYYYYYY5   2018/6/6  847   国际     ppppp (MAC)、▓ (UDID) ……          245625477   2018/6/6
```

图 7-8　CDP 数据字段示意图

你可能会问，既然 CDP 是最"牛"的，为什么不直接讲这个概念呢？因为数字化转型需要时间，行业之间、企业之间的发展情况也大不相同，虽然 CDP 的数据相对全面，但是并不是每个企业在每个阶段都适合搭建 CDP。对消费者触达有广泛需求的快消行业在 DMP 上会投入更多精力，一些需要长期维护客户关系的比如汽车行业的 CRM 数据就更加完备（但品牌方还要先把经销商的数据统一集合到自己手里才行）。目前搭建 CDP 的品牌方通常是拥有雄厚实力的集团类客户。

上面这些系统看起来很高大上，那它们具体能为企业带来什么好处呢？

首先，数字化系统让线上线下数据打通成为可能。智能商超的机器人通过你用支付宝扫码付款的数据了解你的消费行为，然后在下一次你进入商店的时候根据喜好为你推荐套餐；家居品牌在你逛商场的时候用人脸识别功能了解你是否喜欢正在看的商品，然后在 app 会员体系内给你推送你观望很久但没有购买的物品的体验券……对消费者来说，无所谓背后的数据系统是哪三个字母，只要他们享受到的是定制化的服务和体验即可。

其次，可能实现品牌和消费者的直接沟通。一个汽车品牌，在传统营销时代它的消费者虽然认同该汽车品牌，但能够直接联系到消费者的是经销商。后来可以让经销商把客户电话录入系统，那现在能不能直接用一个 app，让消费者在购买汽车的时候就下载安装，把所有的需求都直接向品牌方诉说呢？现在早已经实现了。很多时候说的数据系统，在互联网行业都会被称作"中台"，中台就意味着集中化的数据管理。

最后，这些看似只涉及营销的数据系统还可能提升企业的服务质量和经营水平。比如，用微信服务号将消费者和对应的推销员绑定，就可以考核推销员的业绩，当然这不是目的，可以把对推销员的培训也精细化，根据每个推销员沟通的客户特征，给到沟通话术建议。

总之，虽然学习数据分析的路上不得不遇到很多专业名词，但重要的仍然是理解业务。这些名词叫什么并没有那么重要，重要的是通过它们去解决实在的生意问题。

从数据分析到 IT 项目管理

那么如何搭建无论是 DMP、CRM 还是 CDP 这样的数据平台，对营销人员来说，这又意味着什么机会呢？

如果你已经有一定的数据基础，甚至已经做了一段时间数据分析工作，也许会有点儿困惑。数据报告虽然能够总结出一段时间的规律，这个时间周期甚至是以年为单位的，但还是想做一些周期更长一点的事。就好像写了短篇作品的作者可能会尝试长篇，画了小幅作品的画者可能会尝试更大的画作——有一些做数据分析的朋友，会希望参与到一个更复杂的"作品"的创作中去。如果你是这样的人，那么也许从数据分析师向一个数据类 IT 项目经理转变，就是一条很好的职业路径。一定要说明的一点是，不同工种之间没有高低之分，如果就是适合、喜欢做数据分析，那么也可以一直做下去，这里只是提供了职业上的另一种可能性。

具体来说，一个数据类 IT 系统的搭建，需要如图 7-9 所示的流程。

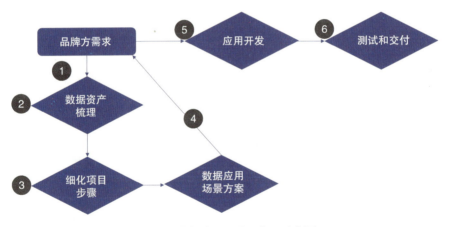

图 7-9　数据类 IT 项目流程示意图

1）明确品牌方（也就是客户）的需求。例如，某宠物食品客户希望打通 CRM 数据和 DMP 数据，将宠物狗主人的信息、狗的信息都匹配清晰后，通过微信服务号、手机短信与消费者进行定制化沟通，用社交媒体进行消费者关系管理，实现消费者对品牌的黏性，并且推进产品复购（比如在狗粮快吃完的时候给狗主人发送消息提醒需要再买了），进行交叉销售（比如买了狗粮的消费者还可能再买磨牙棒）。这个需求实际上包含三个重要步骤：首先需要对客户有什么数据进行梳理，其次需要针对客户的数据需求进行建模、数据洞察，最后要做好品牌对消费者定制化沟通的策略。

2）**根据客户需求梳理数据资产**。这部分是对客户数据状况的咨询服务，从客户需求来看它希望做一个 CDP，而从作用来说更利于 CRM。如果客户希望整合 DMP 数据和 CRM 数据，就需要先看这些数据中都包含哪些字段（维度和指标）。比如，这个客户拥有电商的销售数据、客服数据，同时拥有微信服务号的数据，还有广告监测数据、网站监测数据，但是之前忽略了对 H5 活动的监测，那么就会建议通过网站监测手段实现 H5 监测。这个环节的预期是：凡是客户可以授权的、对业务有帮助的数据，越全面越好。盘点数据之后，会产出一个标签库，如图 7-10 所示。这些标签未来将在 CDP 系统中做可视化呈现，或者作为和消费者一对一沟通的策略参照。这部分的大多数工作仍然是数据分析师主导的。

3）**细化项目步骤**。在对客户的数据情况摸排完成之后，进入对系统搭建的执行。这就需要根据数据情况决定如何建模，哪些数据需要做可视化，哪些数据会决定如何与消费者进行定制化沟通。

4）**敲定数据应用场景方案**。当细化项目步骤完成后，会呈现完整的数据应用场景方案。比如：需要对消费者的品牌忠诚度进行可视化，那么这个图是柱状图还是金字塔形状的；又或者需要对消费者进行定制化沟通，忠诚度强的消费者如果转发品牌活动带来了新的消费者，这种"老带新"的行为，应该给老用户多少奖励，给新用户多少奖励，是实物奖励还是积分奖励，如果是积分奖励又应该按照什么比例……这些规则都需要细致地确认下来，完整地与客户沟通确认，只有这样才算敲定了系统最终的样态。

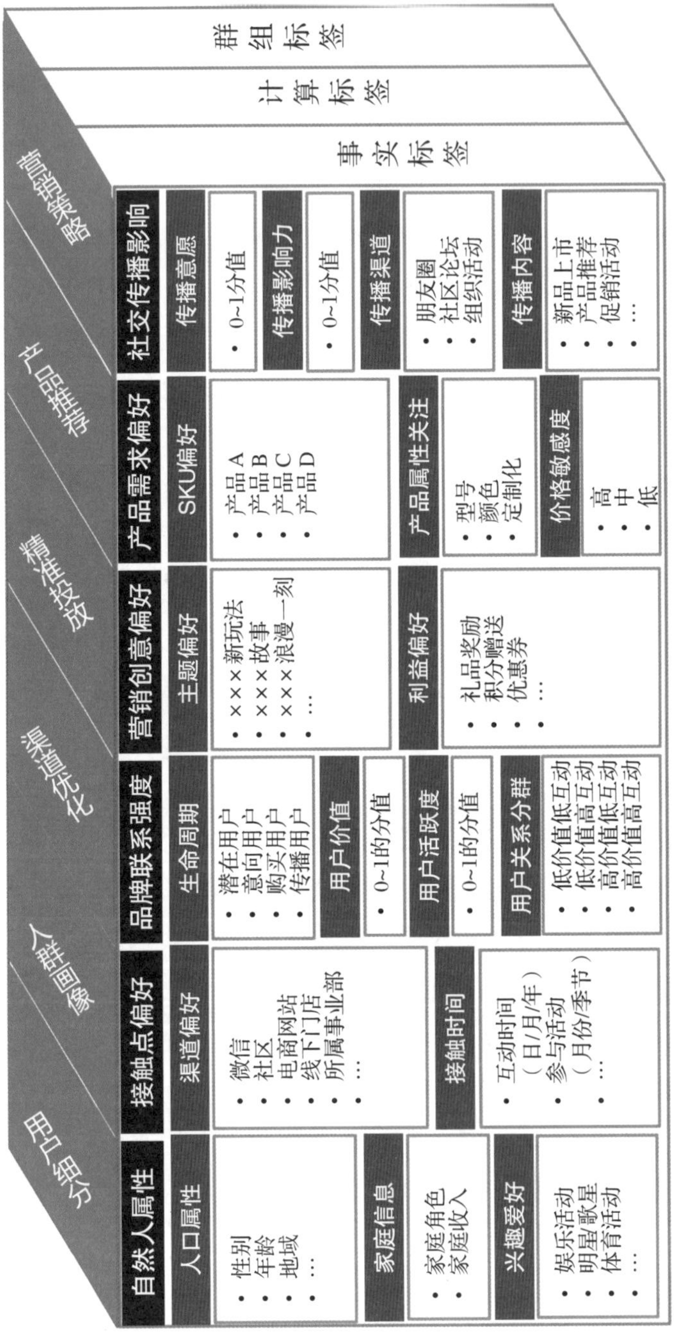

164 第2部分 "大数据"时代下的营销真相

图 7-10 CDP 数据标签库

（图为立体三维标签库示意图，顶面标签层从上到下为：群组标签、计算标签、事实标签）

正面各维度标签内容：

自然人属性 / 人口属性
- 性别
- 年龄
- 地域
- …

家庭信息
- 家庭角色
- 家庭收入

兴趣爱好
- 娱乐活动
- 明星歌星
- 体育活动
- …

接触点偏好 / 渠道偏好
- 微信
- 社区
- 电商网站
- 线下门店
- 所属事业部
- …

接触时间
- 互动时间（日/月/年）
- 参与活动（月份/季节）

品牌联系强度 / 生命周期
- 潜在用户
- 意向用户
- 购买用户
- 传播用户

用户价值
- 0~1的分值

用户活跃度
- 0~1的分值

用户关系分群
- 低价值低互动
- 低价值高互动
- 高价值低互动
- 高价值高互动

营销创意偏好 / 主题偏好
- ×××新玩法
- ×××故事
- ×××浪漫一刻
- …

利益偏好
- 礼品奖励
- 积分赠送
- 优惠券
- …

产品需求偏好 / SKU偏好
- 产品 A
- 产品 B
- 产品 C
- 产品 D

产品属性关注
- 型号
- 颜色
- 定制化

价格敏感度
- 高
- 中
- 低

社交传播影响 / 传播意愿
- 0~1分值

传播影响力
- 0~1分值

传播渠道
- 朋友圈
- 社区论坛
- 组织活动

传播内容
- 新品上市
- 产品推荐
- 促销活动
- …

（侧面维度标签：公用卫生、象圈群介、它道渠、资渗灌、谁群品、最源距消）

5）**应用开发**。所有的策略、样式确定后，就是系统的开发和项目执行环节了。在这个过程中，项目经理、研发人员就需要把数据分析师的种种策略落实到系统中。

6）**测试和交付**。功能开发完成后，需要进行测试，在测试确保无误后完成项目交付。

上面讲的这些流程，更偏向对数据系统的描述。实际上 IT 项目管理是一个非常专业的方向，甚至在全球范围内有认证考试 PMP（Project Management Professional，项目管理专业人员资质认证）。按照项目维度，流程一般包括"启动→计划→中间管控→上线→收尾"，通常一个项目的周期是几个月甚至数年。数据分析类的 IT 项目管理需要对数据知识有一定的储备，同时更重要的是对人力、时间、资源的配置和对成本的把控，只有这样才能够让人更全面地思考问题。

3. Earned Media：从社交媒体到社会化运营

Paid Media 不局限于静态的广告监测与数据分析，而走向用数据来推进广告决策；Owned Media 所包含的数据从简单的网站到品牌发力将更多自有数据聚合到一起；Earned Media 则在营销和数据层面具有更大的想象空间。

数据助力互联网社交化运营

第 6 章提到了可以把微信服务号作为入口对消费者进行客户关系管理，在业内称为 SCRM（Social Customer Relationship Management，社会化客户关系管理），即使用社交化的手段进行 CRM 管理。这背后可能也需要一套 CRM、DMP 或 CDP 的系统来支撑。具体来说，对于不同生命周期的消费者有不同的沟通策略，如图 7-11 所示。

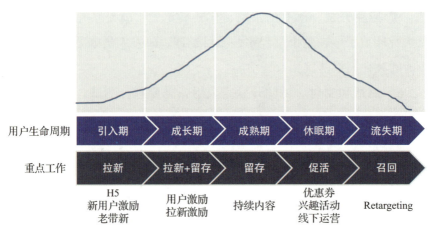

图 7-11 用户生命周期下的 CRM 运营工作示意图

在消费者引入期，可以使用的策略是通过对 H5 活动的转发裂变获得新用户，或者通过老用户推荐新用户来关注品牌，同时给予新用户激励；在与消费者的关系日渐紧密进入成长期的时候，除了拉新之外还需要注意留存的提升，要给予消费者足够的正反馈，获得消费者的持续关注；当消费者进入成熟期的时候需要更加注重留存，用其感兴趣的内容或者活动触达消费者；如果在成熟期阶段，消费者与品牌渐行渐远，就会进入休眠期，那就要尽可能地促进活跃，重新激发消费者与品牌的关系；这些动作有可能起作用了但也有可能没有，如果没有唤醒，那么消费者就有可能流失，后续只能通过其他方式再次触达消费者尝试挽回。这个拉锯过程很像"谈恋爱"，其实品牌与消费者之间的关系也是一种经营，需要相互具有信念感，也需要智慧。

因为社交媒体的兴起，以前进行消费者关系管理的触点可能是邮箱、手机号，但现在就可以通过微博、微信来实现，尤其微信服务号、企业微信等一系列功能，都可以在相对私密的情况下与消费者进行一对一的沟通。

看到这里，你可能会问，那么 SCRM 到底属于品牌"Own"的数据系统，还是 Earned Media 的数据系统呢？首先，使用 POE 模型是为了区分媒体类型，而 SCRM 可以理解为：用自有数据建立数据系统，但通过社交媒体来运营的这样一个融合的模式，类似于"大脑"是自己的，但用到了社交媒体这只"手"。

如果你是任何一个品牌的会员，你就会发现，这样的社会化运营早已经渗透到方方面面。无论是通过微博或者微信服务号，还是通过小程序，又或者是品牌自己开发了一个 app，都可以承载一套会员体系。同时，越来越多的品牌都开始鼓励消费者在平台上的交流和社交化。很多车企拥有自己的 app，进行会员管理；宜家作为家居品牌，也有自己的 app 来与会员沟通，并且实现了线上线下数据的打通和转化。因此，社会化运营已经触及很多方面，通过品牌自有的 app 也可以带来新的消费者，社交已经非常泛化。

从 Web2.0 到 Web3.0 的新可能

社交媒体的流行，让互联网进入了一个新的时代。互联网时代的划分方式有很多，其中之一就是用 Web1.0、Web2.0、Web3.0 来划分。

- Web1.0：只读时代。人们更多是通过互联网获取信息；传播方式与传统大众媒体类似，仍然是"一对多"的传播；
- Web2.0：读写时代，也就是社交媒体发展的重要时期。普通用户也可以发布信息，进行内容创作。传播过程更像一个广场，可以形成"多对多"的传播。从营销的角度，内容创作者也有机会通过互联网平台获取收益。但是，仍然有一个问题，创作者的账号仍然掌握在平台手上，比如平台有权力封锁某个账号；
- Web3.0：读写并拥有。这是在区块链技术发展的背景下，逐渐走到大众面前的一个概念。在Web3.0时代，理论上作为消费者也好，创作者也好，为平台或品牌所做出的每一份贡献都可以得到确权和价值认定，并且你拥有你所创造的这个身份。

可以举个Web3.0时代营销行业的案例，来说明品牌营销在Web3.0时代的可能性。2022年1月，Adidas Originals 和 Prada 联手，共同推出用户可生成艺术的NFT系列○。NFT（Non-Fungible Token，非同质化通证）是区块链网络里具有唯一性特点的可信数字权益凭证，可以达到创作确权的作用，当一个艺术品被铸造成NFT之后，这个艺术品在区块链上被共识确认属于某个人。

Adidas 和 Prada 邀请粉丝进行自有创作，以 Prada 旗下 Re-Nylon（再生尼龙）系列产品为创作主题和灵感，其中3000件来自社区的艺术品会被铸造为NFT，并将由创意编码员和数字艺术家 Zach Lieberman"拼凑"成一个大规模的NFT作品"Adidas for Prada Re-source"。该NFT会进行拍卖，拍卖的主要所得将捐赠给宣传人权和气候正义的非营利组织 Slow Factory，其余分配给共同参与的创作者。

从这个案例可以看出，Web3.0让每个创作者都拥有他们所创作内容的价值。如果用一个平台来比喻，用Web3.0的思路建立一个"微博"，它将是一个自治组织，每个在上面贡献信息、点赞评论、举报不良用户的人，都相当于"入股"了这个组织。这个组织是否可以增加一个新的功能，需要所有用户一起投票，投票通过才能推进，而所有这一切过程都会被记录在链上。

当然，Web3.0当前处在非常初步的阶段。就像互联网刚刚发展起来的时候，人们并不知道这个新事物会发展成什么形态，甚至当前

○ 信息来自互联网公开资料。

存在很多风险点。但是对营销人来说，保持对行业的持续关注和自身知识更新是非常重要的。未来商业和营销的发展，也许不是"降维打击"，而是"换维打击"，因此要持续保持对行业新趋势的敏感度。

思考练习

（1）看了程序化广告的相关内容，请你想一想：程序化广告一定是竞价广告吗？有没有可能也有品牌广告？如果程序化广告中有品牌广告，会是什么形式的呢？如果觉得这个问题有点难，那么请搜索一个关键词"Private Marketplace"（私有化交易市场），看看能不能给你答案。

（2）延伸学习：如果对程序化广告的产生和发展仍然有困惑，可以看看这个视频能不能帮到你。4min 带你了解互联网广告的演进（高清中文字幕）：https://www.ixigua.com/6295911576612372994

（3）程序化广告是千人千面的，是根据每个人的喜好推送的，那么，程序化广告还能够被广告监测吗？会影响监测逻辑吗？为什么？

（4）思考一下你所在的行业或企业，数字化转型到了什么阶段？在不考虑资金、人力等投入的情况下，仅根据业务需求来判断，你认为如果要在 DMP、CRM、CDP 当中选择一种数据系统的话，可能会选择哪一种？为什么？

（5）请在网上以"Web3.0"为关键词搜索，看完结果显示的前 5 篇文章，然后回答两个问题：我对这件事感兴趣吗？我有可能参与吗？

第 3 部分

入门三部曲：
从 0 到 1 做好营销数据分析

本书第一部分讲述了营销和数据的基本概念，第二部分详细说明了在 POE 营销模型框架下如何应用数据来解决业务问题。那么具体到对一个营销行业数据分析感兴趣的人来说，如何踏入这个领域的大门呢？这就是第三部分希望回答的问题。

一些读者看到这里，也许会有一些期待，希望迅速地学习一个与数据分析相关的软件。在数据分析领域的图书中，有一些更多会偏向于介绍如何使用 SQL（Structured Query Language，结构化查询语言），如何学会 Python，甚至聚焦到如何成为数据挖掘工程师，通过计算机程序来获取数据。如果读者对这些内容感兴趣，市面上已经有可以满足需求的书了。这本书在本部分并不会讲这些内容。诚然，各种数据分析工具和方法的掌握是十分重要的，但前面提到过，与营销相关的数据分析，更重要的是对业务的理解。

本部分会回归营销行业数据的本质：为什么获取这些数据？数据会用在什么地方？数据的高低起伏如何解读？要警惕哪些数据分析的误区……有这些做基础，再逐渐上手掌握简单的数据分析工具，就能够做好入门的业务向分析了。

第 8 章到第 10 章会通过三个步骤来帮助初学者从 0 到 1 开始学习营销行业的数据分析：理解数据、模仿学习、创造实践。

第 8 章

营销数据分析的第一步：理解数据

从数据分析的实操角度，数据分析的步骤应该是：收集数据、整理数据、分析和可视化、找出结论和洞察。但实际操作的步骤和学习的步骤并不相同，这就好像学习蛙泳，并不是先学习如何伸直双手和蹬腿，而是先学习憋气、换气。"理解数据"这一环节之于学习数据分析，类似于"憋气、换气"之于游泳，是做这件事的前提。因此，理解数据是学习数据分析的第一个重要步骤。

这一章会厘清数据分析中比较重要的基础概念。当我们看到一份数据报告的时候，这些概念能够帮助我们对报告的质量、分析的思路做出判断。这一章读起来会相对轻松，也有很多小例子帮助大家理解。接下来就先请你简单测试一下自己的数据敏感度（Data Sense）。

1. 测试你的 Data Sense

【测试 1】

图 8-1 是 2021 年部分省市的平均工资数据[一]，该新闻发布时，上海、湖北、西藏自治区尚未披露数据。在图 8-1 中可见，北京、天津、浙江、广东、江苏、青海的城镇非私营单位就业人员工资高于全国平均水平。新闻中有结论说："整体看，城镇非私营单位就业人员平均工资高于城镇私营单位。"

图 8-1 网络新闻截图——不同省份的平均工资

[一] 资料来源：https://baijiahao.baidu.com/s?id=1738797777207297180&wfr=spider&for=pc。

查看数据后,和你以为的情况是否有出入呢?你认为产生出入的原因是什么呢?

【测试 2】

2022 年兴起了一个微信小程序里的游戏,叫"羊了个羊",每天会针对游戏通关的用户进行所在省份的统计和排名。2022 年 10 月 3 日下午 3 点在游戏中截图,各省市通关排名如图 8-2 所示。

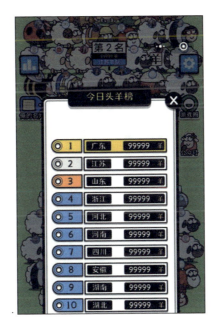

图 8-2　羊了个羊游戏排名

排名最靠前的是广东,然后是江苏、山东。那么,我们是否可以得出结论"广东的人最聪明,最善于玩这个游戏"呢?

【测试 3】

一份关于人们读书习惯的研究报告化用了"生活不止眼前的苟且,还有诗和远方"这句话,报告撰写者把诗歌类、文学类、艺术类等类图书归类为"远方"类图书,把成功学、励志类的书称为"苟且"类图书。其中有如图 8-3 所示的一组数据结论。

图 8-3 某读书习惯报告截图

抛开使用"苟且"和"远方"来评价阅读趣味是否合适这个问题，从数据结论上看，可能会产生哪些疑问或者可以讨论的点呢？

上面三个测试，如果你心里已经有了一些想法，请拿出一张纸简单记录。接下来会从"理解数据"的角度来分别进行解析。

我的工资有没有拖后腿？——平均数和中位数

回顾【测试 1】北京市平均工资的情况：城镇非私营单位就业人员年平均工资为 194,651 元，将近 20 万元；城镇私营单位就业人员年平均工资为 100,011 元，大约为 10 万元。也就是说，国企、事业单位的就业人员整体工资是私营单位的近 2 倍。

工作 5～10 年的朋友可能会不认同：私企的很多白领如果在金融、互联网等高端领域，感受上工资大概率会高于国企、事业单位的同龄人。实际上，就在这篇文章的后半部分，也对北京一些私营单位就业人员的工资进行了更进一步的分析，证实了这个感受，如图 8-4 所示。

那么为什么在整体上看，私营单位在职员工的平均工资远远低于非私营单位呢？因为私营单位中，除了金融、互联网等高知识密度的工种之外，也包含一些体力劳动，其相关工作的工资水平就相对较低。而非私营单位的工资相对均衡，不同职能之间相差不大，因此平均工资就高一些。

北京城镇非私营单位**就业人员**(在岗职工、劳务派遣人员及其他就业人员之和)年平均工资暂居第一，达194,651元！按行业门类划分，北京金融业城镇非私营单位**在岗职工**平均工资最高，为395,402元；信息传输、软件和信息技术服务业位居第二，年平均工资为291,864元；文化、体育和娱乐业名列第三，为227,040元。

北京金融业城镇非私营单位在岗职工平均工资(2021年)

单位：元

行业	平均工资	国有单位	集体单位	其他单位
金融业	395,402	355,303		396,523
货币金融服务	383,205	371,421		383,665
资本市场服务	487,629	300,484		494,829
保险业	313,044			313,044
其他金融业	470,783	390,157		471,407

数据来源：北京市统计局　制图：中新经纬　熊思怡

图 8-4　平均工资文章后续内容截图

同时，每次新闻发布平均工资的数据后，常常能看到这样的评论："我的工资又拖后腿了！"其实，这与人们的主观感受有很大关系，国家统计局还专门发布了一篇文章[一]，帮助大家合理看待这一概念。文章指出：首先，国家发布的工资数据是税前工资，而大家感受到的是拿到手以后的工资，因此认为国家发布的数据偏高；"其次，平均工资不等于个人工资，不能简单拿个人工资与总体平均工资进行直接比较"。

文章中有一段话："实际上，工资和收入一般呈现正偏态分布，平均值往往偏离并高于一般水平，即大多数个体数据低于平均值。"这

[一] 资料来源于国家统计局网站：https://www.stats.gov.cn/zs/tjzb/202301/t20230101_1903795.html。

是为什么呢？因为平均数容易受到极值的影响。举个极端的例子，有9个人月收入5000元，但他们和比尔·盖茨一起计算平均收入，那么这个平均数的计算方式是：

$$10个人的平均工资 = \frac{5000元 \times 9个人 + 比尔·盖茨的工资}{10个人}$$

平均数就会被大幅拉高。要解决这个问题，可以使用另外一个值：中位数。它指的是：将所有数值从低到高排序（见表8-1），如果有奇数个数值，那么取中间的一个，如果有偶数个数值，就取中间两个数值的算数平均数作为中位数。在这个例子中，10个人工资的中位数的计算：因为有10个数值，也就是偶数个数，所以取第5个数和第6个数计算平均值，那么中位数就是5000元。在这个例子中，中位数比平均数更能显示多数人的工资情况，没有受到极值的影响。

表8-1 工资示意

工资（元）	5000	5000	5000	5000	5000	5000	5000	5000	5000	比尔·盖茨的工资
排序	1	2	3	4	5	6	7	8	9	10

因此，当我们分析数据的时候，需要了解不同数值的优缺点，在适当的时候使用适当的取值方式来分析数据。

为什么总是广东省第一？——绝对值与大盘值

在【测试2】中，"羊了个羊"胜出的队伍是广东羊群。其实，如果看很多互联网监测的数据分析，通常广告曝光最多的省份也是广东。但是，如果直接下结论：广东省的人更会玩"羊了个羊"；或者，广东省的人更喜欢看广告。这样的结论就有些问题了。

这就要提到，在数据分析过程中，有一个关键词，叫Benchmark（基准）。这个基准是看待数据的坐标、参照系，相对于基准高才是真的高。比如，如果中国网民中广东省的人数占15%，但"羊了个羊"的获胜者中广东省人数占12%，另一个省人数占比为5%，但获胜人数占比为7%，是不是另一个省的获胜比例反而更高了呢？因此，在分析数据的时候，如果只根据一组数据的高低就下结论是很危险的，数据需要有基准的比较。

一个最经常使用的方法就是和中国互联网大盘做对比，投资中个股涨跌幅比较大，有时候其实是受到了大盘的影响。中国互联网大盘的数据可以通过中国互联网络信息中心（China Internet Network Information Center，CNNIC）获得，每年CNNIC会针对中国互联网情况进行两次大规模调查研究并发布报告，截至2022年下半年最新发布的是第50次《中国互联网络发展状况统计报告》⊖。在早期，该报告会披露各省份网民占比数据，广东省在中国网民中占比第一。在最新一期的报告中没有披露该数据，猜测原因是，随着互联网的发展，互联网使用率日趋饱和，逐渐与各省市人口形成了较为明确的映射关系，根据人口数据即可大致了解网民占比。而通过人口普查的数据⊜，能够获得各省份的人口数据，同样可以了解到是广东省第一。

回到"羊了个羊"这个游戏，在喜欢玩这个游戏的人的比例、通关的能力都差不多的情况下，人口基数大的省份也有更多的人通关，就很正常了。因此，在数据分析的过程中需要使用绝对值与大盘值进行充分比较。

在营销场景下，我们可以想象这样一个例子，一个品牌有30万人都在社交媒体上对它有正面评价，我们不能立刻得出结论说这个品牌的口碑好，如果提及这个品牌的数据有100万条，另外30万条是

⊖ 报告内容和下载链接详见：http://www.cnnic.net.cn/n4/2022/0914/c88-10226.html。
⊜ 数据来源于国家统计局：第七次全国人口普查公报（第三号），https://www.stats.gov.cn/sj/tjgb/rkpcgb/qgrkpcgb/202302/t20230206_1902003.html。

中性的，20万条是负面的呢？是不是又会觉得这个品牌的品牌形象太差了，负面评价太多了？那如果这个品牌的"正面：中性：负面"=30：30：20，但这个品牌所在的行业投诉率特别高，它最主要的竞争对手"正面：中性：负面"=20：20：60，那是不是说明当前品牌在维护口碑的方面，虽然还有改进的空间，但做得还是比竞品好一些呢？

在数据分析的过程中，不光要跟大盘比，还可以跟前一年比，跟竞品比。总之，需要找到基准，进行充分比较后，才能下结论。

分母太小，百分比无意义——比例与绝对值

【测试3】报告中没有说明读"苟且"的书的省份是如何计算的，但从结果来看，西藏、青海是人口相对较少的省份，猜测数据的计算方式是：

$$读"苟且"书的比例 = \frac{该省市购买成功学、励志类书的本数}{该省市购买图书的总本书}$$

如果数据是这样计算的话，由于西藏、青海的人口相对较少，购买图书的总本数也就是分母比其他省份小，因而即便在分子一样的情况下，百分比也相对较高。因此，如果使用百分比的数据，需要查看分母的大小，在分母相差较大的情况下，单纯看百分比是无法得出正确结论的。

另外，分母大小在一定程度上决定了数据分析的置信度。在营销的调研项目中，总样本量通常会设置成300，单个问题的回答者要在30个以上，才能保证数据的基本置信。

总之，不同的数据进行比较的时候，当分母相差过大时，进行百分比的比较意义不大，而当分母很小的时候，计算百分比的价值也会降低。

2. 数据统计的基本概念

为了避免对数据进行错误解读，首先要了解数据统计的基本概念。营销的数据分析并不涉及很难理解的数据，因此这里只讲解较为基础的常用内容，如果遇到复杂问题，可以再查找专门研究统计学的图书。

数据的类型

按照不同的方式，可以区分数据的类型。这里介绍三种基础的数据归类方式：按结构属性归类、按连续性特征归类、按测量尺度归类。

按结构属性，数据可以分为"结构化数据"和"非结构化数据"。"结构化数据"是由二维表结构来逻辑表达和实现的数据，通常我们能够用表格直接表达。"非结构化数据"是相对不规则的数据，很难直接用二维表格表达，比如前面提到的社交媒体中的文字、图片、视频数据。

按连续性特征，数据可以分为"连续型数据"和"离散型数据"。"连续型数据"就是取值不间断的数据。比如，我们拿出一把尺子，上面虽然有很多刻度，但是数据不会因为这些刻度而间断，可以取5cm、5.1cm，如果足够细节，可以在这两个值之间找到5.1415926cm的位置，即在任意区间内都可以取无数多个数值。"离散型数据"也叫"不连续数据"，它们的数值之间是中断的，只能取固定值。比如，牙刷"买三送一"，1支牙刷是个单位，无法买到1.1415926支牙刷。

按测量尺度，数据可以分为"定类数据""定序数据""定距数据""定比数据"，它们的解释见表8-2。

表 8-2 不同数据类型解释

数据类型	数据类型解释
定类数据	定类数据就是区分类别的数据。例如，在营销数据中，要区分不同行业，快消、汽车、文旅、家居、游戏……这些就是定类数据。为了方便数据计算，在数据录入阶段，可能使用1、2、3等数字进行标注。定类数据属于离散型数据
定序数据	定序数据用来区分顺序，典型的使用场景是排名。定序数据属于离散型数据
定距数据	定距数据用来表达距离，可以计算事物之间的差距大小。例如，温度，0℃是冰点，100℃是沸点，数据之间可以进行加减计算。定距数据属于连续型数据
定比数据	定比数据是特殊的定距数据，差别在于定距数据的0有意义，而定比数据的0代表"没有"。例如，广告曝光量、点击量、销量，都是定比数据，可以进行加减乘除计算。定比数据属于连续型数据

具体到不同营销场景会使用哪些类型的数据，回顾前面POE模型框架下的种种数据，可以初步这样理解：Paid Media（付费媒体）、Owned Media（自有媒体）的数据为结构化数据，Earned Media（赚得媒体）的数据多为非结构化数据；营销相关的数据以连续型数据为主；在分类、排序的数据需求中涉及定类数据和定序数据；与消费者动作相关的数据多为定比数据。总结如图8-5所示。

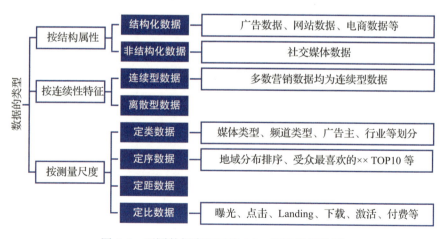

图 8-5 不同数据类型对应 POE 模型指标举例

之所以要了解不同的数据类型，也是为了方便在数据分析的过程中遵循原则进行数据处理。

- 定类数据是没有大小之分的，定序数据、定距数据、定比数据都可以比较大小；
- 定距数据、定比数据可以进行加减计算；
- 定比数据可以进行乘除运算。

有这些初步原则的框定，在数据分析的过程中就不会犯基础的、原则性的错误。

数据的集中趋势描述

在上学的时候，老师会计算每个班级的平均分；工作以后，不同行业之间的平均工资会有差异；国家之间，会根据人均 GDP 来评估国家的经济发展水平……很多时候，人们需要用简单的代表值来解释事物的整体水平，这就是对数据的集中趋势描述。比较常用的集中趋势描述的指标有平均数、中位数、众数。

前面在讨论"平均工资"是否合理的话题中分享了平均数和中位数的概念，这里再简单说明一下"众数"的含义：众数指的是数据集合中出现次数最多的数值。接下来，用一组数据来说明如何计算平均数、中位数、众数。表 8-3 是一家创业公司的职位和薪酬情况。

表 8-3 某创业公司职位和薪酬对照示意

职位	人数	薪酬（元）
VP	1	50,000
总监	2	20,000
经理	10	12,000

(续)

职位	人数	薪酬（元）
顾问	30	8,000
分析师	100	6,000
合计	143	

我们分别来计算薪酬平均数、中位数、众数。

$$平均数 = \frac{总薪酬}{总人数}$$

$$= \frac{50,000 \times 1 + 20,000 \times 2 + 12,000 \times 10 + 8,000 \times 30 + 6,000 \times 100}{143}$$

$$\approx 7343(元)$$

中位数要找到中间值，数据集合共有143个数值，如果将他们从小到大排列，前100个数都是6,000，第101～130个数是8,000，第131～140个数是12,000，第141、142个数为20,000，第143个数为50,000。在这些数值中，中间的数是第72个数（之前有71个数，之后有71个数），应为6,000。因此，中位数=6,000。

众数是所有数值中出现次数最多的数，在143个数值中出现了100次6,000，因此，众数=6,000。

总结来说：平均数≈7,343，中位数=6,000，众数=6,000。这个例子也在一定程度上可以解释为什么平均工资在感受上会更高了，虽然只有少数的人赚取更多的工资，但这些人会把平均值提上去，而中位数实际上更能反映这家公司多数人的实际工资水平。不过，因为平均数更容易被大众认知和理解，因此，当前新闻里公布的仍然是平均工资。而在营销场景下，平均数仍然是描述数据集中趋势最常见的指标。

在广告监测场景下，一波营销活动会有多家媒体投放广告，通常需要简单计算平均CTR，获得活动整体的数据情况，以表8-4为例。

表 8-4　营销活动分媒体曝光、点击、CTR 情况

媒体	曝光	点击	CTR
A	10,000	102	1.02%
B	20,000	120	0.60%
C	30,000	32	0.11%
D	40,000	210	0.53%
E	50,000	120	0.24%
合计	150,000	584	

已知一波活动在 A、B、C、D、E 五家媒体投放了广告，各自媒体的曝光、点击数据均已知，CTR＝点击/曝光×100%，各媒体的 CTR 都能够计算出来。那么下面有两种平均 CTR 的计算方式。

- 方案 1，将所有 CTR 做平均：

$$平均CTR = \frac{1.02\% + 0.60\% + 0.11\% + 0.53\% + 0.24\%}{5} = 0.50\%$$

- 方案 2，用合计数据计算，即合计点击/合计曝光。

$$平均 CTR = 584 \div 150,000 \times 100\% \approx 0.39\%$$

哪个方案是正确的呢？本章中提到过一个原则，就是在分母不相等的情况下，计算比率需要慎重。CTR 的本质是一定的曝光量中有多少比率的点击，不同媒体之间的 CTR 做平均，这个数据的含义无法解释。按照数据类型来判断，通常能够进行乘除计算的是定比数据，而 CTR 是两个定比数据（曝光和点击）经过乘除运算后的结果，CTR 之间不能再进行运算。

数据的离散程度描述

我们看到一组数据，除了需要找到有代表性的数值进行集中趋势描述之外，还需要了解一个数据集合内数据是否稳定，是否存在较大

波动和极值，这就需要描述数据的离散程度。所使用的指标主要有极差、四分位极差、平均偏差、方差和标准差、变异系数。还以表 8-3 所示的创业公司职级薪酬的数据来理解这些指标。

极差指的是数据集合中最大值和最小值的差距，在表 8-3 中体现为 VP 的薪酬和分析师的薪酬差距，极差 = 50,000 − 6,000 = 44,000。在营销数据分析领域，从业者会针对不同的媒体类型进行规律总结，通常每个年度会回顾门户网站、视频网站、搜索网站等不同类型网站的 CTR 区间。比如，某一年门户网站的 CTR 在 0.1%~1% 之间，中间有 0.9% 的浮动，也就是极差。

如果单纯使用极差来计算数据之间的差距，可能会受到极值的影响，因而有些时候也使用四分位极差来描述离散程度。其计算方式非常简单，是上四分位数（$Q3$，即位于 75%）与下四分位数（$Q1$，即位于 25%）的差。表 8-3 中的人数共有 143 个数据，从小到大排列，下四分位数为 6,000，上四分位数为 8,000，$Q3 − Q1 = 2,000$。

平均偏差是先计算出整个数据集合的平均数，然后看所有数据分别和这个平均数相差多少的偏差值。为了避免所有数据直接与平均数相减正负抵消，引入了绝对值的概念。公式为：

$$R_a = \frac{\sum_{i=1}^{n} |x_i - \bar{x}|}{n}$$

表 8-3 中薪酬平均数 $\bar{x}$ 可以计算出来为 7,343，那么代入到公式中：

$$R_a = \frac{|50,000-7,343| + |20,000-7,343| \times 2 + |12,000-7,343| \times 10 + |8,000-7,343| \times 30 + |6,000-7,343| \times 100}{143}$$

计算结果为 1,878。

方差和平均偏差类似，也是为了避免负号使得离差等于 0 的情况，方差公式为：

$$\sigma^2 = \frac{\sum_{i=1}^{N}(x_i-\mu)^2}{N}$$

但是方差因为采用了平方计算，夸大了数据集合的离散程度，因此通过取方差的算数平方根做标准差来描述离散程度。标准差计算公式为：

$$\sigma = \sqrt{\frac{\sum_{i=1}^{N}(x_i-\mu)^2}{N}}$$

在标准差之外，还衍生了一个指标叫作变异系数，该指标反映了标准差相对于算数平均值的大小，可以测量两个数据集合哪个离散程度更高。例如，篮球运动员 A 平均每场比赛传球 15 次，标准差为 3；篮球运动员 B 平均每场传球 20 次，标准差为 2。运动员 A 的变异系数用 3 除以 15，算得 0.2；运动员 B 的变异系数为 2 除以 20，算得 0.1。B 运动员的变异系数小于 A 运动员，也就是说 B 运动员发挥更加稳定。

在营销数据分析中，描述离散程度的场景比描述集中趋势的场景要少一些，因为每个媒体在没有特殊条件影响的情况下数据都较为稳定。但是有一些数据处理的原则与数据离散程度相关。比如：在广告监测数据分析的过程中，需要特别注意极值，它有可能就是异常值；在调研数据分析的过程中，可能需要进行方差和标准差的计算；在做消费者画像和差异性研究的时候，这些指标也有助于业务分析。

思考练习

（1）关于数据类型，本章主要讲了大数据时代可监测的数据如何归类。请思考：如果采用问卷调研的方式研究某个品牌广告的投放效果，如何设置提问？收集哪些数据？在这些数据中，分别有哪些数据可能是定类数据、定序数据、定距数据、定比数据呢？

（2）请结合本章和第 4 章的内容，分析图 8-6～图 8-8 中是否存在异常情况。

图 8-6 是一波活动中曝光量 TOP10 的城市的曝光量和 CTR 数据情况。

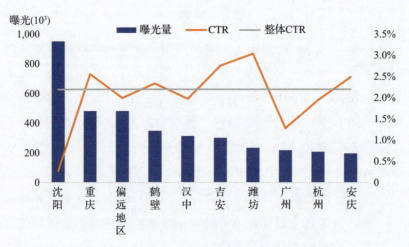

图 8-6　曝光量 TOP10 城市的曝光量和 CTR 示意图

图 8-7 所示为一波互联网广告的曝光频次占比数据。

图 8-8 所示为一波广告活动的分时曝光、点击数据。

题目 2 的答案：

图 8-6 存在异常。沈阳曝光量最高，但 CTR 远低于其他地区（理论上各地区的消费者没有明显差异，CTR 不应该存在很大差异）；同时偏远地区的曝光量占比较高，在没有特殊定向设置的情况下，与常识不符。

图 8-7 存在异常。广告投放的曝光频次在没有干预的情况下正常会呈现递减，但是在曝光 5 次和曝光 10 次的频次上数据占比相

对较高，需要进一步排查。

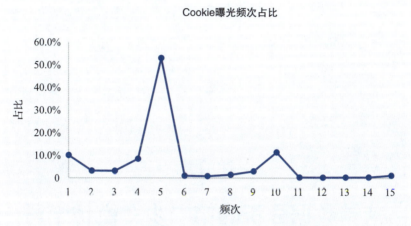

图 8-7　互联网广告曝光频次占比数据示意图

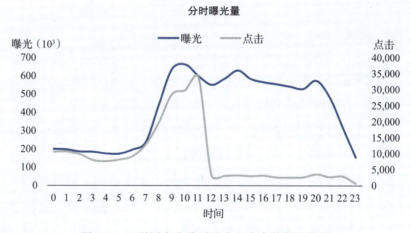

图 8-8　互联网广告分时曝光和点击数据示意图

图 8-8 存在异常。消费者曝光和点击的比例理论上应该相对稳定，但是在 12 点以后，曝光量维持在一定的数值，点击量大幅下降，有可能是媒体采用非正常手段造成的。

第 9 章

营销数据分析的第二步：模仿学习

在刚刚进入营销行业做数据分析的时候，我非常痴迷于研究如何使用 Excel、如何做好 PPT、如何每天做很多很多份报告。但实际上，很多报告的逻辑结构大同小异，反复做相同的事情就变成了熟练工种，类似于"题海战术"，可以在短期内有提升，但长期效果很差。

后来，我发现，很多学习高手并不急于上手去做，而是先拆解一件事情背后的逻辑。于是我意识到，要想做好数据报告，就需要多读其他人写的报告，并且用批判的眼光去读，学习报告里做得好的地方，思考自己能否找到更好的解决方案，只有这样才能在报告思路上有更多的提升。

如果说盲目写报告是"题海战术"，那认真读报告更像是大学里学的"概论课"或者做研究时候的"文献综述"。所以，在理解基础的数据知识之后，建议入门的小伙伴也先模仿学习。"读书百遍，其义自见"，认真读 10 份报告，比重复做 100 份相似的报告更有意义。那具体应该怎么做呢？这一章的目标就是带你上手。

1. 粗读报告要看四件事

拆解报告的第一步是快速浏览报告内容，并且确认以下四件事：研究目的、数据来源和数据获取方式、维度和指标、研究的有效性。这四件事能够帮助我们确定，这份报告是不是真的值得学习，有多大的参考价值，对正在查找特定主题报告的人来说，甚至可以直接找到自己需要的观点和论据。虽然一共有四件事，但是熟悉粗读报告的方法之后，通常 5 分钟简单浏览报告之后，就能够得出结论。

笔者通过互联网找到了以下三份 2022 年的"短视频"相关报告，分别是：果集·飞瓜出品的《2022 上半年短视频直播与电商生态报告》[一]、QuestMobile 出品的《2022 年中国短视频直播电商发展洞察》[二]、用友 & 薪福社 & 巨量引擎 & 巨量学 & 巨量算数出品的《2022 中国短视频+直播电商领域多元化用工报告》[三]。

接下来，就以这三份"短视频"相关的报告为例，来讲解如何粗读数据分析报告。

研究目的

在查看报告写了什么之前，我们需要尝试理解，"是谁""为什么"

[一] 报告内容来自网络公开信息，详见：https://dy.feigua.cn/article/detail/800.html。
[二] 报告内容来自网络公开信息，详见：https://www.douban.com/note/831119948/?_i=82478703-hb8k9。
[三] 报告内容来自网络公开信息，详见：https://www.shangyexinzhi.com/article/5193232.html。

要写这份报告,这份报告又是"写给谁的""希望带来什么效果"。营销领域遵循商业中的"黄金圈(The Golden Circle)法则",如图9-1所示。黄金圈由三部分构成,由内向外依次是为什么(Why)→怎么做(How)→是什么(What)⊖。

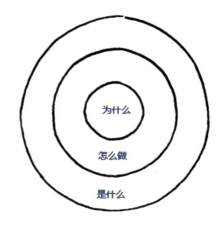

图 9-1　黄金圈法则

如图9-1所示,很多企业的成功都有赖于基于"黄金圈法则"的思维,而营销报告作为商业中的一个环节,也需要清晰的目标和动因。因此,了解一份报告的研究目的是阅读商业报告的最高优先级。

研究目的一般有以下几种:①本品牌的市场教育和舆情打造,从第一方视角出发;②品牌与第三方公司联合,论证品牌在行业中的地位;③第三方公司从中立视角透视当下行业状况;④学院或研究类机构进行前瞻性研究探索。

如何看出报告的研究目的呢?首先,要分析报告的出品方,立场

⊖ "黄金圈法则"由西蒙·斯涅克(Simon Sinek)提出,在TED公开演讲 *How Great Leaders Inspire Action*("伟大的领袖如何激励行动")中阐述。

决定目的，可以按照媒体、第三方公司、品牌方、营销公司的角色框架猜测研究的目的。其次，在一些报告的封面页之后，很多报告会对研究目的加以说明。三份"短视频"相关的报告情况见表9-1。

表9-1 三份短视频行业报告背景和研究目的分析

报告名称	产出方及背景	研究目的
《2022上半年短视频直播与电商生态报告》	【出品方】果集·飞瓜 官网定位：社交媒体全链服务商（http://www.guoji.pro），果集·飞瓜是其旗下的数据SaaS⊖产品	内容聚焦短视频直播和电商，前言主要提到了抖音平台
《2022年中国短视频直播电商发展洞察》	【出品方】QuestMobile 官网定位：中国专业的移动互联网商业智能服务平台（https://www.questmobile.com.cn）保持客观中立的第三方公司姿态	针对行业主要玩家进行研究，研究对象主要聚焦抖音和快手
《2022中国短视频+直播电商领域多元化用工报告》	【出品方】用友&薪福社&巨量引擎&巨量学&巨量算数 用友：智能数据化HR SaaS服务平台 薪福社：用友旗下社会化用工解决方案服务商 巨量引擎：字节跳动的商业化品牌 巨量学：巨量引擎对外宣传使用的平台，致力于打造营销职业教育平台 巨量算数：巨量引擎的算数平台和数据分析团队	在序言及结尾说明：希望在短视频+社交领域，探索社会化用工的新可能

根据上述信息，会发现：前两份报告完全由第三方公司撰写，QuestMobile中立态度最为明确，属于第3种目的（第三方公司从中立视角透视当下行业状况）；第三份报告是用友和巨量引擎联合出品的报告，但都是报告所研究行业的相关方，属于第2种目的（品牌与第三方公司联合，论证品牌在行业中的地位），可能具有平台倾向性。

数据来源和数据获取方式

之所以在讨论研究目的的时候就需要聚焦出品方的性质，是因为出品方在一定程度上决定了数据来源和数据获取方式。本书开篇就讲

⊖ SaaS：Software as a Service，软件即服务。通常软件服务直接售卖，而不进行定制化研发。

述了营销中的不同角色，我们回到各个角色来理解主要的数据来源，如图9-2所示。

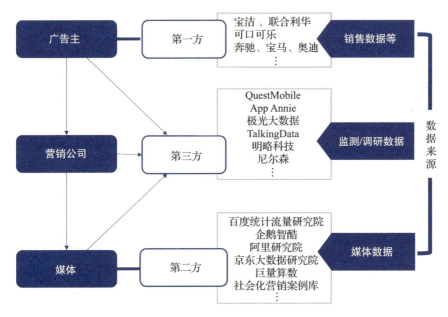

图9-2 第一方、第二方、第三方数据来源及举例

根据不同角色，我们把数据分成第一方、第二方、第三方数据。

第一方数据是广告主自有数据，可能是销售数据、CRM数据，也可能是从第三方公司获取并存储的广告监测数据等。这些数据能否在报告中使用，在于品牌方是否愿意披露。

第二方数据主要来自媒体，国内各大媒体平台均有开放的营销数据指导平台。简单来说，可以查找百度指数、微博指数、微信指数等。各个平台的流量研究院、智库还会不定期发布行业研究报告，这些公开、相对权威的数据能够为品牌营销提供参考。这些数据主要来自平台本身。

第三方数据主要来自第三方数据公司。这些公司具有广告或网站监测的能力，或者能够通过调查研究的手段获取数据。

通常在报告的开头或结尾会有数据来源、数据说明，报告的每一页中的数据都会标注数据来源。三份关于"短视频"的营销报告，数据来源情况见表 9-2。

表 9-2 三份短视频行业报告数据来源分析

报告名称	数据来源
《2022 上半年短视频直播与电商生态报告》	报告最后一页有"数据说明" 数据主要来自果集·飞瓜，数据时间段从 2021 年 1 月 1 日～2022 年 6 月 30 日，选取抖音、快手、小红书中短视频、直播、电商相关的营销内容作为专题研究分析，并且在保护隐私的情况下，进行了脱敏化处理
《2022 年中国短视频直播电商发展洞察》	报告开头有"数据来源"说明 数据均来自 QuestMobile 的第三方数据，并且注明了选取时间和直播数据范围 **本报告研究说明** 1）QuestMobile数据选取时间：2022年2月 2）数据来源： QuestMobile TRUTH BRAND 品牌数据库 QuestMobile GROWTH 用户画像标签数据库 QuestMobile TRUTH 中国移动互联网数据库 3）名词释义： KOL：指关键意见领袖（Key Opinion Leader），本报告指在抖音、快手中持续发布内容、产生影响力的个人或者机构。 品牌：指抖音、快手平台中，由品牌所在企业官方注册且运营的账号进行的直播。 直播商品数量/带货数量：本报告以在抖音、快手直播间中的直播商品链接数进行统计。 4）数据监测范围： 直播数据：指定周期内，抖音和快手平台中，活跃用户数大于500万的KOL的直播带货数据。
《2022 中国短视频+直播电商领域多元化用工报告》	报告最后一页的"声明"有体现 数据主要来自用友薪福社 本报告由用友薪福社、巨量引擎、巨量算数联合制作。 本报告关于多元化用工、招聘、就业等部分是由用友薪福社根据其平台用工相关情况和研究报告分析得出，内容仅供参考，巨量引擎及其关联平台（包括但不限于巨量学、巨量算数等）对报告中所引用的第三方信息、观点以及数据的准确性、可靠性、时效性不作任何明确或隐含的保证，不构成任何交易推荐，亦不构成任何财务、法律、税务咨询意见或建议，对任何因直接或间接使用本报告信息和内容造成的后果或损失，巨量引擎及其关联平台不承担任何法律责任。 报告中文字、数据等内容受中国知识产权相关法律法规保护。除报告中引用的第三方数据及其他公开信息，报告所有权及著作权在内知识产权归巨量引擎及用友薪福社所有，未经我们书面允许，不得对报告进行加工或改造。如有转载或引用，请及时与我们联系，并注明出处。

从数据来源可以看出数据报告的撰写时间、数据获取方式的差异。

从时间上来看，三份报告中 QuestMobile 的《2022 年中国短视频直播电商发展洞察》最早，取数时间是 2022 年 2 月；然后是果集·飞瓜的《2022 上半年短视频直播与电商生态报告》，数据周期截至 2022 年 6 月；《2022 中国短视频 + 直播电商领域多元化用工报告》是基于对行业细分领域的观察，时效性的优先级不算太高，发布于 2022 年 9 月。

从数据获取方式来看，两个第三方公司以自身的监测数据为主，果集·飞瓜的报告中引用了抖音电商官方发布的白皮书内容，《2022 中国短视频 + 直播电商领域多元化用工报告》包含调研数据（报告使用了用友《2022 短视频 + 直播电商领域企业用工调研》，如图 9-3 所示）。

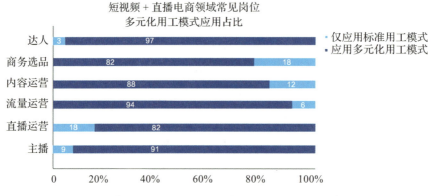

数据来源：用友《2022 短视频 + 直播电商领域企业用工调研》，时间周期：2022 年 5 月。

图 9-3　引用其他报告并标明来源的截图示意图

监测数据和调研数据之间没有优劣之分，但存在差异。从样本数量来说，监测数据通常是"大数据"，调研数据则需要确认样本量是否置信；从样本状态来说，监测数据为用户自然状态下的数据，而调研数据是在提问下回答问题，可能涉及一些被调研者之前没有想到的问题。这些是在浏览报告的时候应该注意的。

维度和指标

报告目的、数据来源和数据获取方式，都是针对报告整体而言的。进入数据报告的每一页，就需要了解什么是维度、什么是指标。我们看到的是经过可视化的图表，但要有能力把图表还原成数据，这样才能更好地理解数据。那么什么是维度？什么是指标呢？

我们先来尝试对这两个概念进行定义。维度（Dimension）通常指事物或现象的某种特征，常见的维度有时间、地域、性别等。指标（Metrics）是指用于衡量事物发展程度的单位或方法，是衡量目标的参数，一般用数字表示。多数情况下，定类数据和定序数据是维度，定距数据和定比数据是指标。以表9-3为例。

表9-3 第七次全国人口普查公报

排名	省份	人口（人）	占比
1	广东	126,012,510	9%
2	山东	101,527,453	7%
3	河南	99,365,519	7%
4	江苏	84,748,016	6%
5	四川	83,674,866	6%
6	河北	74,610,235	5%
7	湖南	66,444,864	5%
8	浙江	64,567,588	5%
9	安徽	61,027,171	4%
10	湖北	57,752,557	4%

表9-3的原始数据（第二列和第三列）来自人口普查数据[一]，将各

[一] 数据来源于国家统计局：第七次全国人口普查公报（第三号），https://www.stats.gov.cn/sj/tjgb/rkpcgb/qgrkpcgb/202302/t20230206_1902003.html。

省份人口数据从大到小排列后,在第四列使用"该省份人数"除以"全国总人数"获得该省份人数占比,再提取TOP10,产出该表格。那么,请思考:该表中哪些是维度?哪些是指标呢?

答案是:排名、省份是维度;人口、占比是指标。

简单来说,可以这样理解:"要看的数"是"指标";"按什么看"是维度。表9-3可以"看人口""看人口占比",可以"按省份看""按省份排名看"。在做互联网广告和网站数据监测分析的时候,曝光量、点击量的维度就很多,可以按天、按小时、按地域、按频次……很多数据异常就是在维度细分之后被探查出来的。

当我们浏览数据报告的时候,应该逐渐练就一个能力,即看到可视化的图表可以转化成数据表格,并且能够说出维度和指标。以QuestMobile出品的《2022年中国短视频直播电商发展洞察》为例,如图9-4所示。

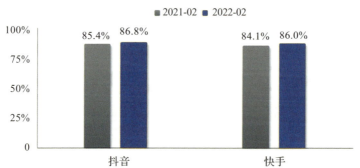

图9-4 QuestMobile 抖音 & 快手观看直播用户占比对比

注:观看直播用户占比=平台中观看直播的月活跃用户规模/该平台整体月活跃用户规模。
Source:QuestMobile TRUTH 中国移动互联网数据库,2022年2月。

图9-4的原始数据可能是表9-4所示的。

表 9-4 依照图 9-4 推出原始数据表格（方式 1）

平台	观看直播用户占比	
	2021-02	2022-02
抖音	85.4%	86.8%
快手	84.1%	86.0%

指标是观看直播用户占比，维度是媒体平台和时间。所以表格还可以是表 9-5 所示的。

表 9-5 依照图 9-4 推出原始数据表格（方式 2）

平台	时间	观看直播用户占比
抖音	2021-02	85.4%
抖音	2022-02	86.8%
快手	2021-02	84.1%
快手	2022-02	86.0%

又因为图 9-4 中还有一个"注"：观看直播用户占比 = 平台中观看直播的月活跃用户规模 / 该平台整体月活跃用户规模。那么推测"观看直播用户占比"是通过公式计算出来的，因此该平台监测的原始数据应该是如表 9-6 所示这样的。

表 9-6 依照图 9-4 推出原始数据表格（绝对值指标）

平台	时间	平台中观看直播的月活跃用户规模	平台整体月活跃用户规模
抖音	2021-02		
抖音	2022-02		
快手	2021-02		
快手	2022-02		

因此原始数据中，维度包括平台和时间，指标包括平台中观看直播的月活跃用户规模、平台整体月活跃用户规模。

刚才举的例子的数据获取方式是监测，那么对调研类的数据应该如何理解维度和指标？又怎么倒推原始数据呢？还用前面看到过的图 9-3。

图 9-3 是《2022 中国短视频＋直播电商领域多元化用工报告》中引用的调研数据，初步拆解，可视化之前的表格如表 9-7 所示。

表 9-7　依照图 9-3 推出原始数据表格

职务角色	仅应用标准用工模式	应用多元化用工模式
达人	3%	97%
商务选品	18%	82%
内容运营	12%	88%
流量运营	6%	94%
直播运营	18%	82%
主播	9%	91%

表 9-7 的维度是职务角色和用工模式（用工模式分为"仅应用标准用工模式"和"应用多元化用工模式"）。那么再进一步思考，这个数据在调研的时候可能问的问题是什么呢？有可能是以下问题。

在您的企业中，以下不同角色是否采用灵活用工模式？采用了的请打钩。（多选题）

☐ 达人
☐ 商务选品
☐ 内容运营
☐ 流量运营
☐ 直播运营
☐ 主播

然后按照不同职务角色，用打钩的数量除以总样本数量，得出结果。

也有可能提问方式更加复杂一些。以"达人"这一职务角色为例，先有一个单独的问题提问企业使用达人的人数，然后再选择有多少比例是通过多元化用工模式招募的，之后计算比例的平均值。

当然这些推测并不一定正确，但在看报告的过程中之所以要拆解出数据背后的维度和指标，就是为了尝试复原报告产出的全过程。用一种"以终为始"的思维方式读完一份报告，相当于"倒着走一遍"，就像看到一个已经建好的房子，尝试思考它用了什么材料、为什么用这些材料、当初设计的时候为什么采取这样的角度……这样，虽然只是看了一份报告，但不是看热闹，而是尝试看门道，相当于又跟着一个师傅重新写了一遍。市面上有很多报告，就相当于有很多老师，我们学习数据分析的成长速度就会很快。

研究的有效性

虽然可以把别人写的报告当作老师，但是市面上的报告很多，老师也很多，所以要仔细甄别哪些才是"好老师"。"择其善者而从之，其不善者而改之。"带着批判的眼光看报告，遇到好的数据处理方法就收入囊中，遇到有瑕疵的处理方式就避免。阅读报告的时候，需要谨慎查看报告的有效性，具体分为三个方面。

首先，要看数据本身的有效性。数据出品方本身在行业内的口碑和技术能力如何；数据获取方式是否科学；如果使用调研的方式来获取数据，样本量是否足够（包括性别、地域等基本信息是否符合常规情况），样本获取是否有偏差、是否具有代表性等。

其次，要看分析方法的有效性。在互联网广告监测场景下，是否对异常值进行了排查；在社交媒体数据分析中，是否对数据进行了"降噪"处理（部分活动中存在完全相同的帖子反复被不同账号重复发布，疑似水军）。

最后，要确认结论的有效性。通过解析每一页的数据是在什么维度和指标下输出的，看这一页的数据结论能否对应说明数据所反映的结果。有些报告为了更具有话题性，可能在图表含义之外加以猜测和包装，产生一个可能的结论。这就需要格外小心。

总之，只有在研究目的明确、数据来源清晰可靠、维度和指标确切、研究过程和结论有效的情况下，一份报告才能够带来真正的价值。

2. 营销报告模仿实例

前面讲解了粗读报告的方法，接下来仍然以"短视频"领域相关的报告为例，来看如何学习和模仿报告。

一份报告怎么看

前文提到要学习其他的报告，就要把报告倒推还原到之前的每一个步骤，在脑海中重新完成一次报告。除了要对数据本身进行拆解，更重要的是，要对报告每一页的标题、页与页之间的关系进行拆解，并且要从中找到可以为我所用的部分。接下来，就以 QuestMobile 出品的《2022 年中国短视频直播电商发展洞察》为例，一步一步阅读一份报告。

阅读报告的第一步，就是拆解每一页的内容。以《2022 年中国短视频直播电商发展洞察》的第一部分为例（见表 9-8）。

在第一部分的报告中，数据主要来源于监测，是客观、样本足够的数据，具有较高的有效性，P7 的消费关注点可能存在分析师建模的主观意愿。

第 9 章 营销数据分析的第二步：模仿学习　203

表 9-8　拆解报告方法示意

报告内容	单页解读
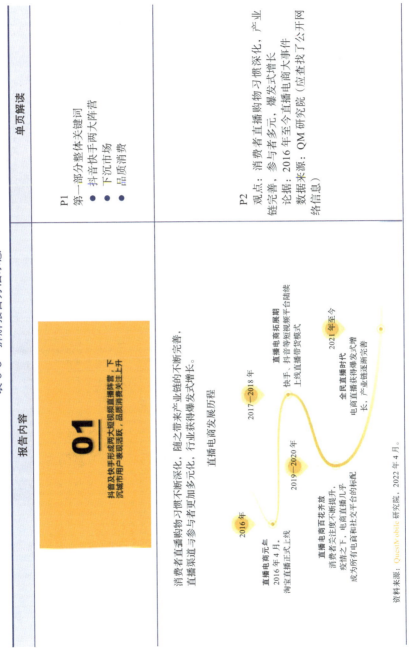 **01** 抖音及快手形成两大短视频直播阵营，下沉城市用户表现活跃，品质消费受关注上升 直播电商发展历程 2016 年 直播电商元年 2016 年 4 月，淘宝直播正式上线 2017—2018 年 直播走向百花齐放 消费者关注度不断提升，电商直播几乎成为所有电商和社交平台的标配 2019—2020 年 直播电商拓展期 快手、抖音等短视频平台陆续上线直播带货模式 2021 年至今 全民直播时代 电商直播获得爆发式增长，产业链逐渐完善 资料来源：QuestMobile 研究院，2022 年 4 月。	P1 第一部分整体关键词 ● 抖音快手两大阵营 ● 下沉市场 ● 品质消费 P2 观点：消费者直播购物习惯深化，产业链完善，参与者多元，爆发式增长 论据：2016 年至今直播电商大事件 数据来源：QM 研究院（应查找了公开网络信息）

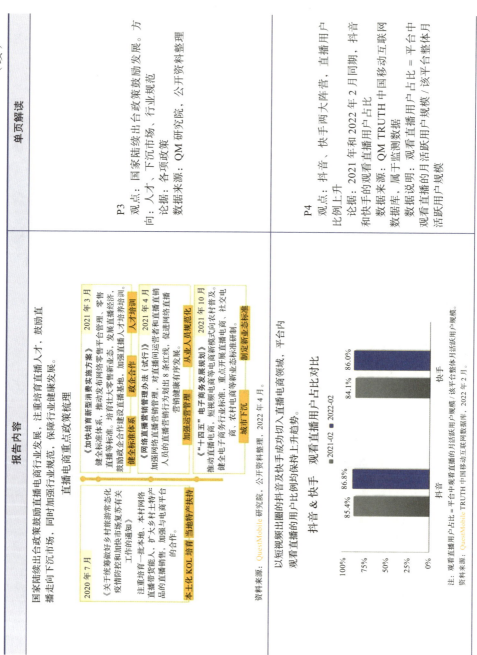

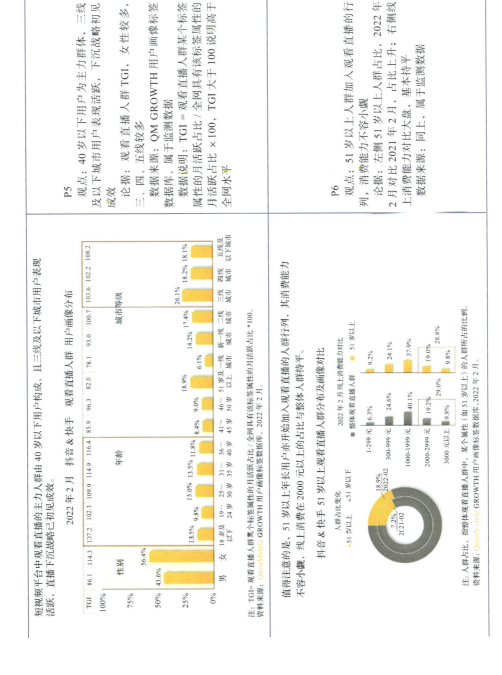

（续）

报告内容	单页解读
时尚、价格、品质是观看直播人群的核心消费关注点，同时消费者对品牌的高关注度意味着品牌背后的品质保证。 2022年2月抖音&快手 观看直播人群 消费关注点 同比变化 100% 　　　-3.0%　　+3.9%　　+4.1%　　+2.4%　　-0.3%　　-3.0% 75%　77.4%　73.9%　72.7%　70.4% 50% 25%　　　　　　　　　　　　　　　　　40.8%　38.2% 0% 　关注时尚　关注价格　关注品牌　关注品质　关注健康　关注体验 注： 1. 消费关注点，是结合用户行为特征进行聚合计算所得的消费心理标签。例如：关注品质，指用户偏好对奢侈品电商类app或小程序，或浏览购买高品质商品；关注价格，指用户偏好优惠比价类app和小程序，或浏览优惠活动内容；关注时尚，指用户对时尚、美容、穿搭、服饰等内容的关注浏览或相关商品的浏览偏好。 2. 同比变化＝2022年2月指标值－2021年2月指标值。 资料来源：QuestMobile TRUTH BRAND 品牌数据库，2022年2月。	P7 观点：时尚、价格、品质是核心关注点，对品牌也高度关注 论据：关注百分比及与去年同期的变化 数据来源：QM TRUTH BRAND 品牌数据库，监测获得 数据说明：消费关注点是结合用户行为聚合计算后的标签

阅读数据报告的第二步，是拆解页与页之间的关系、各部分之间的关系。先看第一部分每一页的关系，可以将上述内容转化成思维导图，如图 9-5 所示。

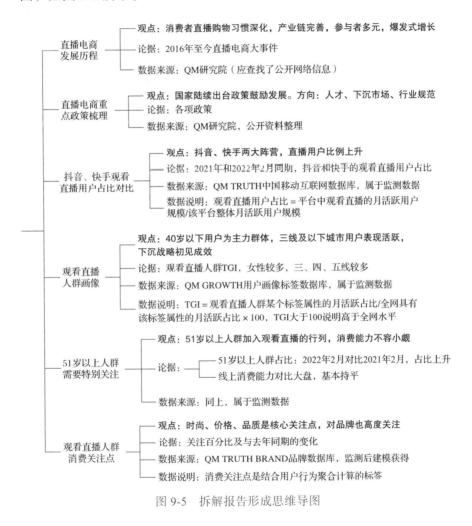

图 9-5　拆解报告形成思维导图

第一部分的底层逻辑是直播电商源于消费者的需求（P2），而从政策角度也有相应的条件（P3），于是大力发展，产生了抖音和快手两大平台（P4），而这些观看短视频直播的用户又有什么特点呢？

P5~P7 回答，下沉市场、51 岁以上人群、品质消费是关键点。

有经验的分析师，在阅读第一部分的过程中，会发现这份报告写得好的地方：P5 和 P6 之间有非常顺畅的关联。看到 P5 的 TGI 数据，会认同 TGI＞100 意味着一个标签下的人群比例高于大盘，但数据中不可忽视的是：年龄数据中 51 岁以上观看直播的用户虽然 TGI=82.0，低于大盘，但是其百分比在所有的年龄段中是最高的。因此，在 P5 结束后会有一个疑问：这个数据是怎么回事？而在 P6 专门对这个问题进行了回答。

在读报告的时候，如果读者刚刚有疑问，下一页恰好就解答了，不仅说明报告本身的数据分析扎实，更说明报告作者能够引导读者去思考，把页与页之间的关系处理得很好。这些都是入门的数据分析人员在读报告的时候应该留意学习的。

报告的每一页、每个部分都应该进行上述拆解，篇幅原因，暂不赘述。接下来，可以看一下报告每部分之间的关系。这份报告共有三个部分，读完第一部分，能感受到它是这份报告的概述，从宏观资料和用户视角来切入短视频直播这个话题。再看后面两部分的内容：第二部分的标题是"抖音与快手直播平台商品结构呈差异化，抖音成快消品重要阵地，快手美妆行业表现突出"；第三部分的标题是"各类型 KOL 角逐直播市场，探索商业化路径，品牌自播逐渐成为消费企业新基建，与达人共建品牌直播矩阵"。

从第一、第二、第三部分的关系来看，第一部分首先描述了短视频直播电商的用户需求和用户特征，第二部分对比了两个重要平台的产品供给差异，第三部分讲了短视频直播电商的生态和如何做。整个结构完整清晰，是一个"Why → What → How"的叙事逻辑，并且符合第三方中立客观的姿态。至此，对报告的整体逻辑结构有了理解，并且进一步确定了报告的立场和目的：客观描述市场现象，为关注该领域的受众提供参考。

阅读报告的第三步，就是批判性地学习。哪些是自己可以学习和借鉴的，哪些论据是以后做报告的时候可以引用的，哪些是如果有条件可以换一种方法做的。

以上面报告的第一部分为例，如果之前做报告都是针对单一客户的，没有针对互联网行业整体分析，就不太有机会用到 TGI 这个指标。因此在阅读第一部分的时候，笔者在 TGI 的数据说明那里画了线，这就是阅读报告学到的一个"知识点"。接下来，应该通过查找资料或者在互联网搜索，获得 TGI 的定义，搜索可得："TGI（Target Group Index）指数，是反映目标群体在特定研究范围（如地理区域、人口统计领域、媒体受众、产品消费者）内的强势或弱势的指数。"⊖ 了解了这个指标，未来在遇到和大盘比较的场景的时候，就可以灵活运用。

还有一些时候，看到一些比较特别的图表，就需要思考：它背后的数据是什么样子的？如何从表格转化成可视化的图形？想明白以后，就要自己尝试完成这个转换，以该报告中第二部分的图为例，如图 9-6 所示。

如果是第一次遇到这样的图，就要去分析如何能制作同样的图，甚至可以模拟制作一张相应的 PPT。关于 PPT 报告如何制作，详见本书的第四部分。

当然，阅读报告要带着批判的眼光，并不是每一份报告都是完美的，也有一些地方可以尝试改进。比如，这份报告 P7 在判断观看直播的用户的消费兴趣点的时候，使用了聚合计算心理标签的方式，虽然在数据说明中进行了细致的讲述——"关注品质，指用户偏好奢侈

⊖ 来自百度百科：https://baike.baidu.com/item/TGI%E6%8C%87%E6%95%B0/8212933?fr=aladdin。

品电商类 app 或小程序，或浏览购买品质商品；关注价格，指用户偏好优惠比价相关的 app 和小程序……"但是对读者来说，如何判断用户行为，判断方式是否科学，还是不得而知。那么有没有可以获取该数据的方式？又或者有没有可能通过调研数据做补充？当然，结论可能是：直接获取这些数据很难，调研数据也很难和监测数据打通，也可能调研后的数据不够严谨。但是，反复提问和思索本身，就是在不断提升对数据的判断能力。

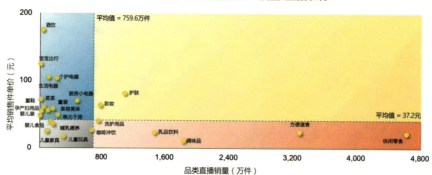

图 9-6　多维度指标的报告内容示意图

值得说明的是，看到读一份报告要下这么大功夫，你会不会觉得太麻烦了？其实只是在入门阶段最好使用表格、思维导图等工具来帮助我们学习和模仿别人的报告。时间久了，只要认真阅读报告，这些信息就会在脑海中自动生成一个报告结构。就像卖油翁，"唯手熟尔"，到了足够熟练的地步，对报告的判断也是一看便知。那么怎么能快速熟练地模仿学习他人的报告呢？就需要把读报告作为日积月累的习惯。

日积月累怎么做

做营销和数据分析工作一段时间以后，就会养成读报告的习惯。笔者经常会被问到以下几个问题。①数据报告从哪里找？②什么时间读报告？③有哪些注意事项？这里就对这三个问题做个回应。

第一，可以通过哪些渠道寻找数据报告呢？

一个最简单、最方便的渠道就是搜索引擎。不得不说，很多时候大家低估了搜索引擎的能力。笔者建立了一些交流营销报告的社群，有些时候会收到一些需求，希望找到某些行业的报告，甚至有些时候会有朋友在社群里直接发出一份报告的完整名称，而只要把这个名称输入百度中，就可以找到这份报告的全文。

除了搜索引擎之外，在行业里工作久了以后，就会记住一些咨询公司、第三方数据公司的名字。比如：国际化的咨询公司如麦肯锡、罗兰贝格、尼尔森等公司都会定期或不定期地发布一些行业前沿报告；国内的第三方公司如前面着重分析的报告来自 QuestMobile，还有一些数据监测公司，如极光大数据、秒针公司等。

前面在讲解第一、第二、第三方数据的时候，还提到，各个主要的媒体平台也有报告输出，包括企鹅智酷、巨量算数、百度流量统计研究院等。不过这些报告有可能更局限于本平台的数据，需要仔细分析辨别，有条件的话，也可以将同一行业在不同平台的报告进行比较，来获取更加全面的信息。

除了营销圈层的报告之外，还有一个报告来源渠道值得关注，就是券商。券商的投资分析师会针对行业进行投资分析，好多报告中涉及营销的部分可能不多，但是会解析这一行业背后的变现逻辑，这对于更好地理解行业特色有很大帮助。

最后，还有一个重要的渠道帮助我们积累数据报告来源，就是已经读过的报告中可能有些数据来自其他机构，那么这些机构就值得收藏，成为新的报告来源。在本书的最后，笔者会将自己积累下来的常用网站分享出来，方便读者查阅。

第二，在什么时间阅读报告呢？

在我看来，有两种情况需要阅读数据报告。一是日常积累需要，二是有专题研究的需求。

先来讲第一种。在营销行业，每个岗位都有一些功夫是要下在平时的，之前有一句话大概是说"一个好的文案来自他看过的书、喝过的酒、爱过的人"，生活中处处是积累。营销中的数据分析也是如此。笔者的习惯是，每天拿出半小时查找一些近期感兴趣的行业或热点行业的报告，并分享在行业的社群中，一方面督促自己阅读，另一方面也有机会和同行交流。而阅读的方法，就采用本章前面讲的粗读的方法。因此，建议每天给自己设定一个专门的时间阅读报告，坚持一个月后就会成为习惯。

第二种情况是有紧急的需求，需要做某一行业的专题研究。甚至有些时候，急需一个数据来验证观点，这就需要紧急查找某个行业的报告。在这种情况下，建议把前面说的多种报告查找渠道交给身边的同事一起去查找，一起阅读。并且在阅读的时候，粗读确认报告有效性后，直接使用"Ctrl+F"查找所需要的相关数据来进行论证。

其实上面说的这两种情况之间是有联系的，如果长期积累了很多专题的报告，在急需研究某个话题的时候，脑海中会对这个话题有印象，便有机会快速定位和查找，不至于"临时抱佛脚"。因此，在日常积累报告的过程中，对报告的命名需要遵循"年度 行业 主题 出品方"的方式，这样查找文件的时候会更加迅速。

第三，日常读报告有哪些注意事项呢？

首先，相同话题的报告建议多找几份。以本章所举例的短视频电商直播领域为例，会发现：QuestMobile 的报告是最宏观的；果集·飞瓜的报告中直接引用了抖音直播电商的方法论，更偏实操；而巨量引擎的报告更偏重分析在直播电商业务发展的同时，该领域的人力资源结构发生了什么变化。事实上，如果真的要对这个行业做深入研究，还需要查找很多其他的报告，这样才会对该领域有更全面的认识。

其次，如果遇到报告之间结论有冲突，需要回归报告的出品方、报告日的来判断。在行业中，一些公司的数据监测能力更强，一些公司的调研样本更强（比如，一些咨询公司在调研高管的态度时，样本就比一些规模较小的初创公司更有优势）。在遇到报告之间的数据结论有冲突的时候，先考虑出品方的实力，然后论证研究方法，之后再谨慎得出结论。

再次，抱有怀疑精神。了解数据是为了求真，在阅读报告的时候，要抱着批判的态度，尽量回归一个行业的本质。在阅读每一份报告的时候，都积累和学习未来可以使用的研究方法和数据结论；但同时，要反复思考有没有更好的解决方案（类似于数学题有没有另一种解法）。

最后，在怀疑精神之外要有分享精神。当下获取数据报告的难度越来越多元，看到好的公开的报告分享给同事和同行，并且对报告进行讨论，能够帮助自己验证甚至是纠正观点。当然，需要注意的是，这里所说的报告都是公开在网上的报告，切记不要涉及未公开的商业机密数据。

思考练习

（1）请看表 9-9，指出表 9-9 中哪些是维度，哪些是指标。

表 9-9　分地域销量数据示意

	A	B	C	D	E	F	G
1	订单编号	订货日期	订货金额（元）	联系人	地址	城市	地区
2	10348	2006/11/7	156.00	苏先生	明成路 48 号	天津	华北
3	10615	2007/7/30	150.00	唐小姐	石碑路甲 14 号	天津	华北
4	10620	2007/8/5	188.00	成先生	黄池路 93 号	成都	西南
5	10631	2007/8/14	174.00	苏先生	滨海路 3 号	天津	华北
6	10674	2007/9/18	180.00	方先生	红旗大街 38 号	厦门	华南
7	10782	2007/12/17	220.00	李先生	西藏路 18 号	上海	华东
8	10873	2008/2/6	164.00	唐小姐	东临大街 32 号	天津	华北
9	10996	2008/4/2	224.00	刘先生	白岭路 54 号	海口	华南
10	11005	2008/4/7	150.00	唐小姐	广渠东路 42 号	天津	华北
11	11071	2008/5/5	186.00	陈玉美	百川路 23 号	南昌	华东
12	10248	2006/7/4	6,476.00	余小姐	光明北路 124 号	北京	华北
13	10249	2006/7/5	2,322.00	谢小姐	青年东路 543 号	济南	华东
14	10251	2006/7/8	8,268.00	陈先生	清林桥 68 号	南京	华东
15	10250	2006/7/8	13,166.00	谢小姐	光化街 22 号	秦皇岛	华北
16	10252	2006/7/9	10,260.00	刘先生	东管西林路 87 号	长春	东北

答案：订单编号、订货日期、联系人、地址、城市、地区都是维度；订货金额是指标。

（2）本章提到了 QuestMobile 出品的《2022 年中国短视频直播电商发展洞察》中的图（见图 9-6），你能尝试做一张一模一样的图吗？

（3）请选取一个你感兴趣的行业或领域，例如 5G、新能源等，查找 3~5 份报告，拆解其中至少两份报告，看看会得出什么样的结论。

第 10 章

营销数据分析的第三步：创造实践

在能够正确理解数据，并且有了阅读报告的知识储备以后，就可以进入实践环节，完成一份报告了。本章将介绍商业领域的一份营销数据报告产出的完整流程，还将用案例来带领你完成一份报告。

1. 完成数据分析报告的流程

完成一份数据分析报告的流程和其他工作的流程别无二致；都要先知道为什么做这份报告，需求是什么；接下来就要想清楚该怎么做；然后再规划并执行；完成之后通常还需要交付和汇报。图 10-1 展示了几个不同类型工作流程的例子。

工作流程	接到工作	规划工作	基础工作	整合完成	展示
做饭	大家都想吃啥	规划搭配和时间	准备食材	炒菜完成	上桌
记者	紧急事件/常态选题	查询背景资料，规划采访	采访	产出报道	上版（美编/排版沟通）
数据分析师	需求沟通	报告框架和流程规划	数据收集和整理	可视化和产出洞察	结论汇报和校正

图 10-1　数据分析工作与其他工作流程的类比

做数据报告和做饭很像。报告的需求就是人们的"口味偏好"；要做好一桌子菜需要事先做好规划，什么时候买菜、买哪些菜、做饭大概需要多久等，做数据报告也是如此，什么时候跑数、要跑哪些数据、预计需要花费多长时间，都需要提前规划；然后做菜需要采购，这类似于把数据提取出来并且整理好；做饭，对应做报告就是把报告可视化；最后饭菜上桌要色香味俱全，报告要能让人阅读并讲给客户听。

这个过程也像笔者之前读新闻传播专业，在媒体做实习记者也是一个道理：定主题、定规划、采访、产出报道、排版发行。就连正在写的这本书，也经历了类似的过程，只不过因为这本书的篇幅比一篇稿子、一份报告的篇幅长，因此项目周期也相对更长。

所以你看，很多工作的道理和所需能力都是相通的。如果笔者之前没有做完整的大型报告的能力，能够把很多复杂的内容串联在一起，现在就很难有办法把这么多内容梳理出来写成这本书，让这些文字和数据和你相见。不过话说回来，好消息是，只要你具备做饭的能力，或者做其他任何一份工作的能力，那么你也具备成为一个数据分析师的能力。接下来，我们就看一看在完成一份数据报告的过程中，具体每一步需要注意什么。

需求沟通

通常接到一个数据分析需求的时候，意味着已经完成了商务层面上的对接，进入了项目执行的阶段。在撰写数据报告之前，需要明确以下信息。

首先，要明确需求方是谁。在"大厂"工作的数据分析师，数据分析需求可能来自协同部门；在第三方公司工作的分析师，需求一般来自广告主和广告公司。因此，需求方可能是外部客户，也可能是内部客户。外部客户按照合同约束产出，内部客户更需要对报告的维度指标进行细致确认。

其次，要明确报告交付的基本信息。主要包括：报告要解决的问题、涉及的数据来源、交付周期等。在明确报告要解决的问题的同时，需要对能够交付的维度和指标进行确认。比如：在互联网广告监测环节，客户只需要对投放情况进行基本的达标确认，那么只使用基础指标即可；如果需要进行数据排查，则需要引入监察指标。报告交付周期有两种情况：一种是定时、长期的报告，如日报（每天提交）、周报（每周提交），这些高频的报告需要尽可能地模板化，提升工作效率；另一种是交付一次性的专题报告，那么需要做好项目流程管理。

再次，在沟通需求的时候需要明确区分"案头工作"和"数据分析"的差异。虽然专题类报告可能涉及对政策、市场情况的资料整理和案头研究，但数据分析才是报告的主体，如果需求是"查看当下所有夹心饼干品牌使用了什么营销手段"，这就是完全的案头工作，而不是数据分析。但如果是"查看在社交媒体提到过夹心饼干品牌的消费者喜欢哪些明星"这样的需求，就可以通过数据手段获取。当然，这个时候还可以和需求方确认研究范围，了解夹心饼干有哪些具体的较有代表性的品牌，通过社交媒体中提及这些品牌的数据提取消费者特征。

最后，需求沟通达成一致后，需要发送邮件与需求方确认。这样做能够将工作范围圈定在既定的框架内，对双方都能起到明确职责的作用。

报告框架和流程规划

前面讲到，报告需求从周期上分主要有两种。一种是日常高频的报告，这种报告需要模板化；另一种是一次性的专题报告，这种报告需要用一个月甚至更久的时间才能完成。

先看第一种，互联网广告监测的日报和周报就是典型的可以通过模板化快速生成的报告模式。简单的报告样式在第4章看到过，见表10-1。

这里的维度和指标就很简单。维度主要是按媒体来看，如果需要更细分，则可以按广告位来看。指标包括预计曝光、预计点击、曝光次数、曝光人数、曝光达标率、点击次数、点击人数、点击达标率、CTR，此外还可以增加人均曝光、人均点击两个指标。

如果一个品牌已经进行了一年的广告监测，需要进行年度回顾的话，需求就成为专题报告，显然就不能只是一个简单的表格了，而是需要尝试回答更多的业务问题。

- 这一年投放了很多媒体，哪个媒体长期投放效果最好？
- 门户媒体、视频媒体、垂直媒体、搜索媒体表现分别如何？
- 每个种类的媒体中，哪些媒体转化效果更好？
- 这一年投放了很多轮广告，哪一次投放策略或效果最好？
- 品牌有多个产品线，每个产品线在什么时间投放最多？

表 10-1 简单表格报告示意

媒体名称	花费	上线位置天数	单位	预计曝光	预计点击	广告数据						
						曝光次数	曝光人数	曝光达标率	点击次数	点击人数	点击达标率	CTR
中×××网	—	89	天	50,200,000	224,000	56,462,454	23,777,845	112%	256,968	256,088	115%	0.46%
大×××网	—	34	天	18,000,000	183,900	18,749,291	5,858,369	104%	198,780	179,723	108%	1.06%
宝×××网	—	60	天	23,600,000	75,930	34,119,661	16,966,281	145%	79,592	79,414	105%	0.23%
天×××网	—	26	天	9,280,000	78,800	7,880,600	4,229,749	85%	73,515	72,521	93%	0.93%
总计	—	209	天	101,080,000	562,630	117,212,006	50,832,244	116%	608,855	587,746	108%	0.52%

- 不同产品线的投放效果是否都达到了预期？
- 下一年在投放策略上还有哪些可以改进的地方？

这个时候，就需要为报告搭建一个详细的框架，最好能具体到每一页会写些什么、使用什么样的数据。而后再根据框架来规划数据维度和指标。举例来说，一个品牌的广告监测年度数据报告框架可能包含以下内容（见表10-2）。

表10-2 品牌广告监测年度数据报告框架示意

部分	页数	维度和指标	回答的业务问题
第一部分 年度广告投放概览			
	1	总曝光量、总点击量、总达标率	整体是否达标
	2	按时间的曝光数据	投放策略和淡旺季是否符合、大事件回顾
	3	门户媒体、视频媒体、垂直媒体、搜索媒体、视频媒体的投放比例和效果	媒介特征概览
	4	不同媒体类型中的明星媒体和表现不够好的媒体	媒介投放建议
	5	分产品线的投放比例和效果	产品线投放侧重与策略是否符合
第二部分 媒介洞察			
门户媒体分析	1	投放最多的门户媒体特征	分媒体类型总结投放效果
	2	特征描述	
	3	其中效果最好的媒体是哪个	
	4	该媒体在某个品类的效果最好，可能的原因是什么	
视频媒体分析	1	第二侧重的视频媒体特征	
	2	特征描述	
	3	其中效果最好的媒体是哪个	
	4	该媒体在某个品类的效果最好，可能的原因是什么	

（续）

部分	页数	维度和指标	回答的业务问题
垂直媒体分析	1	垂直媒体多样，质量参差不齐	分媒体类型总结投放效果
	2	特征描述、效果对比	
	3	媒体评价、异常数据排查	
	4	各品类对应的优势垂直媒体分别是什么	
搜索媒体分析	1	搜索媒体特征和数据表现	
	2	不同产品线在搜索媒体上的表现	
洞察和结论	1	媒介组合建议	
第三部分　重点产品线和活动复盘			
产品线 A	1	产品线 A 按天投放情况	分产品线总结投放效果
	2	产品线 A 分媒体类型投放效果	
	3	产品线 A 触达人群特征	
产品线 B	1	产品线 B 按天投放情况	
	2	产品线 B 分媒体类型投放效果	
	3	产品线 B 触达人群特征	
产品线 C	1	产品线 C 按天投放情况	
	2	产品线 C 分媒体类型投放效果	
	3	产品线 C 触达人群特征	
洞察和结论	1	产品线投放策略建议	
第四部分　未来趋势和建议			
	1	当下流行的投放手段	
	2	落地页新工具分享	
	3	提效工具分享	
	4	优秀案例分享	

　　根据这些内容，就要制定如何跑数，如何确定数据的维度和指标。

　　除了需要对数据做规划之外，还需要做好时间规划，一个很好用的工具就是甘特图，在项目排期的时候经常用到，图 10-2 就是一个示例。

项目	项目描述	跟进人	启动日期	完成日期	完成度%	2022年11月														
						4 五	5 六	6 日	7 一	8 二	9 三	10 四	11 五	12 六	13 日	14 一	15 二	16 三	17 四	18 五
1	需求沟通																			
1.1	需求沟通会	付宇骄, A客户, B广告公司																		
1.2	需求梳理清晰并由客户进行邮件确认	付宇骄, A客户																		
2	报告框架和流程规划																			
2.1	初步框架构想和项目目排期																			
2.2	内部开会讨论、查漏补缺																			
2.3	根据会议内容修改确认																			
2.4	客户进行邮件确认																			
3	数据收集和整理																			
3.1	数据提取																			
3.2	数据整理																			
3.3	数据查漏补缺																			
3.4	报告可用数据生成																			

图 10-2 甘特图示意图

甘特图可以帮助我们规划和了解项目的进度、利益相关方，每个步骤由谁来负责、预计需要多长时间。在项目开始的时候用甘特图做规划，在项目执行的过程中用甘特图来记录和检查进度。

数据收集和整理

在大数据行业，因为数据原本就被监测和记录，因此数据收集的行为实际上是数据调取，俗称"跑数"。之所以要在跑数之前先把报告框架搭建完成，就是为了在提取数据的时候可以以终为始、有目的地获取和归纳数据。

"以终为始"指的是什么呢？前面展示过一份互联网广告监测年度数据报告的框架，第三部分内容见表 10-3。

表 10-3 品牌广告监测年度数据报告框架第三部分

部分	页数	维度和指标	回答的业务问题
第三部分 重点产品线和活动复盘			
产品线 A	1	产品线 A 按天投放情况	分产品线总结投放效果
	2	产品线 A 分媒体类型投放效果	
	3	产品线 A 触达人群特征	
产品线 B	1	产品线 B 按天投放情况	
	2	产品线 B 分媒体类型投放效果	
	3	产品线 B 触达人群特征	
产品线 C	1	产品线 C 按天投放情况	
	2	产品线 C 分媒体类型投放效果	
	3	产品线 C 触达人群特征	
洞察和结论	1	产品线投放策略建议	

如果按照框架直接跑数，完成"产品线按天投放情况"和"产品线分媒体类型投放效果"这两个需求，可能需要 6 张表格，分别跑数 6 次。

- 产品线 A 按天投放情况：

产品线	时间	曝光	点击
A			

- 产品线 A 分媒体类型投放效果：

产品线	媒体名称	媒体类型	曝光	点击
A				

- 产品线 B 按天投放情况：

产品线	时间	曝光	点击
B			

- 产品线 B 分媒体类型投放效果：

产品线	媒体名称	媒体类型	曝光	点击
B				

- 产品线 C 按天投放情况：

产品线	时间	曝光	点击
C			

- 产品线 C 分媒体类型投放效果：

产品线	媒体名称	媒体类型	曝光	点击
C				

这样跑数能够完成初步的数据呈现，但是如果想要把几个产品放在一起做对比，或者分媒体、分媒体类型对比，这些数据就无法满足需求了。因此，更好的方式是整合尽可能多的必要性的维度，形成一个大表，见表 10-4。

表 10-4　选中多个维度指标从而更经济地跑数的方法示意

时间	产品线	媒体名称	媒体类型	曝光	点击

如果可以这样获取数据，那么一张包含 A、B、C 三个产品线的数据大表就可以解决每个产品线第 1、第 2 个话题，并且如果需要在相同维度上进行不同产品线的对比，直接使用 Excel 中的"数据透视表"功能即可拉取，十分方便。

从这个例子中可以看出，在跑数的时候想到数据会如何整理、怎样可以具有更多的分析拓展性，就是数据整理过程中的"以终为始"。

可视化和产出洞察

通常在市面上看到的报告都是 PPT 形式的，又或者有一些数字化系统，把数据用 Dashboard（面板、仪表盘）的方式展示出来，这些都是为了把抽象的数据可视化。前面说过一个观点："数据的本质是记录，分析的本质是比较。"可视化就是让人们可以肉眼看到谁高谁低，并且有机会同样用可见的方式来探究原因。

把原始数据变成图表是数据监测的重要一步。使用 PPT 进行数据展示是很容易的，只需要在 PPT 中选择"插入→图表"就可以选择各种图表样式了，如图 10-3 所示。

但是除了简单的操作方法之外，这里还需要分享一些在操作之前应思考清楚的问题，可以跟着下面的提示来思考。

如果整个报告都使用柱状图，可以吗？

我的观点是：这么做"不犯法"。就是说理论上是可以的。因为，实际上，所有的图表都是从柱状图演化而来的。下面用一组随意生成的简单数据来展现。原始数据如图 10-4 所示。

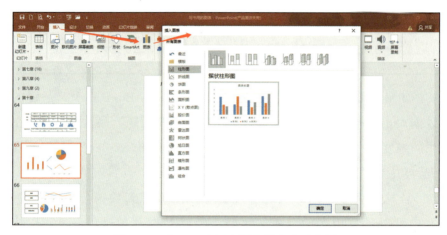

图 10-3 在 PPT 中插入图表的方法示意图

	A	B
1		系列
2	类别 1	2.4
3	类别 2	4.4
4	类别 3	1.8
5	类别 4	2.8

图 10-4 在 PPT 中插入图表数据的示意图

制作成图表的过程中，只需要分别选择柱状图、饼图或者折线图即可，如图 10-5 所示。

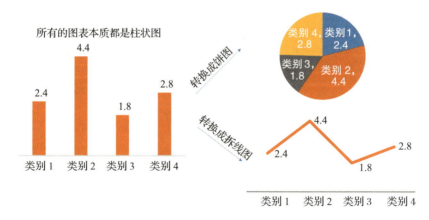

图 10-5 相同数据源采用柱状图、饼图、折线图的示意图

所以，可以说，所有的图表本质都是柱状图或者由柱状图转换而来的。

那么，为什么还要用更多别的图表呢？

因为，数据要强调的内容不同，不同类型的图表适合展示的内容也不相同。比如：折线图的横坐标经常表示的是时间，适合展示趋势；折线图或者点状图可以表现频次；饼图则更多用于一个整体的数据为100%下不同类型的占比。而前面说柱状图很万能，是因为它还有一个优势，就是可以展现交叉维度的数据，比如，"按天（时间维度）不同产品线（产品维度）的曝光量"。不同类型图表常用的展现方式详见图10-6。

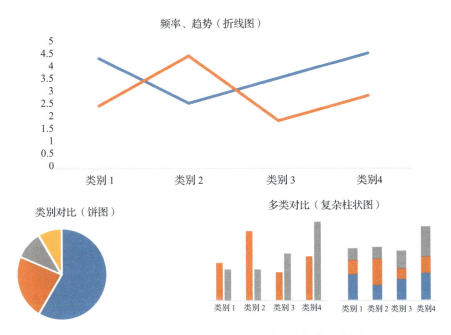

图10-6　选择不同类型图表展现形式的场景示意图

做图表的人，有没有可能在数据不造假的情况下给人造成误导呢？

可能。如果你已经完成了"模仿学习"，反复阅读过很多报告，就会发现,数据可视化之后虽然更加直观了,但一不小心也可能掉入"视觉陷阱"。在撰写报告的时候也需要注意,反复追问自己是否使用了科学的数据表达方式。下面有一个例子,请先看图10-7所示的这两张图有什么差异。

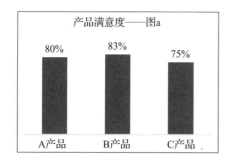
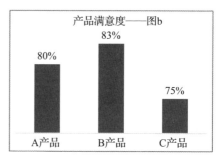

图10-7 以不同纵坐标轴展示相同数据的视觉差异示意图(无坐标轴版)

同样是产品满意度的数据,A、B、C三种产品的满意度数据,左右两个图数据是一样的,都分别是80%、83%、75%,但是展现出来的高低却有所差异。这是为什么呢?再看图10-8就可以找到答案了。

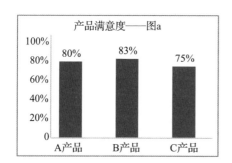
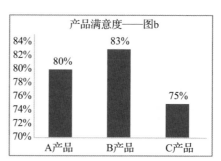

图10-8 以不同纵坐标轴展示相同数据的视觉差异示意图(有坐标轴版)

是的,因为纵坐标不同。产品满意度——图10-8a的纵坐标从0到100%,而产品满意度——图10-8b的纵坐标范围是70%~84%。

这两种表现方式都不是"错"的，但得出来的结论可能会不同。产品满意度——图 10-8a 的结论可能是，三个产品的满意度水平相差不大，都在 75%~85% 之间；但产品满意度——图 10-8b 则相当于在一个大的光谱里使用了放大镜，把很小的区间专门拎出来拉开差距去看，得出来的结论也许就是"相比于 A、B 两款产品，C 产品亟待提升满意度"。由于数据展现方式不同，强调的结论也会有所不同。

那么应该怎么选择呢？根据业务情况选择。实际上，业务上应该有更多背景信息，比如，通常产品的满意度区间是多少，不同产品之间满意度的差距一般有多大等。有了这些信息，你就知道应该使用哪种图表来展现上面的数据了。

说到这里，其实也提到了很重要的一点：在进行数据可视化之后需要产出"洞察"，洞察应该是结论，而不是图表描述。以图 10-8 为例，如果只是描述数据，那就是"产品 A 的满意度为 80%，产品 B 的满意度是 83%，产品 C 的满意度是 75%"，这样的描述完全无法把分析、比较体现出来。而"三个产品的满意度水平相差不大"或者"相比于 A、B 两款产品，C 产品亟待提升满意度"就是初步的结论，在此之上还需要进一步挖掘才能得出真正的洞察。比如，是什么影响了产品满意度，可能通过什么方式提升，有什么现在忽略的但未来要做的行动等。

结论汇报和校正

通常，一份数据报告总会以各种方式被更多的人看到。如果是本公司的业务内容，则需要和业务相关方分享；如果是数据公司为客户进行数据分析，则需要到客户那里做报告的讲演。

有些时候比较"顺利"，汇报后需求方没有提出任何问题；有些时候则会面对很多提问。事实上，如果汇报后需求方没有提问，并不一定是好事，有可能是因为报告没有带来更多新的洞察，也就是缺乏额外价值；而遇到提问反而有可能是好事，如果能好好应对，恰恰能体现服务的专业能力。对于如何做好报告汇报，有以下几点需要注意。

首先，要做好足够的预演。这包含两个方面：一是对自己要演讲的内容非常熟悉，要做好演讲，一些成功人士仍然会撰写逐字稿，保证自己对每一部分都有充分细致的理解；二是要预演可能被问到的问题，并且提前准备好答案。在第 9 章分析 QuestMobile 报告的时候说到，前一页有一个数据没有提到，而在下一页专门做解答。试想如果拿着这份报告向客户汇报，客户正针对前一页的某个数据提问，而下一页恰好能解答客户的疑问，那么这个沟通就是非常有效甚至精彩的。

其次，不要只追求"自己是对的"。回答业务问题的时候难免会引发争论，一旦争论，人就有可能为了维护自身的正确而难以客观专业。很多时候数据分析的需求方提出问题，并不是"为了挑战而挑战"，而是联想到某些业务与这个数据相关，想做更进一步的了解。在对错之外，更重要的是，你作为数据分析师，在众多研究方法中选择了这种，在众多数据来源中选择了报告中呈现的这种，在众多的数据表达方式中选择了报告中呈现的这个结果。每一个选择，都应该有明确的逻辑，这才是专业。

在现实工作中，我遇到过这样的情况。在一份报告中，其中一个部分的所有数据都是相同的来源，我的同事在这个部分的开头用大字做了标注，但仍然在每一个内页下用小字再次标注。客户问："为什么要重复标注？"如果遇到这种情况，你会怎么回答呢？也许有些朋友就直接说："您如果觉得不需要，我就把每页的标注删掉吧。"看起来是尝试服务好客户，满足客户的需求，实际上证明了你在这件事情上并没有想清楚。我的同事是这样回答的:"因为这个部分涉及您公司业务的多个不同产品线,这份报告也比较长、比较复杂,我想可能后续有一种场景是,每个业务线把与自己业务相关的页抽出来,组成小报告,这样的话数据来源就需要在每一页都有所体现了。"

所以,表现"正确"或者"服从"都不是专业,能有真正的思考,能回答"为什么"才是专业。

再次,难免会遇到在"射程范围"之外的问题,那就需要老实地记录下来,之后尽快回复。如果在内部有多次演练,基本不太会遇到这类情况,但如果遇到了,就要现场辨别一下是什么类型的问题。如果真的是数据计算不准确,就真诚道歉,尽快改正;如果是有新的业务需求,那么就按照商务流程先交付当前的报告,再进入下一个项目的需求沟通环节。

最后,每一次汇报其实也是在帮助我们进行复盘。做完一次报告,要追问自己哪里做得好,哪里还需要提升;如果下一次有更多的数据、更多的资源、更多的时间,还可以做哪些……在这样的锤炼之下,数据分析能力会得到快速提升。

2. 完成第一份数据报告

有些时候,会有文科专业的学生问到如何零基础进入数据分析行业;也会有一些在营销行业其他职位任职的朋友好奇怎么先把一只脚迈进数据分析的大门。诚然,如果学生能找到一份与数据分析相关的实习工作,或者营销人员可以通过与数据领域的同事交流而获得转岗的机会当然好,但如果没有那样的幸运,有没有机会在面试的时候已经拿着一份或者几份报告去见面试官呢?也有。一个办法就是,去找那些面试的时候就给你模拟任务让你产出一份报告的公司,这样,借着一次面试你也可以完成一份作品。另一个更简单的方法就是，记录自己的一些数据，做成专题报告，甚至可以成为自我介绍的一部分。想象一下，如果你要面试一个数据分析的岗位，准备好营销和大数据相关的知识，用自己的数据完成一份数据报告，带着这些去面试是不是更有信心呢？

那么，如何用自己的数据完成属于自己的第一份报告呢？

拿自己的数据来练手

如果要问你：去年定下了哪些目标？今年完成了多少？都是在什么时间点完成的？你是不是能回答得出来呢？数据分析不仅是一个工作岗位，更是一种思维方式。在日常生活中，可以给自己布置一些自我分析的"任务"，也许会产出很有意思的洞察。有了这个"任务"，你也就会不自觉地记录生活。每一天自己做成了什么事情，每个周末做了什么，在什么时间读完了什么书……读书、健身、日常生活习惯、投资，都可以成为我们记录和分析的数据。如果再有一个自己的公众号并且长期写作，那就有更好的营销数据分析的素材了。

要说明的是，就算是用自己的数据写报告，也需要经过需求沟通、报告框架和流程规划、数据收集和整理、可视化和产出洞察、结论汇报和校正这五个阶段。需求是自己提给自己的，想要记录自己生活的哪个方面？想使用哪些维度？在报告框架和流程规划阶段要思考，具体能够记录哪些维度？能否找到数据？可行性如何？然后进行数据收集和整理，最终呈现出来。下面，笔者就以自己2016年年底做的一个小报告为案例，来说明如何用自己的数据完成一份报告。

需求沟通。这份报告是我想做的，需求方就是我自己。做这个报告的原因，来自父母对我的"投诉"。他们觉得我周末在家休息的时间太少了，总是出去，我自己却不这样认为。于是，我想要统计一下自己每周末到底都做了什么，有多少时间在家。再后来，我就想知道更多。比如，我和谁出门比较多，又都有什么收获。这就是我报告需求的来源。

报告框架和流程规划。平时已经简单记录了自己周末做的事情，而日常记录的时候能记的东西有限，只有如图10-9所示的草稿。

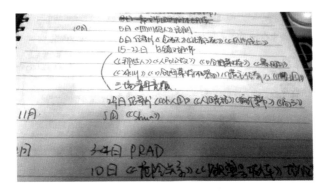

图 10-9　日常记录草稿

在归纳数据的时候，我思考：原本有的数据是时间、做了什么，那么我还想了解哪些信息呢？于是，我试着回忆当时和谁一起，去了哪里等，发现有已经记录的事件提示，想要回想起这些内容并不难。在准备整理数据的那段时间，我恰好在TED上看到一个演讲，大意是讲"弱关系"（非熟人）可能在生活里起到很重要的作用，于是我在想也许可以论证一下是不是真的如此。然后我就规划了以下维度（见表10-5）。

表 10-5　根据日常数据分析需求规划维度

维度	维度说明
月份	时间（When）
日期	

（续）

维度	维度说明
事项	本子上记录的内容（What）
地点	事件发生地点（Where）
朋友	和谁（with Who）
关系类型	强关系/弱关系
收获	边总结边归纳
类型	边总结边归纳

数据收集和整理。这里的数据整理主要是数据录入，数据表格见表10-6。

表10-6 日常数据根据维度整理示意

月份	日期	事项	地点	朋友	关系类型	收获	类型
1月	3日	吃饭	井格火锅	海若	强关系	友情	社交
1月	9日	戏剧电影《李尔王》	中国电影	杨王任+宏	强关系	友情	社交
1月	17日	大数据分享	京师咖啡		强关系	人脉，专业	分享

看表10-6，你可能会问，为什么有一列的表头是"收获"，还有一列表头是"类型"？收获被我定义成某种价值，可能是收获了友情，也可能是专业有所提升；类型更像是一种手段，包括社交、分享、听课等，这些都是根据自己的想法制定的。

因为录入数据的过程中需要回顾之前做了什么，这个过程中也有一些有意思的事情。比如，我以前以为自己是个"路痴"，去了哪里根本不会记得，在规划数据的时候已经想好，如果遇到想不起来的地方就用一个"—"代替，结果没有想到，每个周末去的地方我都想起来了。还有，我之前看了一部话剧，叫《思维丽亚的故事》，最初在本子上记了这部剧的名字，但没有记录是哪个国家的戏剧。整理数据的时候记忆模糊（以为是匈牙利的话剧），后来去网络上搜索，发现是立陶宛的，完成了一次数据的纠错。

可视化和产出洞察。数据全部整理完成之后，我就使用数据透视表等工具来进行数据分析和可视化，产出了这些结论（见表 10-7）。

表 10-7 数据分析结论和简单图表

结论	图表
周末多数情况下还是在陪爸妈的 54% 的时间是在陪家人，有 46% 的时间会外出	活动天数占比饼图：活动 46%，陪家人 54%
平均每个月，出行不到 5 次，月份间差别大 中间的横线是平均值（4.83），也就是平均每个月出行不到 5 次；2 月春节，11 月在备考数据分析的考试，出行次数减少	每月活动次数柱状图：1月 5，2月 1，3月 6，4月 7，5月 6，6月 7，7月 7，8月 5，9月 4，10月 4，11月 1，12月 5
乍一看最喜欢社交，也很爱看故事 社交占比最高，为 39%，但看戏剧（27%）和电影（10%）合计占比 37%。那一年开始做营销和数据知识分享，有 17% 的外出都与之相关	活动类型占比饼图：社交 39%，戏剧 27%，分享 17%，电影 10%，阅读 3%，考试 2%，诗 2%

（续）

结论	图表		
	类型	收获	次数
强关系培养感情，弱关系拓展人生 外出分享、看剧等行为更可能认识新的人带来弱关系，因此，这一年强关系的外出比弱关系的要少。而强关系更多带来的是情感价值，弱关系则能够让我了解到以前没有接触到的知识，探索更多的可能性。而看话剧等活动的收获常常就是"爽"，获得身心愉悦	强关系	爱情	1
		亲情	2
		人脉、专业	1
		送别	1
		相亲	1
		叙旧	8
		友情	5
	强关系 汇总		19
	弱关系	德国知识	1
		考试	1
		人脉	1
		人脉、专业	5
		人脉、专业、叙旧	3
		爽	18
		探索学校教课的可能	1
		相亲	2
		叙旧	1
		学习	5
		专业	2
	弱关系 汇总		40

所以总体结论就是：爸妈对我的控诉不是很成立，我其实有超过一半的时间是在家陪他们的；而2016年我很喜欢探索更多的可能性，喜欢分享和输出，也喜欢看戏剧等给自己增加输入。

结论汇报和校正。第一次完成自我数据记录和分析的时候，我感叹，原来数据可以这样有趣。这个数据可以自己保留，但一份报告做得好不好，其实不取决于使用了多么复杂的研究方法，而在于是否解决了当初预想的问题，以及报告是否具有可读性。那如何向他人"汇报"呢？我选择了发布在公众号上，同时发给一些数据分析机构，结果真获得了机构的转载。用"公开写作"的方式来传播报告，给更多人看，也能够获得更多的反馈。

想要进入数据分析领域的新手可以从自己的日常生活开始记录，这也许能够帮助你走上数据分析职业的道路，但这样做以后，我发现更重要的是这些数据能够帮助我们更好地了解自己。在很多方面我都养成了记录和分析的习惯。比如，每年读的书我都会做个统计，2022年上半年读过的书见表 10-8。

表 10-8 2022 年上半年读书列表

书名	作者	分类	文体	出版社	作者国籍	阅读完成时间
创业在路上	罗永浩	事业成长	非虚构	中信出版社	中国	2022/1/10
煤气灯效应	罗宾·斯特恩	心理	非虚构	中信出版社	美国	2022/1/20
红手指	东野圭吾	小说	虚构	南海出版社	日本	2022/1/21
发现心流	米哈里·契克森米哈赖	心理	非虚构	中信出版社	匈牙利	2022/1/24
持续行动：从想到到做到	Scalers	事业成长	非虚构	中信出版社	中国	2022/1/31
一个人的老后	上野千鹤子	社会	非虚构	广西科学技术出版社	日本	2022/2/7
被讨厌的勇气	岸见一郎，古贺史健	心理	虚构	机械工业出版社	日本	2022/3/11
起风了	崛辰雄	小说	虚构	南海出版社	日本	2022/3/12
天下没有陌生人	刘希平	事业成长	非虚构	北京联合出版公司	中国	2022/3/19
先学会爱自己，再遇见对的你	周梵	心理	非虚构	民主与建设出版社	中国	2022/4/24
命运之门	阿加莎·克里斯蒂	小说	虚构	新星出版社	英国	2022/5/4
你要如何衡量你的人生	克莱顿·克里斯坦森，凯伦·迪伦，詹姆斯·奥沃斯	事业成长	非虚构	吉林出版集团	美国、澳大利亚	2022/5/16

于我而言的洞察是：当前看书主要聚焦事业成长和心理相关的类型，小说偶尔作为调剂；非虚构的相对实用的书偏多；中信出版社出现的次数比我预期得多一些；日本作家的占比也超过我自己的感觉。这些记录成为我阶段性的复盘，会让我更好地了解自己。

在投资方面，从 2017 年开始，我做指数基金定投。跟着一个长期投资的公众号，每周查看指数高低，进行定投判断，也会把该机构的指数系数记录下来，见表 10-9。

表 10-9 指数基金系数列表

日期	创业板指	上证红利（红利指数）	中证500	国企指数	上证50	上证180	沪深300	中证红利	恒生指数
2017/8/28	27.0	29.3	29.9	30.0	33.2	33.9	35.8	36.1	63.3
2017/9/5	30.8	28.2	31.0	29.1	32.2	37.6	35.0	40.3	60.9
2017/9/12	30.9	28.2	31.7	29.3	31.8	37.3	34.9	40.3	62.2
2017/9/19	30.8	27.6	32.0	29.3	31.5	36.9	34.7	40.0	63.3
2017/9/26	28.7	28.6	29.8	27.8	32.1	37.3	34.9	35.5	58.4
2017/10/3	28.7	28.6	29.8	27.8	32.1	37.3	34.9	35.5	58.4
2017/10/10	28.1	28.5	32.4	30.4	31.9	37.4	35.2	35.5	63.4
2017/10/17	28.3	28.9	32.0	31.7	32.5	37.8	35.6	36.0	65.4
2017/10/24	29.1	28.9	31.6	31.2	32.5	33.4	35.9	36.0	63.2
2017/10/31	26.2	29.0	26.4	31.6	32.7	33.4	35.7	36.4	63.4
2017/11/7	26.2	27.4	25.7	31.5	31.5	32.2	34.6	33.9	64.8
2017/11/14	28.7	27.7	27.7	32.3	32.5	33.0	35.6	34.3	68.1
2017/11/21	26.7	28.6	24.8	31.6	33.1	33.4	35.9	35.2	67.5
2017/11/28	22.6	30.8	22.2	33.1	32.8	33.0	35.0	35.2	69.7
2017/12/5	23.3	30.2	23.1	30.6	31.8	32.3	34.5	34.4	66.1
2017/12/12	24.9	29.7	21.3	30.2	32.3	32.9	35.1	32.5	65.1
2017/12/19	23.4	27.1	20.5	30.1	31.4	32.0	34.1	32.0	65.6
2017/12/26	22.6	27.8	20.4	31.5	32.1	32.7	34.9	32.9	68.5
2018/1/2	22.5	28.4	21.0	31.9	32.4	32.9	35.3	33.4	70.3

（续）

日期	创业板指	上证红利（红利指数）	中证500	国企指数	上证50	上证180	沪深300	中证红利	恒生指数
2018/1/9	26.3	29.1	23.1	35.1	33.7	34.2	36.7	35.1	75.1
2018/1/16	23.7	30.7	21.3	36.5	35.1	35.4	37.9	37.3	77.2
2018/1/23	24.7	32.9	22.4	41.1	37.0	37.4	39.9	40.1	81.7
2018/1/29	25.9	34.3	21.9	44.1	37.7	38.1	40.5	41.9	83.9

对数据的记录和分析已经渗透到我生活的方方面面，这种思维方式也帮助我更加有条理地面对工作和生活。所以，后来即便不再做数据分析的工作了，数据的思维也一直伴随着我，帮助着我。之所以用这些不惜"暴露隐私"的内容来示范，就是想表达：不管做不做数据分析的工作，完成第一份数据报告，掌握数据的思维，养成记录和分析的习惯，会在很多方面对生活有所助益。如果看到这里你已经跃跃欲试，那么想一想有什么想要回顾的事情，先完成一份属于自己的数据报告吧！

找公开数据来研究

如果你希望独立完成一份研究某一领域的相对专业的报告，但"巧妇难为无米之炊"，不知道可以从哪里找到专题数据或资料，那么接下来，我可以分享一些日常搜索报告的网站，来帮助你开启一次专业领域的研究。资源主要包括综合导航类网站、经济和宏观数据网站、营销行业网站。

综合导航类网站。在这些网站上可以找到你需要的其他含有数据报告的网站，以及当前已经发布过的报告。第一个是199IT网（http://hao.199it.com/），如图10-10所示。网站不仅包括营销相关的数据，还包含国内外很多主要的数据库。当你没什么头绪的时候，可以先到这里来找找。

图 10-10　199IT 网截图

另一家网站是数据集成类的,前沿报告库(https://wk.askci.com/),如图 10-11 所示,需要你相对清晰地了解自己想要找的报告的关键词是什么。直接搜索即可获得报告,其中多数报告是可以免费获取的,只需要使用微信登录该网站即可,部分报告需要付费。

图 10-11　前沿报告库截图

值得一提的是，这样的网站非常适合做行业研究，因为上面有一些投资机构发布的报告。这些报告里虽然有些数据可能是二手信息，但是通常会讨论一个行业背后的商业逻辑，认真阅读有利于了解行业的本质，为做出更好的分析报告打下基础。

经济和宏观数据网站。其中的很多网站在199IT网都有涉及，我将平时自己最常用到的网站提取出来，见表10-10。

表10-10 经济和宏观数据网站

网站名称	网址链接和备注
CEIC	https://www.ceicdata.com/zh-hans 全球经济数据、排名、数据分析
国家统计局	http://www.stats.gov.cn/ 在"数据→最新发布 或 数据查询"中可以查找数据，或者在搜索引擎搜索"国家统计局 需求数据的维度（例如人口数据）"也有机会搜到目标信息
CNNIC	http://www.cnnic.net.cn/ 中国互联网络信息中心，聚焦互联网的国内宏观数据

营销行业网站。这类网站非常多，下面列举一些常用的网站，见表10-11。

表10-11 营销行业网站

网站名称	网址链接和备注
eMarketer	https://www.insiderintelligence.com/ 全球互联网营销数据库，多数数据可以直接筛选、查看、下载，按照地域、广告类型等进行细分，能够洞察营销预算的整体趋势
各大媒体指数和智库	百度指数：https://index.baidu.com/v2/index.html#/ 百度统计流量研究院：https://tongji.baidu.com/web/welcome/login?castk=LTE%3D 阿里研究院：http://www.aliresearch.com/cn/index 微信指数：进入微信→搜索"微信指数"→进入小程序 企鹅智酷：https://re.qq.com/ 巨量算数（含今日头条和抖音指数）：https://trendinsight.oceanengine.com/ 微指数：https://data.weibo.com/index 社会化营销案例库：https://hd.weibo.com/

(续)

网站名称	网址链接和备注
CBN Data	https://www.cbndata.com/report 第一财经数据中心官网，聚焦消费和社会热点数据研究，经常联合大媒体平台发布数据报告，在可视化和洞察方面很有特色
QuestMobile	https://www.questmobile.com.cn/research/reports 互联网第三方数据报告中较为权威的一家
Morketing	https://www.morketing.com/ 营销类媒体，专注于发布营销相关信息，观点强于数据
Talking Data 报告	http://mi.talkingdata.com/reports.html?category=SpecialReport&tag=all&page=3 Talking Data 是营销界的数据公司，最初做第三方数据监测，因此会产出一些行业报告
七麦数据	https://www.qimai.cn/research 以移动端数据为主，定期发布 app 下载榜单，可根据 app 名称搜索其下载安装数据
卡思数据	https://www.caasdata.com/ 以 KOL 相关数据为主，定期发布 MCN 达人榜单。由于数据服务逐渐商业化，数据服务开始以付费为主

当然，这些都是我个人常用的一些网站，并不能涵盖全部，但对初步了解营销相关的信息，已经基本够用了。

除此之外，特别想强调的一点就是：当你真的有一个研究需求时，资源并不是最重要的，因为除了以上这些，只要你愿意想办法，还有很多其他渠道可以获取数据。

- **反复提到的搜索引擎**。很多时候，有小伙伴问我有没有《×××》报告，结果我发现在百度上一搜就能搜到，其实只差了搜索这一步；
- **同样有数据分析经验的同行**。他们可能就是你的同事；或者你加入了一个营销/数据分析的社群，从而认识的小伙伴；再或者是在知乎上，有人和我一样总结了属于他的数据资源列表……你可以把很多人的列表拿来，再根据自己的需求进行筛选，从而找到你最需要的数据来源；
- **资讯类或数据类公司**。一家公司只要在一个领域做得还不错，就会考虑建设"思想领导力"（Thought Leadership），就会在行业里发声，输出观点，并使用数据、案例来论证。所以，很多公司虽然本身不是数据公司，但是也会在官网留下一个窗口，更新行业相关的报告。
- **用比赛题目获取数据**。如果你关注数据分析、数据可视化领域，会发现行业里有一些或大或小的比赛，从中可以找到一些有效的公开数据，而这些又常常是要么与商业有关的，要么与社会责任有关的。除了可以参加比赛，锻炼自己的数据分析能力之外，还可以向主办方确认数据源是否开放，通常主办方会说明数据来源，如果是开放的数据，那么你也可以获得。

列举了这么多种获取数据的方法，就是想表达这样的观点：不要被资源限制住，甚至资源都不是最重要的。只要你想完成一份数据报告，就有各种方法能实现。

思考练习

（1）下面几组数据，你分别可能会使用哪种图表来做可视化呈现呢？

- 一个月内，每天早、中、晚三顿饭的花销占比；
- 一个月内，早、中、晚饭整体的消费占比；
- 一个月内，每天在吃饭上的消费趋势。

上面的问题没有正确答案，我把自己的观点写出来仅供参考。按顺序我会分别选择使用柱状图、饼图、折线图，咱们想的一样吗？

（2）你还知道哪些数据可视化工具呢？可以上网搜索一下这些关键词：Tableau、Power BI、数据可视化工具。说不定你会喜欢上其中至少一种工具喔！

（3）你的同事完成了一份汽车行业的报告，客户希望多对比本品牌和另外两家竞品的声量，你的同事在制作报告的过程中使用了很多柱状图，他刚刚向客户汇报完，客户让他把这些图表都改成饼图。你的同事很生气："客户就是饼图狂魔！"你怎么看这件事呢？如果是你，你会使用什么样的图表？或者你认为还需要什么信息就可以决定了呢？你会怎么与客户沟通呢？

（4）你当前最想从哪个角度开始了解自己？有没有想到一个话题？接下来，就请思考使用什么样的维度、指标来为自己做一份数据报告吧！

（5）请在你浏览器的收藏夹里，新建一个文件夹叫"Report"或者"数据来源"，把这一章结尾的数据来源录入进去吧，这样你就先有了属于自己的数据库。以后当你看到好的数据网站，也记得加入这个文件夹哦！

第 4 部分

工具箱：入门商业分析的 MNK

我经常会被问：如果想要进入数据分析领域工作，最需要掌握什么工具和软件？诚然，我可以说，要学 Python、SQL，要掌握很多可视化工具等。其实在我看来，这些工具虽然重要，但实际上它们的作用只是把数据思维做最终的呈现而已。业务逻辑、数据思路是因，这些工具只是让人们看到结果。所以，工具重要，也只重要到放在这本书的最后一部分。

这一部分不会讲解非常复杂的工具，而是希望大家先把最简单的工具用好。同时，这部分内容不会是"说明书"，讲解某个软件功能的书太多了，不需要再多一本。这部分希望说清楚：能把你和"小白"区分开来，走进第一扇行家大门的钥匙是什么。

这里请允许我介绍一个概念 MNK（Minimal Necessary Knowledge，最少必要知识），就是要掌握一个技能所需要的最少但是最重要的知识。开车的 MNK 是"慢"，设计的 MNK 是"简洁"○。

○ MNK 的概念在网络上传播，有人说是受 MVP 概念的启发。MVP（Minimum Viable Product，最小可行产品），出自埃里克·莱斯（Eric Ries）的《精益创业》一书，开发产品时先做出一个简单的原型，即最小可行产品（MVP），然后通过测试并收集客户的反馈，快速迭代，不断修正产品，最终适应市场的需求。MNK 概念是这一理念在学习方面的映射，也有人使用 MAKE（Minimal Actionable Knowledge and Experience）来表达这一含义。

在我看来，数据分析工具中最值得讲的 MNK 就是被大家低估和误解（误以为很简单但其实并没有用好）的 Excel 和 PPT。实际上在市面上被展示出来的数据报告大部分仍然是用这两个工具完成的，这一部分就会以这两个工具的使用逻辑展开。

第 11 章

Excel：基础但不"小白"的分析工具

当有了很多数据分析的程序之后，如果说一个人分析数据还用 Excel，大家就会觉得有点"老土"。但 Excel 实际上远远被低估了，它能够实现几乎所有业务需要的分析需求，并且对于新手十分友好，毕竟它的拼写是"Excellent"的前五个字母。

这一章会讲解商业数据录入、数据整理、数据分析过程中的常用解决方案，同时在每一小节都有一个"证明你不是小白"的方法，这些方法是在营销数据分析中常用但稍有门槛的功能。

1. 数据录入：你的打开方式对吗

Excel 是个筐，先要把数据往里装。虽然 Excel 在很多场景下对新手都很友好，但它对文件格式、数据格式还是有一些基本的要求的。只有使用了正确的"打开方式"，才能推进数据分析。使用正确的格式，运用人和机器能够共同达成的规则来表达商业诉求，也是很多企业数字化转型的第一步。

文件格式：让表内数据成行成列

表格最常用的文件格式当然就是 Excel 本身（文件名 .xlsx），本章后续的内容，也均以 xlsx 文件格式为准。在这个格式下可以完成各种数据的处理和计算。但是，我们拿到的数据未必是 xlsx 格式，而如果我们要将其他格式的数据再一一手动录入 Excel，是非常费时费力的。通常情况下，从数据系统中导出的数据格式主要有两种：txt 和 csv 格式。之所以是这两种格式而不是 xlsx，是因为后者文件较大，而前两者文件较小更容易下载。

如果下载的数据是 txt 格式，以图 11-1 为例。

图 11-1　txt 格式数据示意图

可以先新建一个 Excel 文件，然后进行简单快捷的数据导入即可。打开 Excel→数据→获取外部数据→自文本→选中相应文件，如图 11-2 所示。

图 11-2　txt 格式数据导入 Excel 操作示意图

Excel 中会出现如图 11-3 所示的样式。

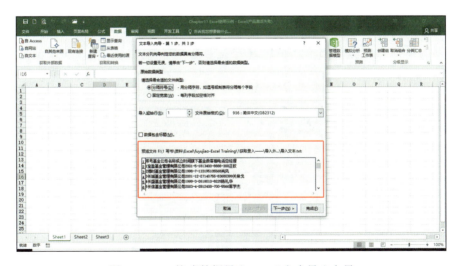

图 11-3　txt 格式数据导入 Excel 文本导入向导

会发现，框选的部分是堆放起来的数据，无法区分每一列的信息。不过，在这个页面的引导中，有"分隔符号"和"固定宽度"的选项。在本文件中，选择"分隔符号"→Tab 键，即可获得相应的数据样式，如图 11-4 所示。

图 11-4　txt 格式数据导入 Excel 文本导入向导——分列

最终，数据表格会进入 Excel 中，表格的具体位置默认以导入数据前鼠标光标所在的单元格位置为表格左上角第一格。导入完成结果如图 11-5 所示。

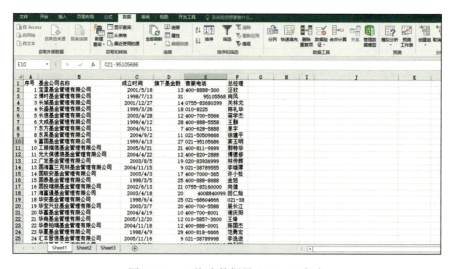

图 11-5　txt 格式数据导入 Excel 完成

在实际操作过程中,可能会遇到这样那样的问题。比如,实际上需要使用"-"作为分隔符,或者在固定列宽的位置划分每一列的位置。反复测试和使用搜索引擎,能够帮助你应对这些临时状况。

如果原始数据是 csv 格式的话,双击打开文件,表格的样式和 Excel 一样,但是在表格中的公式计算过程、格式都不会得到保留。最差的情况是在 csv 格式的文件里进行了一顿操作,关掉以后再打开发现白忙活了半天。不过,这样的情况可以很简单地应对,直接把 csv 格式文件另存为 xlsx 格式,就可以开始进行数据计算了。

数据格式:无法计算都因为这步没做

文件格式调整为 xlsx 之后,就需要查看数据的格式了。如果这一步没做,就会导致后续进行数据计算的时候,发现无法计算。当然,怎么可能让两个文本相加呢?又怎么能把身份证号当成一个数字去做运算呢?在这个环节,有几个常见的注意事项。

首先,将 csv 格式数据粘贴成值。通常 csv 格式的数据是文本格式而非数值格式的,在数据导出后也常常有一个"小三角"来表示此刻数据无法计算。这个小三角也会出现在发生数据错误的时候。比如,在如图 11-6 所示的单元格里输入"=1/0",也就是用数字 1 除以 0,我们知道 0 是不能做分母的,那么这个时候"小三角"就会出现,提示存在错误。

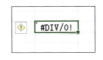

图 11-6　Excel 中提示存在错误

单击"小三角"左侧的叹号,会告知发生了什么错误。当 csv 格式的文件被另存为 xlsx 格式后也出现类似的"小三角"的时候,只需要选择"全选→复制→粘贴成值"即可,如图 11-7 所示。

图 11-7　在 Excel 中粘贴成值

其次,让内容与格式正确匹配。为什么说 Excel 很 Excellent(棒)呢?因为它已经想到了你可能会使用到的各种数据格式。按照如图 11-8 所示的路径:开始→数字下拉菜单,就可以选择数据的相应格式。

图 11-8　在 Excel 中设置数据格式

以刚才导入的数据为例，见表 11-1。

表 11-1 txt 导入数据示意

序号	基金公司名称	成立时间	旗下基金数	客服电话	总经理
1	宝盈基金管理有限公司	2001/5/18	13	400-8888-300	汪钦
2	博时基金管理有限公司	1998/7/13	31	95105568	肖风
3	长城基金管理有限公司	2001/12/27	14	0755-83680399	关林戈
4	长盛基金管理有限公司	1999/3/26	18	010-8225	陈礼华
5	长信基金管理有限公司	2003/4/28	12	400-700-5566	蒋学杰
6	大成基金管理有限公司	1999/4/12	28	400-888-5558	王颢
7	东方基金管理有限公司	2004/6/11	7	400-628-5888	单宇
8	东吴基金管理有限公司	2004/9/2	11	021-50509666	徐建平
9	富国基金管理有限公司	1999/4/13	27	021-95105686	窦玉明
10	工银瑞信基金管理有限公司	2005/6/21	21	400-811-9999	郭特华

- 第一列：序号，应为"数字"格式；
- 第二列：基金公司名称，应为"文本"格式；
- 第三列：成立时间，应为"日期"格式，根据需求选择"长日期"或"短日期"中的一个展现形式即可；
- 第四列：旗下基金数，应为"数字"格式；
- 第五列：客服电话，应为"文本"格式；
- 第六列：总经理，应为"文本"格式。

Excel 有一个默认的"常规"模式，能够匹配正确多数的数据格式。不过，你有发现表 11-1 中哪个地方有点奇怪吗？第二行的客服电话，好像和其他数据不太一样。是的，电话号、身份证号等信息，经常会被系统误认为是数字。这个时候把它调整为"文本"格式即可，调整后这一行的数据就和其他数据重新融为一体了，见表 11-2。

表 11-2　txt 导入数据"客服电话"调整为文本格式后示意

序号	基金公司名称	成立时间	旗下基金数	客服电话	总经理
1	宝盈基金管理有限公司	2001/5/18	13	400-8888-300	汪钦
2	博时基金管理有限公司	1998/7/13	31	95105568	肖风
3	长城基金管理有限公司	2001/12/27	14	0755-83680399	关林戈
4	长盛基金管理有限公司	1999/3/26	18	010-8225	陈礼华
5	长信基金管理有限公司	2003/4/28	12	400-700-5566	蒋学杰
6	大成基金管理有限公司	1999/4/12	28	400-888-5558	王颢
7	东方基金管理有限公司	2004/6/11	7	400-628-5888	单宇
8	东吴基金管理有限公司	2004/9/2	11	021-50509666	徐建平
9	富国基金管理有限公司	1999/4/13	27	021-95105686	窦玉明
10	工银瑞信基金管理有限公司	2005/6/21	21	400-811-9999	郭特华

另外，要特别注意日期相关的数据格式。还是刚才的数据样例（见表 11-3），你来看看有什么不同。

表 11-3　txt 导入数据"成立时间"以数字格式呈现示意

序号	基金公司名称	成立时间	旗下基金数	客服电话	总经理
1	宝盈基金管理有限公司	37029.00	13	400-8888-300	汪钦
2	博时基金管理有限公司	35989.00	31	95105568	肖风
3	长城基金管理有限公司	37252.00	14	0755-83680399	关林戈
4	长盛基金管理有限公司	36245.00	18	010-8225	陈礼华
5	长信基金管理有限公司	37739.00	12	400-700-5566	蒋学杰
6	大成基金管理有限公司	36262.00	28	400-888-5558	王颢
7	东方基金管理有限公司	38149.00	7	400-628-5888	单宇
8	东吴基金管理有限公司	38232.00	11	021-50509666	徐建平
9	富国基金管理有限公司	36263.00	27	021-95105686	窦玉明
10	工银瑞信基金管理有限公司	38524.00	21	400-811-9999	郭特华

是的，我把它变成了数字格式。这个数字又代表什么呢？以及，为什么日期是可以变成数字格式的呢？按照数据类型的划分，日期是一种定距数据，可以进行加减计算。比如，"今天"减去"昨天"就是 1 天，"今天"减去"去年今天"就是 365 天（如果没有遇到闰年的话）。考虑到日期的这个特性，Excel 聪明地把 1900/1/1 默认为 1，这样就有了一把基于时间的尺子，所以日期之间也可以计算了。

以上就是数据格式设置过程中需要重点注意的事项，在实际业务中可能遇到的情况无法穷尽。如果说看到这里有什么需要记住的，那就是：当你在进行数据计算的时候，发现"莫名其妙"地进行不下去了，多半是因为数据格式出现了问题。返回来查看，八成就能找到问题所在了。

证明你不是小白：数据验证

在数据录入的过程中，有一个可能会用到的功能，就是"数据验证"。这个功能一方面是初学 Excel 的新手不太会接触的，而且在数据文件都依赖线下分析的时候，这个功能也很难充分发挥作用。但是，现在行业里使用线上表格收集数据的情况越来越多，对数据格式和内容有要求的场景也越来越多，因此这个功能就显得更加重要了。

举例来说，比如我们已经跑出了一个广告监测数据，见表 11-4。

表 11-4　广告监测数据需要添加媒体类型情况示意

媒体名称	媒体类型	位置名称	频道名称	曝光	独立曝光者	点击	独立点击者
百度		品牌专区	品牌专区	0	0	57160	56529
百度		网络联盟	网络联盟	0	0	18804	18734
中国工控网		应用设计频道Application	应用设计频道Application Desi	135547	124822	4511	4496
国际工业自动化网		首页Homepage-顶部通栏Top	首页Homepage	4496	3936	460854	379359
财新网		homepage Top Banner首页	Homepage 首页	608572	396777	3860	3812
财新网		Articlepage PIP 1文章	Articlepage文章页	5255479	3253410	26158	25506
财新网		Articlepage right skysc	Articlepage文章页	3073583	2200224	13647	13374
财经网		右侧画中画（Right-In Art	首页homepage	11175549	5229939	30780	13601
财经网		右侧小通栏（Right-In A	生活频道首页（生活,专栏,博客	9430037	4310649	24337	12598
新浪网		首页顶部五轮播通栏	首页 Homepage	0	0	5959	5582
新浪网		龙渊覆盖类视窗资源池组合	新浪首页/新闻首页/财经首页	4166644	3481917	31628	28933
新浪网		新闻首页要闻下两轮播通栏	新闻首页要闻	0	0	386	367
新浪网		新闻首页国内新闻下三轮播	新闻首页国内新闻	0	0	253	230
航班管家		Banner（1/3轮播随机）	机票首页	125362201	122340354	762783	550039
航班管家		全屏（1/3轮播随机）	开机	14936818	10228894	1	1
今日头条-M		信息流-小图（CPM形式,不	推荐首页	27509404	8381368	269809	204340
高铁管家-M		Banner（1/3轮播随机）	车票首页	92614479	89653310	674668	542607
高铁管家-M		全屏（1/3轮播随机）	开机	6063530	6054579	301	290
中华工控网		首页Homepage-下拉式广告	首页Homepage	806459	447998	1027	643
中国传动网		首页Homepage-通栏Banner	首页Homepage	4	4	8078	8039
造车网		首页 Homepage-顶部通栏T	首页 Homepage	368606	2440	6424	6392
汽车制造网		首页Homepage-焦点图PIP	首页Homepage	4	1	24239	23752
中国仿真互动网		首页Homepage-顶部半通栏	首页Homepage	45224	7871	783	720
中国机械社区		帖子内页Post Inner Page	帖子内页Post Inner Page	0	0	1876	1177

表 11-4 中包含媒体、频道、位置相关的维度，与曝光次数和人数、点击次数和人数的数据。在后续的分析过程中，我们希望按照不同媒体类型来分析数据表现。但是，媒体类型这个维度是无法直接通过数据系统获取的，需要在原始数据基础之上做标注。

如果对标注的方式没有限制，就可能出现问题。如果这个表格更长、媒体更多，甚至是多人在同一个表格里协作标注，每个人可能对媒体类型的理解不同，比如"今日头条"，可能有的人按照内容特色标注成"新闻媒体"，而有的人按照广告类型标注成"信息流媒体"，那么就会影响数据分析的维度。如果采用人工手段标注，还有一个潜在的问题，就是错别字，就算都标注"新闻媒体"，也可能有一个人一不小心就打成了"西文媒体"。而数据验证这个功能就可以避免上述问题的发生。

查看表 11-4 中的媒体，可以统一归为四类。

- 搜索引擎：百度；
- 工业垂直媒体：中国工控网、国际工业自动化网等其他媒体；
- 新闻类媒体：财新网、财经网、新浪网、今日头条 -M（M 代表移动端，Mobile 的首字母）；
- 出行类媒体：航班管家、高铁管家。

接下来，就可以使用数据验证的方法，让标注的信息可控。具体操作方式是：在原有表格之后建立一个新的 sheet，录入如图 11-9 所示的信息。

然后回到原表，把光标放在"媒体类型"单元格的下方，在 Excel 里单击：数据→数据验证→数据验证，如图 11-10 所示。

然后会出现一个对话框，如图 11-11 所示。

第 11 章　Excel：基础但不"小白"的分析工具

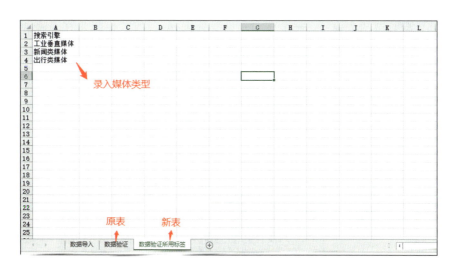

图 11-9　建立新表录入数据验证所用标签

图 11-10　在原表中对应"媒体类型"一列设置数据验证

图 11-11　"数据验证"对话框设置

需要做两个设置：一是在“允许”处选择“序列”，二是在“来源”处选中第二张表格中的几个媒体类型。这两个设置的意思是，这里不允许其他的数值类型（比如日期、百分比等），只允许指定的序列，而指定的序列就是刚才新建那张表格里的 A1 到 A4 这几个单元格。

设置完成之后，在表格中就会出现如图 11-12 所示的类似下拉菜单的样式。

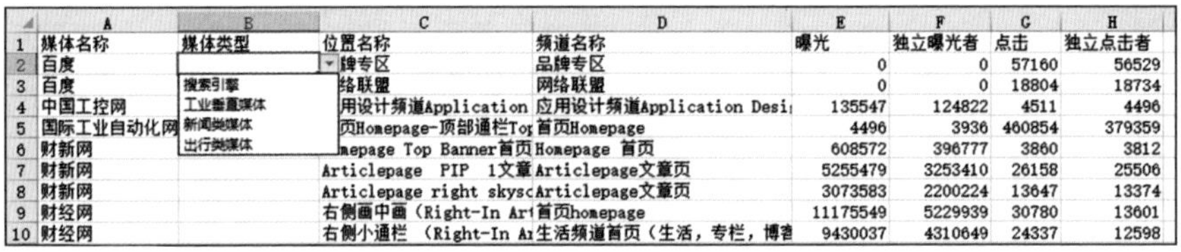

	A	B	C	D	E	F	G	H
1	媒体名称	媒体类型	位置名称	频道名称	曝光	独立曝光者	点击	独立点击者
2	百度		牌专区	品牌专区	0	0	57160	56529
3	百度	搜索引擎	络联盟	网络联盟	0	0	18804	18734
4	中国工控网	工业垂直媒体	用设计频道Application	应用设计频道Application Desi	135547	124822	4511	4496
5	国际工业自动化网	新闻类媒体	页Homepage-顶部通栏Tor	首页Homepage	4496	3936	460854	379359
6	财新网	出行类媒体	mepage Top Banner首页	Homepage 首页	608572	396777	3860	3812
7	财新网		Articlepage PIP 1文章	Articlepage文章页	5255479	3253410	26158	25506
8	财新网		Articlepage right skysc	Articlepage文章页	3073583	2200224	13647	13374
9	财经网		右侧画中画（Right-In Ar	首页homepage	11175549	5229939	30780	13601
10	财经网		右侧小通栏 （Right-In Ar	生活频道首页（生活，专栏，博客	9430037	4310649	24337	12598

图 11-12 数据验证设置完成

B2 单元格就可以从菜单中选择“搜索引擎”来填写，向下拖动 B2 单元格的右下角，会将数据验证的格式复制到 B 列下方的其他单元格，就可以在后面的表格中指定要填写的媒体类型了。

2. 数据整理：至少要看三眼

数据录入完成之后，就进入工程量比较大的数据整理阶段了。如果说上一阶段的目标是让数据规整、可计算，那么这一阶段的目标就是按照业务需求整合出能够用以可视化呈现的数据。

在这个阶段，有些数据在原始数据阶段就能够看出高低，有一些则需要进一步整理，还有一些需要在使用公式计算之后，才能够用于可视化呈现。因此，要具体问题具体分析，接下来就根据不同的数据情况来制定整理数据的策略。

第一眼就能看出来高低的数据

有一些原始数据很完整，能够描述一个业务状况，这种数据用"第一眼"就可以判断出来。当然，这一眼可能还需要一些工具辅助，这里就介绍三个常用的方法：筛选、条件格式、排序。

筛选是快速定位某一维度数据的手段。仍然以前面广告媒体监测数据为例，有些时候我们需要简单抽取某个媒体的数据，只需要按照"开始→排序和筛选→筛选"的路径操作即可，如图 11-13 所示。

图 11-13　Excel"筛选"功能

然后就可以按照媒体名称进行筛选了。比如，希望选择"新浪网"的所有数据，单击"媒体名称"右侧的筛选按钮，取消默认的"全选"，然后在"新浪网"前打钩，如图 11-14 所示。

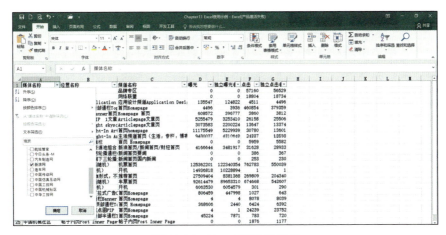

图 11-14　Excel 筛选特定值

单击"确定"后,该页面就只保留了新浪网相关的数据,如图 11-15 所示。

	A	B	C	D	E	F	G
1	媒体名称	位置名称	频道名称	曝光	独立曝光者	点击	独立点击者
11	新浪网	首页顶部五轮播通栏	首页 Homepage	0	0	5959	5582
12	新浪网	龙渊覆盖类视窗资源池组合	新浪首页/新闻首页/财经首页	4166644	3481917	31628	28933
13	新浪网	新闻首页要闻下两轮播通栏	新闻首页要闻	0	0	386	367
14	新浪网	新闻首页国内新闻下三轮播	新闻首页国内新闻	0	0	253	230

图 11-15　Excel 筛选特定值完成

但其他的数据并没有消失,在图 11-15 中的最左侧能够看到,这些数据来自表格的 11～14 行。如果要恢复刚才的数据展现样式,有两种方法。一是在"筛选与排序"处单击已经被选中的"筛选",也可以单击"清除",如图 11-16 所示。

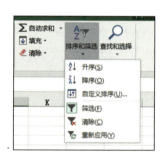

图 11-16　Excel 恢复筛选前展现可单击"筛选"或"清除"

二是单击刚才表格上"媒体名称"右侧显示的已经在筛选中的按钮,然后重新单击"全选",如图 11-17 所示。当然,如果这个时候,你想换一个媒体来查看数据,也可以直接在对应的那个媒体前打钩。

另一个可以迅速定位某一维度数据的方式是条件格式,也是查找异常值的方法之一。在互联网广告监测过程中,有些时候一些广告位不支持添加曝光或点击代码(原因很多,有一些是技术原因,有一些是因为强势媒体方针对一些位置不开放某种监测),那么就会出现曝光或点击数值为 0 或者很小的情况。前面所使用的表格中就存在这样的数据。试想，如果想了解不同媒体类型各贡献了多少曝光，就会对不同媒体类型的曝光数据分别求和，而没有开放曝光监测的媒体的数据就无法被计入，那么就存在"不公平"的现象。这在数据报告中需要特别说明。那么如何找到这样的数据呢？单击：开始→条件格式→突出显示单元格规则。具体操作如图 11-18 所示。

图 11-17　Excel 更换筛选值示意图

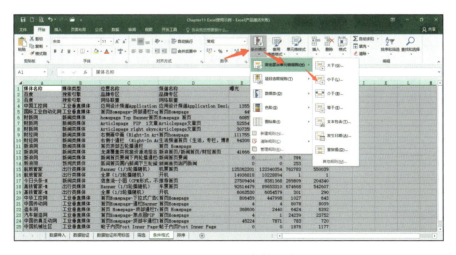

图 11-18　Excel 条件格式

在"突出显示单元格规则"处对需要特别标识出来的数据进行描述。前面说到，通常会出现一个很小的数据，那么我们就把这个数值定位在个位数，即 < 10，如图 11-19 所示。

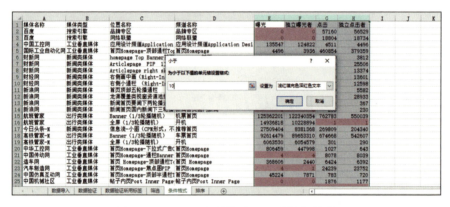

图 11-19　Excel 条件格式——选择条件值

这样，没有添加曝光或点击代码的数据就会出现设置的格式样式，与其他数据格式产生差异。条件格式的用法还有很多，探索一下条件格式的下拉菜单，就会看到不少惊喜，如图 11-20 所示。

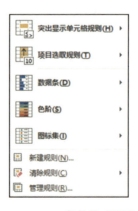

图 11-20　Excel 条件格式可选格式

比较常用的"项目选取规则"里可以选择比如 TOP10 的数据或者

BOTTOM10 的数据、前 10% 或后 10% 的数据，还可以标注出高于或者低于平均值的数据；"数据条"能够根据数据的大小在单元格里填充颜色，颜色越多数据越大，在不需要进行精细排序的情况下，使用数据条能够很快找到最大的数据，或者一列数据是按照时间排列的，则可以直接通过色块可视化这段时间的数据趋势。

筛选和条件格式都能够快速定位单个数据，而排序可以对整体数据进行排列。数据报告撰写有一个默认规则是：数据展现按照降序排列。我们可以参考之前重点分析过的 QuestMobile 出品的《2022 年中国短视频直播电商发展洞察》，其中的两页就体现了这个规律，如图 11-21、图 11 22 所示。

抖音直播中，食品饮料等高频次低单价的产品占销售主导。其中，尤其以休闲零食、方便速食类产品销量显著，而母婴与家电两大行业总体销售情况不及其 1/3。

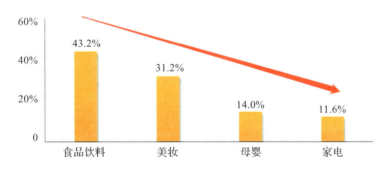

图 11-21　数据展示按降序排列示意图

注：1. 直播数据统计范围，指定周期内，抖音和快手平台中，活跃用户数大于 500 万人的 KOL 的直播带货数据。
2. 典型消费行业，指食品饮料、美妆、母婴、家电行业。
3. 行业直播销售额占比，指统计周期内，某行业直播销售额占典型消费行业总直播销售额的比例。

资料来源：QuestMobile TRUTH BRAND 品牌数据库，2022 年 2 月。

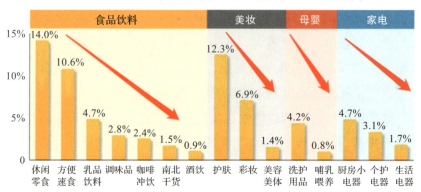

图 11-22　数据展示分类按降序排列示意图

注：1. 直播数据统计范围，指定周期内，抖音和快手平台中，活跃用户数大于 500 万人的 KOL 的直播带货数据。

2. 典型消费行业，指食品饮料、美妆、母婴、家电行业。

3. 品类直播销售额占比，指统计周期内，某品类直播销售额占典型消费行业总直播销售额的比例。

资料来源：QuestMobile TRUTH BRAND 品牌数据库 2022 年 2 月。

图 11-21 按照大品类的直播销售额占比，做了降序排列；图 11-22 又在四个大类内部进行了子品类的降序排列。这里也能再次看出该机构做报告的用心。如果简单粗暴，可以直接使用子品类做 TOP15 的排序，能够总结出来的数据结论就是零散的"直播销售额 TOP15 是 ×××"，又或者类似于"其中 TOP3 是休闲零食、护肤、方便速食"。QuestMobile 则进行了两层维度的归纳和排序，从而找到了"优势行业中的战斗行业"。

那么如何对数据排序呢？仍然使用刚才的表格，假设我希望针对曝光量这个指标进行降序排列，只需要选择：数据→排序。具体操作如图 11-23 所示。

之后会出现一个对话框，在里面选择按照曝光降序即可，如图 11-24 所示。

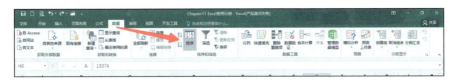

图 11-23　Excel 中设置"排序"

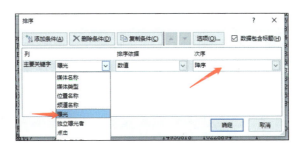

图 11-24　Excel 中根据特定指标设置"降序"

最终呈现的数据情况如图 11-25 所示。

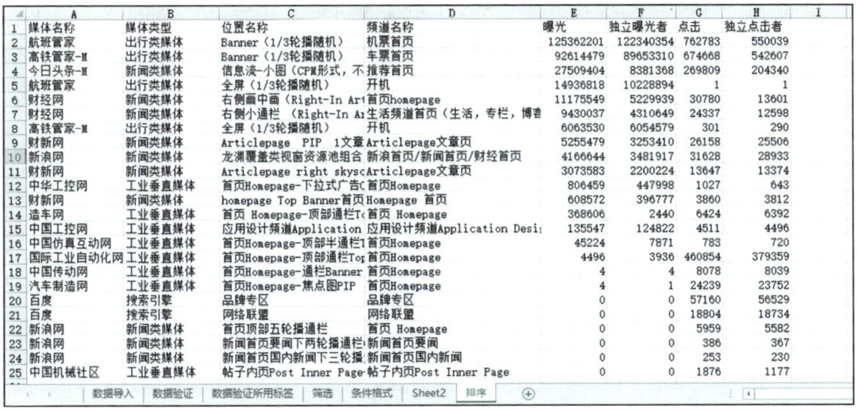

	媒体名称	媒体类型	位置名称	频道名称	曝光	独立曝光者	点击	独立点击者
2	航班管家	出行类媒体	Banner（1/3轮播随机）	机票首页	125362201	122340354	762783	550039
3	高铁管家-M	出行类媒体	Banner（1/3轮播随机）	车票首页	92614479	89653310	674668	542607
4	今日头条-M	新闻类媒体	信息流-小图（CPM形式，不	推荐首页	27509404	8381368	269809	204340
5	航班管家	出行类媒体	全屏（1/3轮播随机）	开机	14936818	10228894	1	1
6	财经网	新闻类媒体	右侧画中画（Right-In Ar	首页homepage	11175549	5229939	30780	13601
7	财经网	新闻类媒体	右侧小通栏 （Right-In A	生活频道首页（生活，专栏，博客	9430037	4310649	24337	12598
8	高铁管家-M	出行类媒体	全屏（1/3轮播随机）	开机	6063530	6054579	301	290
9	财新网	新闻类媒体	Articlepage PIP 1文章	Articlepage文章页	5255479	3253410	26158	25506
10	新浪网	新闻类媒体	龙渊覆盖类视窗资源池组合	新浪首页/新闻首页/财经首页	4166644	3481917	31628	28933
11	财新网	新闻类媒体	Articlepage right skysc	Articlepage文章页	3073583	2200224	13647	13374
12	中华工控网	工业垂直媒体	首页Homepage-下拉式广告(	首页Homepage	806459	447998	1027	643
13	财新网	新闻类媒体	homepage Top Banner首页	Homepage 首页	608572	396777	3860	3812
14	造车网	工业垂直媒体	首页 Homepage-顶部通栏T	首页 Homepage	368606	2440	6424	6392
15	中国工控网	工业垂直媒体	应用设计频道Application	应用设计频道Application Desi	135547	124822	4511	4496
16	中国仿真互动网	工业垂直媒体	首页Homepage-顶部半通栏T	首页Homepage	45224	7871	783	720
17	国际工业自动化网	工业垂直媒体	首页Homepage-顶部通栏Top	首页Homepage	4496	3936	460854	379359
18	中国传动网	工业垂直媒体	首页Homepage-通栏Banner	首页Homepage	4	4	8078	8039
19	汽车制造网	工业垂直媒体	首页Homepage-焦点图PIP	首页Homepage	4	1	24239	23752
20	百度	搜索引擎	品牌专区	品牌专区	0	0	57160	56529
21	百度	搜索引擎	网络联盟	网络联盟	0	0	18804	18734
22	新浪网	新闻类媒体	首页顶部五轮播通栏	首页 Homepage	0	0	5959	5582
23	新浪网	新闻类媒体	新闻首页要闻下两轮播通栏	新闻首页要闻	0	0	386	367
24	新浪网	新闻类媒体	新闻首页国内新闻下三轮播	新闻首页国内新闻	0	0	253	230
25	中国机械社区	工业垂直媒体	帖子内页Post Inner Page	帖子内页Post Inner Page	0	0	1876	1177

图 11-25　按曝光降序后数据

这个时候你会不会有个疑问：前面讲到筛选功能的时候，在"开始"页面有个按钮叫作"排序和筛选"（见图 11-26），为什么排序不从那里进入呢？

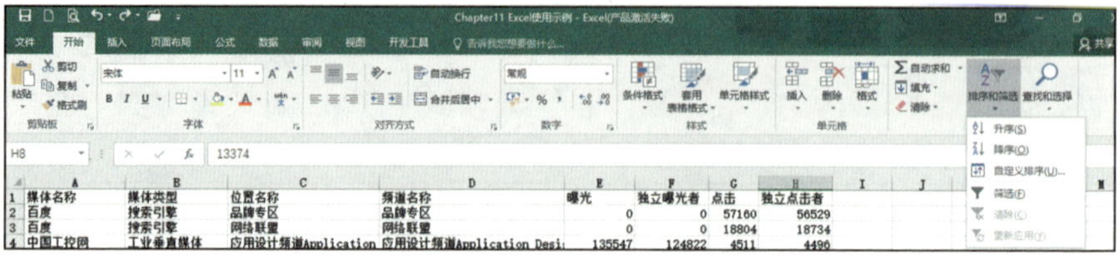

图 11-26　Excel 中排序设置的其他入口

因为这里相当于一个快捷按钮，如果直接单击"升序"或"降序"，是默认以第一列的数据为准进行排列的，而图 11-26 中的表格第一列是媒体名称，可以试一下，单击后会按照拼音字母的顺序来排列数据。

如果聪明如你，还记得前面 QuestMobile 的数据样例，可能还会有另一个疑问：这里只讲了怎么根据单一维度排序，那如果想像 QuestMobile 一样进行两层维度的排序呢？这就要等你读完这一整章，借助其他工具来完成了。答案会在章末揭晓。

第二眼才算规整的数据

"第一眼"就能看明白的数据，是可以直接通过一个功能就能够带来一个数据结论的。但很多时候，这还不够。有多个重复数据怎么处理？有"年—月—日"的数据，需要抽取单月数据来研究怎么办？"第二眼"就来解决这些问题。这部分介绍两个常用的数据的"微整形"方案，这两个简单的调整能够让数据更规整。它们是"删除重复项"和"拆分与合并"，它们在营销数据分析中也有比较典型的使用场景。

删除重复项：在社交媒体数据去除噪声的过程中最为常用。

这个功能看名称就很好理解，就是删除相同的内容。仍然以前面使用的广告监测数据为例，这波活动使用了多家媒体，但如果问你使用了几家，是不是还一时回答不上来？那就可以把"媒体名称"一列单独提出来,做"删除重复项"的处理,如图 11-27 所示。

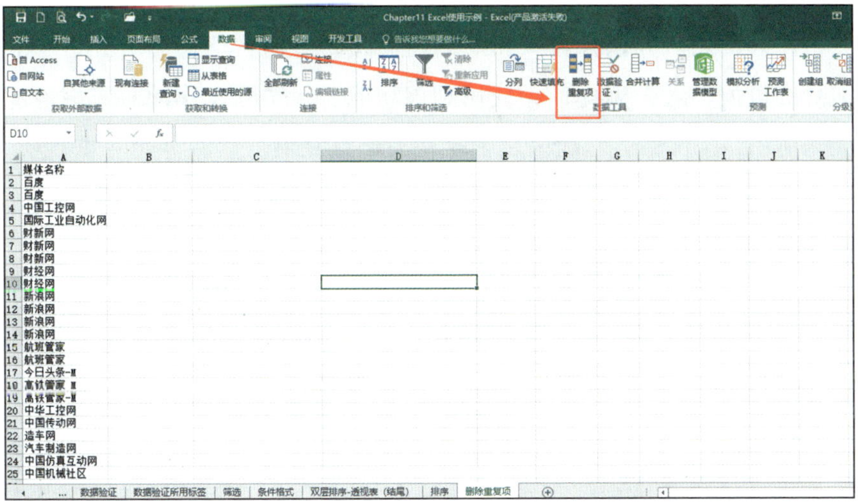

图 11-27　Excel 中删除重复项

最终结果如图 11-28 所示。

图 11-28　Excel 中删除重复项完成示意图

除了第一行"媒体名称"之外,共有 15 家媒体,这样每个媒体名称只出现一次,就完成了删除重复项的工作。

你可能会问:为什么"删除重复项"在社交媒体数据的去噪过程中会经常被使用?这主要是因为,抓取社交数据尤其是舆情数据的时候,默认所有带有某品牌或产品关键词的微博内容都会被抓取回来,但是有一些产品的代言人的粉丝会重复刷相同的内容,虽然发布者是不同的粉丝,但内容完全一样。这些数据有些时候是没有必要保留的。比如,想研究该代言人粉丝的内容发布方向,但通常对分析产品本身的价值不大,因此,会使用到该功能。在实际操作的时候,可能会先使用"条件格式"确认是否存在大量重复值,然后再删除重复项。以图 11-29 某奶制品舆情数据为例:开始→条件格式→突出显示单元格规则→重复值。

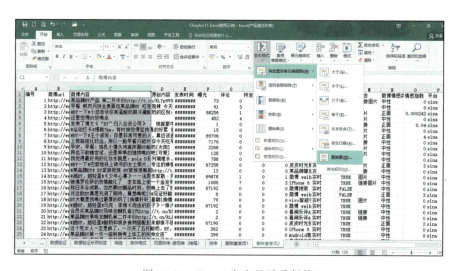

图 11-29　Excel 突出显示重复值

然后就会发现,的确有一些完全相同的微博内容,如图 11-30 所示。

可以选中 C 列,进行删除重复项的操作。与刚才的案例不同,图 11-30 中的表有很多列,那么相当于以 C 列的数据为基准,如果有重复的数据,就需要删除该内容的一整行。因此,会弹出一个对话框来确认,是否需要"扩展选定区域",默认选择需要即可,如图 11-31 所示。

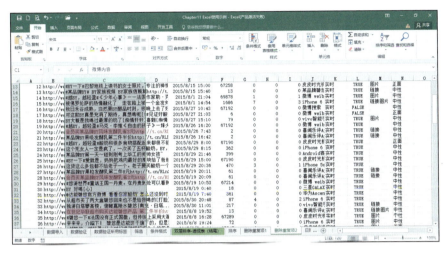

图 11-30　Excel 突出显示重复值完成

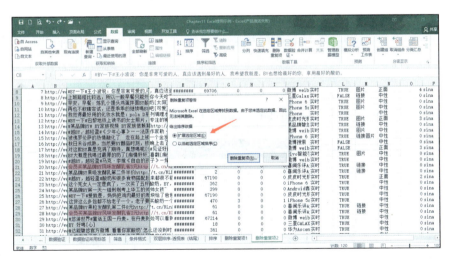

图 11-31　Excel 中"扩展选定区域"

这之后会再出现一个对话框，再次询问是否扩展到所有的维度，如图 11-32 所示。

在这个例子中，直接按照默认的"全选"选择，之后单击"确定"即可，那么相同的微博内容只会保留列表中更靠前的那一行数据。

图 11-32　Excel 中扩展选定区域维度设置

拆分与合并：在日期和年月转换、手机号数据处理等场景下使用。

在广告、网站、社交媒体的数据分析中，都会出现按照时间维度的分析需求。而时间的数据展示方式是相对复杂的，如何拆分出日期和时间，在日期中拆分到年、月、日呢？仍然使用刚刚的社交媒体数据，E 列为微博的"发表时间"，如图 11-33 所示。

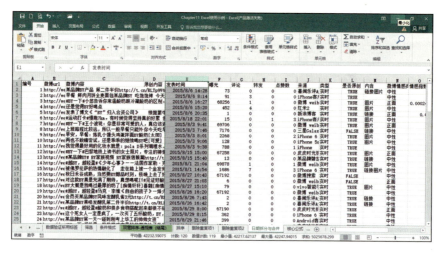

图 11-33　Excel 中日期和时间拆分需求示意图

我们希望能够按照年、月、日、时、分这五个维度对数据进行再次拆分。通常的办法是，先保留原来的数据，也就是说不要对 E 列进行数据编辑，这样能够保持原始数据的完整性。然后复制 E 列，粘贴到新在 E 列右侧添加的列，同时预留出"年、月、日、时、分"五列空位，如图 11-34 所示。

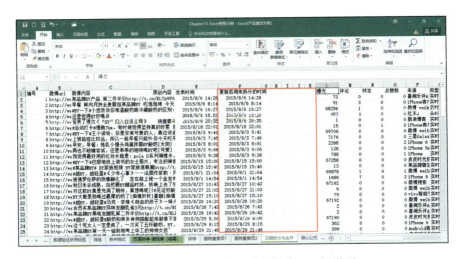

图 11-34　Excel 中日期和时间拆分——新增列

接着选中新建的"复制后用来拆分的时间"（F 列），按照以下路径操作：数据→分列。具体操作如图 11-35 所示。

这个时候又会出现一个对话框，来确认以什么方式来分割数据。我们来研究一下时间数据的格式："年（都是四个数字）/ 月（虽然图 11-35 中展现的都是一位数字，但有可能出现两位数字）/ 日（一位数字或者两位数字）小时（一位数字或两位数字）：分钟（两位数字）：秒（两位数字，在图 11-35 中没有显示，但在对话框中有显示，也就是说如果需要精确到秒的话，可以通过调整数据格式来实现，但当前不需要）"。由于有多个数字有可能是一位数也有可能是两位数，那么在两个选项"分隔符号"和"固定宽度"中就不能选择后者。要使用

"分隔符号"的话，涉及多个分隔符。第一个是空格，日期和时间之间是使用空格隔开的；第二个是"/"，区隔了年、月、日；第三个是":"，区隔了时、分、秒。那么接下来就从更高维度开始分离数据，选择：分隔符号→下一步→空格。具体操作如图 11-36 所示。

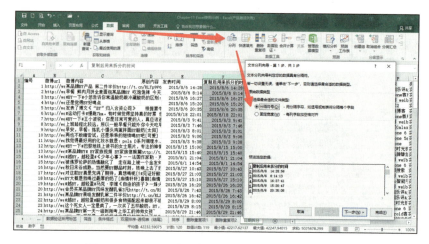

图 11-35　Excel 中日期和时间拆分——首次分隔

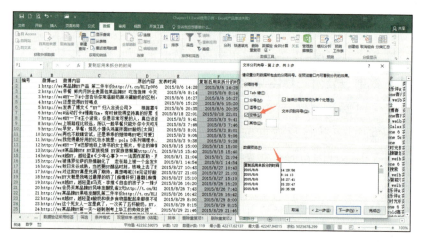

图 11-36　Excel 中日期和时间拆分——以空格分隔

对话框会根据你设置的分隔符号，在下方展示数据预览，这里能够看到日期和时间已经得到了分隔,那么单击"下一步→完成",完成后的结果如图11-37所示。

图11-37 Excel中日期和时间拆分——以空格分隔完成示意图

F列只剩下了年月日,时分秒的部分都是0,而时间已经被拆分到了G列。在进行下一步之前,需要先对F列的格式进行转换,只保留日期,如图11-38所示。

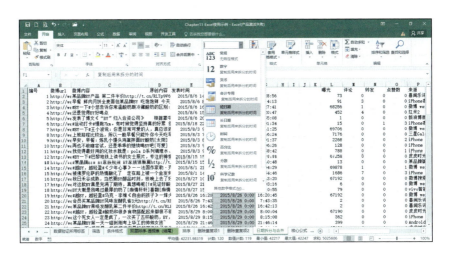

图11-38 Excel中日期和时间拆分——实现两列分别为日期和时间

你应该已经发现了，一旦进行数据拆分，拆分的两列数据会自动落到当前列和当前列的右侧一列。我们接下来就要把时间数据粘贴到更靠后的列，然后分别对日期和时间数据进行拆分，如图 11-39 所示。

图 11-39　Excel 中日期和时间拆分——日期和时间两列分开

如 F 列和 I 列所示，接下来的操作流程就和刚才类似了，只需要在选择分隔符的时候分别选择"/"和"："即可。以年、月、日的分隔为例，需要进行如图 11-40 所示的设置。

和之前一样，如果分列后数据格式不对，就调整为"数字"格式即可，最终的数据结果如图 11-41 所示。

数据拆分的场景会经常遇到，那什么时候需要进行数据合并呢？当然，日期和时间有可能需要合并，那我们就试着把刚才已经分开的数据再合并起来吧。在刚才的数据之后再插入一列，我们的目标是还原出一个 E 列的数据，如图 11-42 所示。

看公式好像觉得很难："=F2&"/"&G2&"/"&H2&"/"&"&I2&":"&J2&":"&K2"。但其实只需要三个工具：等号、&、英文格式的引号。在等号后面选中所有需要的表格中的数据,而要增加的符号用英文格式的引号引起来就可以,然后用"&"来连接。图 11-43 中的 L 列就是数据结果。

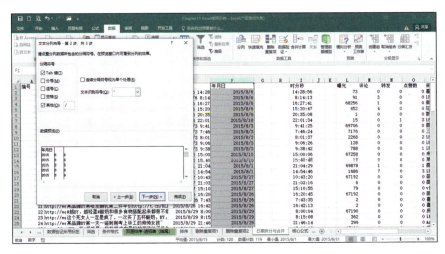

图 11-40　Excel 中日期和时间拆分——日期、时间各自分列

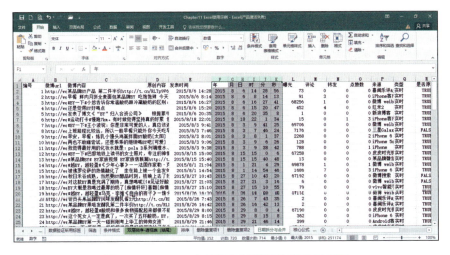

图 11-41　Excel 中日期和时间拆分完成示意图

图 11-42　日期和时间汇总为一列

图 11-43　日期和时间汇总为一列单行示意图

选中 L2，双击单元格右下角，这一列就会被按照同样的规则填充，如图 11-44 所示。

第三眼需要借助公式的数据

接下来，如果原始数据经过简单处理后仍然不能满足业务需求，就需要通过公式计算来实现了。这也许是你很期待的小节，但篇幅并不会很长。很多 Excel 教程中会花大量篇幅讲公式，也让人们误以为掌握 Excel 最重要的就是掌握公式。但如果看完前面的内容，你会发现功能、公式并不是最重要的，最重要的是如何用 Excel 解决某个业务问题、应对某个麻烦的场景；而且同样一个需求，在 Excel 中大概率有不止一种方式可以实现。所以过分强调公式，却不知道这些公式可以在什么场景下使用，就像是学了"哑巴英语"，学的是不 Excellent 的 Excel。

图 11-44　日期和时间汇总为一列完成示意图

这部分我会首先把做营销数据分析的"最少必要公式"罗列出来，之后会提供一个比这更重要的方法，就是如果遇到了看不懂的公式、不会处理的数据需求，可以如何处理。我们先了解"最少必要公式"都有哪些，见表 11-5。

表 11-5　玩转 Excel 的"最少必要公式"

函数类型	公式	含义	场景举例
常用函数	SUM	求和	某个媒体各广告位曝光量求和
	AVERAGE	平均	已知多个 KOL 品牌微博转发量，求平均值
	MAX	最大值	一波广告投放，定位 CTR 最高的媒体
	MIN	最小值	一波广告投放，定位 CTR 最低的媒体

（续）

函数类型	公式	含义	场景举例
统计函数	COUNT	计数	有多少个数值
	COUNTA	文本计数	有多少个文本，如：有多少家媒体
	COUNTIF	单条件计数	多个媒体中，CTR 大于 1% 的有几个
	COUNTIFS	多条件计数	多个媒体中，CTR 大于 0.5% 且小于 1% 的有几个
逻辑函数	IF	条件	数据满足某个条件
	AND	且	CTR 大于 0.5% 且小于 1%
	OR	或	CTR 小于 0.5% 或大于 1%
	NOT	非	曝光量不等于 0
日期函数	TODAY	今天	直接输入当天的日期
	YEAR	年	直接输入当天的年份
	MONTH	月	直接输入当天的月份
	DAY	日	直接输入当天是某月的几号
	DATE	日期	合并年、月、日
文本函数	LEFT	左	单元格内第一个字母
	RIGHT	右	单元格内从后数第一个字
	MID	中	单元格内中间那个字
	LEN	长度	上面的单元格包含几个字

是的，只要有这些基础公式，就能解决数据整理过程中的大部分问题。使用公式的方法就是在单元格中打出"="然后加上函数就可以。以 SUM 公式为例，SUM 是 Summary（求和）的简写。例如，要对图 11-45 中的曝光量求和。

在 SUM 之后的括号中填写需要加和的表格即可，E2：E25 指的是 E 列的第 2 行到第 25 行的数据，这样就完成了求和。

看图 11-45，如果你足够细心，可能还会发现一个"小问题"：在表格最左侧，第 1 行下面就变成第 8 行了，这是为什么呢？因为表格太长，要想下拉到最后，可能就看不到表头了，为了可以时刻展现表头，使用了"视图→冻结窗格→冻结首行"的功能，这样无论表格下拉到哪里，都可以看到第一行的表头。这也是数据整理过程中经常使用的一个小功能。

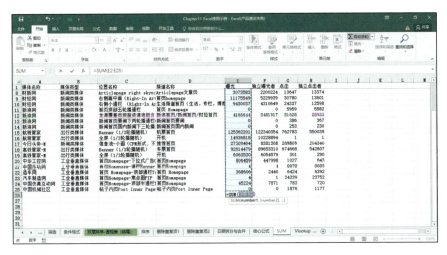

图 11-45　Excel 求和公式示意图

看到我已经在分享其他的小功能了，你是不是在想：公式的部分就这些内容吗？是的，虽然 Excel 中还有很多很多公式，但是在营销数据分析的时候未必会遇到。那么你担心的问题可能是：这些公式没有一一演示，该怎么使用呢？遇到新的公式怎么正确使用呢？授人以鱼不如授人以渔，这里分享几个趁手的工具。

工具一，适用于场景一：知道函数是什么，但不会使用。在输入"=函数（）"之后，使用快捷键〈Ctrl+A〉，就会自动弹出如图 11-46 所示的对话框。

以求和公式为例，对话框会告诉你，填写需要求和的第一个单元格和最后一个单元格的位置，来确定求和的范围，并且在下方有非常明确的解释。

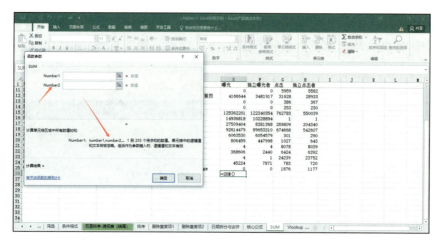

图 11-46　Excel 函数参数对话框

工具二，适用于场景二：需要使用新的函数，去哪里找？ 数据分析的需求的确是多变的，总有一些新的需求是之前没有接触过的、不在已有经验范围之内的。Excel 里面有两个很好的功能点：一个是专门有"公式"的 Tab，根据可能的需求查找公式；另一个就是 Office 软件自带的功能，在文档的上方有一个小灯泡的提示"告诉我您想要做什么"，单击后直接描述需求就可以了。具体查找入口如图 11-47 所示。

图 11-47　Excel 公式查找入口

工具三，适用于场景三：你永远可以相信搜索引擎。如果使用 Excel 时还是有一些问题很难解决，那么别忘了可以先跳出这个软件，到搜索引擎里搜索。以前只有"百科"来描述公式，现在有"经验"会用图文的方式展示步骤，甚至还有视频来带着你一步一步地使用公式。

很多时候，大家的确高估了公式的重要性和难度，使用上面的三个工具，基本能解决 Excel 公式相关的所有问题了。

证明你不是小白：VLOOKUP 公式

虽然 Excel 中的多数公式都可以用简单的方法解决，但有一个比较有难度的公式在营销和数据分析的过程中会被高频使用。同时，是否会使用这个公式，很多时候也被认为是数据分析“小白”和“专业入门”之间的一道坎，这个公式就是 VLOOKUP。下面通过一个熟悉的例子来展示 VLOOKUP 公式的功能。

前面我们使用“数据验证”的方式，为图 11-48 中的表格填允了每个媒体对应的媒体类型，这样保证了数据录入的统一性。但前面说过，这种录入方式更适合线上多人协作填写表格，每个人填写一条的情况。如果有几千条数据，其中只反复涉及这十几个媒体，要集中填充媒体类型，怎么办呢？

	A	B	C	D	E	F	G	H
1	媒体名称	媒体类型	位置名称	频道名称	曝光	独立曝光者	点击	独立点击者
2	百度		品牌专区	品牌专区	0	0	57160	56529
3	百度		网络联盟	网络联盟	0	0	18804	18734
4	中国工控网		应用设计频道Application	应用设计频道Application Desi;	135547	124822	4511	4496
5	国际工业自动化网		首页Homepage-顶部通栏Top	首页Homepage	4496	3936	460854	379359
6	财新网		homepage Top Banner首页	Homepage 首页	608572	396777	3860	3812
7	财新网		Articlepage PIP 1文章	Articlepage文章页	5255479	3253410	26158	25506
8	财新网		Articlepage right skysc	Articlepage文章页	3073583	2200224	13647	13374
9	财经网		右侧画中画（Right-In Art	首页homepage	11175549	5229939	30780	13601
10	财经网		右侧小通栏 （Right-In Ar	生活频道首页（生活，专栏，博客	9430037	4310649	24337	12598
11	新浪网		首页顶部五轮播通栏	首页 Homepage	0	0	5959	5582
12	新浪网		龙渊覆盖类视窗资源池组合	新浪首页/新闻首页/财经首页	4166644	3481917	31628	28933
13	新浪网		新闻首页要闻下两轮播通栏	新闻首页要闻	0	0	386	367
14	新浪网		新闻首页国内新闻下三轮播	新闻首页国内新闻	0	0	253	230
15	航班管家		Banner（1/3轮播随机）	机票首页	125362201	122340354	762783	550039
16	航班管家		全屏（1/3轮播随机）	开机	14936818	10228894	1	1
17	今日头条-M		信息流-小图（CPM形式，不	推荐首页	27509404	8381368	269809	204340
18	高铁管家-M		Banner（1/3轮播随机）	车票首页	92614479	89653310	674668	542607
19	高铁管家-M		全屏（1/3轮播随机）	开机	6063530	6054579	301	290
20	中华工控网		首页Homepage-下拉式广告(	首页Homepage	806459	447998	1027	643
21	中国传动网		首页Homepage-通栏Banner	首页Homepage	4	4	8078	8039
22	造车网		首页 Homepage-顶部通栏T	首页 Homepage	368606	2440	6424	6392
23	汽车制造网		首页Homepage-焦点图PIP	首页Homepage	4	1	24239	23752
24	中国仿真互动网		首页Homepage 顶部半通栏T	首页Homepage	45224	7871	783	720
25	中国机械社区		帖子内页Post Inner Page	帖子内页Post Inner Page	0	0	1876	1177

图 11-48 广告监测数据需要填写媒体类型

我们先回顾一下，我们拥有哪些信息。我们拥有这张表格，并且拥有各个媒体的类型信息。

- 搜索引擎：百度。
- 新闻类媒体：财新网、财经网、新浪网、今日头条-M（M代表移动端，Mobile 的首字母）。
- 出行类媒体：航班管家、高铁管家-M。
- 工业垂直媒体：中国工控网、国际工业自动化网等其他媒体。

有没有一种可能，把这些信息整理成表格呢？有。将 A 列的数据复制一份，粘贴到 J 列，将媒体名称进行"删除重复项"处理，然后在其右侧的 K 列输入对应的媒体类型，如图 11-49 所示。

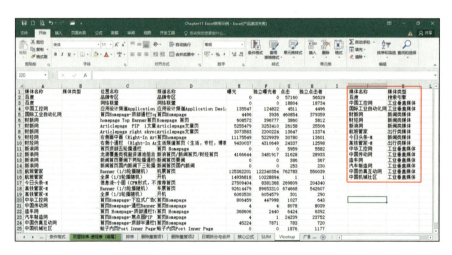

图 11-49　增加媒体名称与媒体类型匹配列

这样，我们就可以尝试把 K 列的数据匹配到 B 列了，而"媒体名称"就是两个列之间的"桥梁"，可作为数据识别的接口。下面我们就使用 VLOOKUP 公式来完成匹配的工作，如图 11-50 所示。

我们一起来看一下公式的含义。=VLOOKUP(A2,$J$1：$K$16,2,0)，可以按照括号里的逗号分为四个部分。

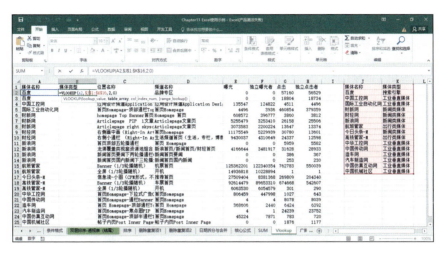

图 11-50　使用 VLOOKUP 公式

- A2：这个位置的值被称为 Lookup_value，就是要拿着这个值到另一个表里去找。在图 11-50 中的公式里，就是要拿"百度"到右侧 J、K 两列深色区域里面去找；
- $J$1：$K$16：这个位置要填充的是 Table_array，为需要在其中查找数据的数据表。我们先不管 $ 这个符号，J1：K16 是要查找的目标表格，就是拿着 A2"百度"这个值在这片表格里查找对应的目标；
- 2：这个位置要填充 Col_index_num，就是 Table_array 中查找数据的数据列序号。以图 11-50 中的表格为例，就是拿着 A2"百度"这个值在 J1：K16 这片表格里查找对应的目标，对应的目标在这片表格的第二列；
- 0：公式最后的位置 Range_lookup 为一逻辑值，指明函数 VLOOKUP 查找时是精确匹配还是近似匹配。如果为 FALSE 或 0，则返回精确匹配；如果找不到，则返回错误值 #N/A。多数情况下都使用精确匹配。

了解了 VLOOKUP 公式的主要元素，下面来解释一下 "$" 的含义。有这个符号就代表 "绝对引用"（Windows 系统的快捷键为 <Shift+CapsLock+F4>），与之相对应的就是 "相对引用"。图 11-50 中的表格只对 "百度" 的第一行数据进行了匹配，那么接下来我们把一列数据全部匹配完成。只需要双击 B2 表格的右下角，VLOOKUP 公式就会对 B 列下面的表格发生作用，完成结果如图 11-51 所示。

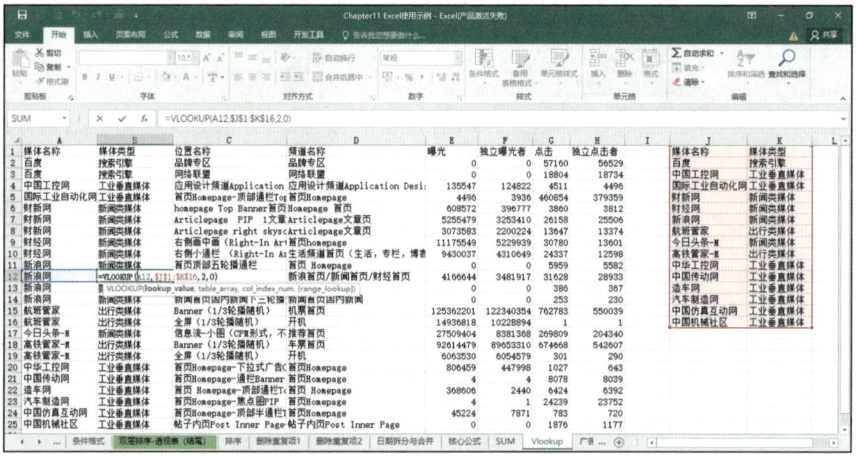

图 11-51　使用 VLOOKUP 公式完成示意图

可以检查一下：所有的媒体类型都填充正确了。而在图 11-51 中，我双击打开了 B13，来找一找，和刚才 B2 的公式有什么差别呢？

- B2 的公式：=VLOOKUP(A2,$J$1:$K$16,2,0)
- B13 的公式：=VLOOKUP(A13,$J$1:$K$16,2,0)

在这组公式中，A2 就是 "相对引用"，随着使用 VLOOKUP 公式的单元格从第 2 行到第 13 行，所需要查找的值也从 A2 的 "百度" 变成了 A13 的 "新浪网"，公式会随着单元格变化而变化；但 "绝对引用" 的 $J$1:$K$16 就不会移动，仍然在这个范围内查找数据。"\$J\$1:\$K\$16"里使用了四次"\$",分别固定了 J 列、K 列,从第 1 行到第 16 行,即对行和列都做了绝对引用。我们试一试,如果去掉其中的一个会发生什么,先去掉针对行的绝对引用,如图 11-52 所示。

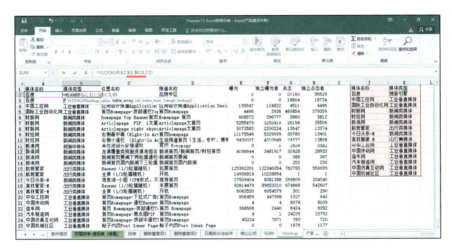

图 11-52　使用 VLOOKUP 易错点——绝对引用

"#N/A"的出现意味着找不到符合的取值,去掉对行的绝对引用之后,要去查找的目标表会随着每行数据的变化而变化。仍然以第 13 行的数据为例,看看发生了什么,如图 11-53 所示。

这样就很清晰了:B13 的公式中取值的表格范围变成了 J12:K27。不过,在这个公式中如果对行做绝对引用,但删掉对列的绝对引用,数据并不会发生变化,你知道是为什么吗?因为公式都在 B 列,并没有向其他列发生移动。

这个例子不仅希望让你了解 VLOOKUP 公式的使用方式(毕竟还有 Excel 里的公式说明和搜索引擎可以教会你这件事),还希望你了解 Excel 中同样一个需求——针对媒体名称匹配媒体类型——可以用多种方法来解决,而每种方法的优劣势各有不同,就像数据验证更适合多人协作录入数据的场景，而 VLOOKUP 则更适合快速匹配大规模数据的场景。在数据分析的过程中，就是要不断找到解决问题的办法，同时问自己：有没有更好的方法呢？总会有的。

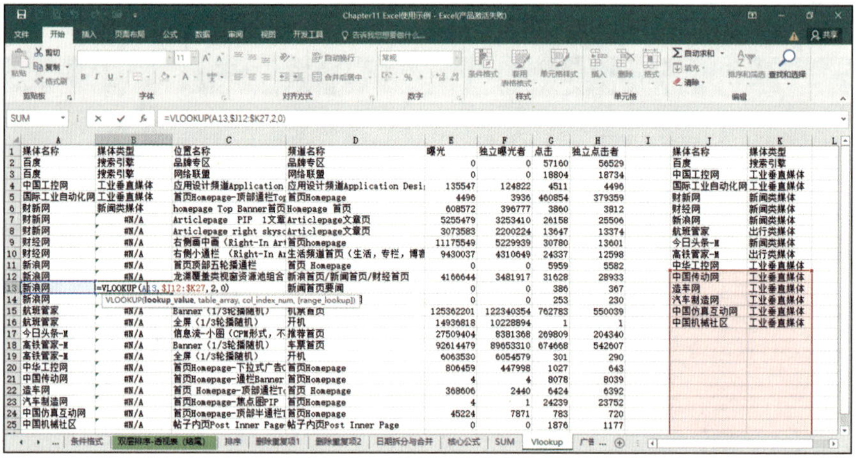

图 11-53　使用 VLOOKUP 易错点——绝对引用错误示意图

VLOOKUP 公式在营销数据分析里最常用的场景是进行广告数据和网站数据的匹配，用来分析消费者路径。每个媒体或广告位贡献了多少曝光，其中又有多少人点击，之后有多少人进入了活动页面，他们在落地页停留了多久……图 11-54 就是该数据的样例。

左侧是广告数据，包含媒体名称、位置名称、曝光、独立曝光者、点击、独立点击者；右侧是网站数据，同样包含媒体名称和广告位名称（即位置名称），并包含访问次数、唯一身份访问者、跳出率、平均访问持续时间。先在中间插入几列，然后使用 VLOOKUP 公式进行匹配，结果如图 11-55 所示。

H2 的公式为：= VLOOKUP($C2,$O$2：$S$33,2,0)。和之前有几个不一样的地方。

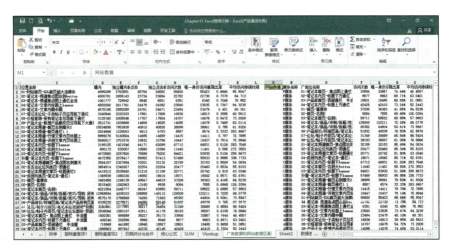

图 11-54　广告数据和网站数据匹配前

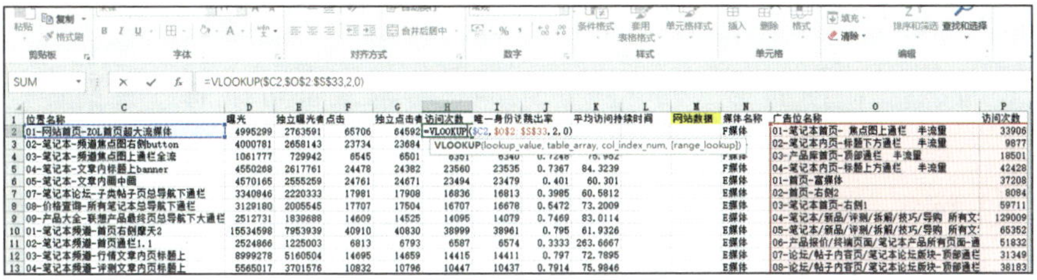

图 11-55　广告数据和网站数据 VLOOKUP 匹配

一个是，对 $C2 进行了绝对引用，主要是因为除了 H 列之外，I、J、K 列也需要使用 VLOOKUP 公式，而要查找的匹配值都是依照 C 列的数据。如果不进行绝对引用，将该公式向右拖动，C2 就会在 I 列变成 D2，在 J 列变成 E2，就无法正常计算了。

另外，这次公式里的第二项，要查找的表格范围，是从"广告位名称"（O 列）而不是"媒体名称"（N 列）开始的，原因是 VLOOKUP 的 Lookup_value 为需要在数据表第一列中进行查找的值。

接下来，可以看一下 I 列的公式：=VLOOKUP($C2,$O$2：$S$33,3,0)。与 H 列不同，第三项由 2 变成了 3，如图 11-56 所示。

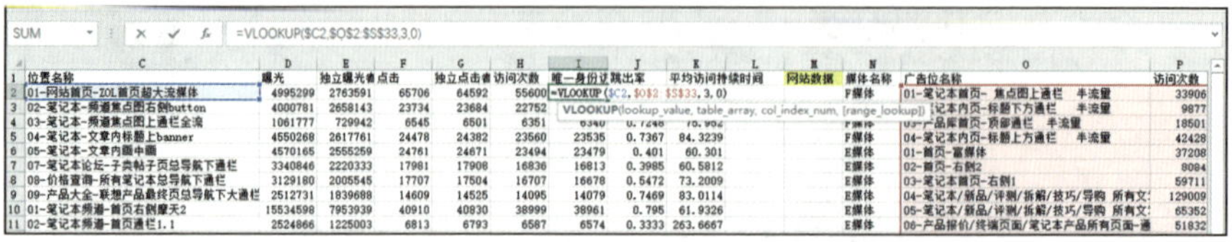

图 11-56　广告数据和网站数据 VLOOKUP 匹配——I 列与 H 列差异

该公式是指在 $O$2：$S$33 区域内，以 C 列所需要的位置名称为标准，查找选中区域的第三列数据。这就是 VLOOKUP 在广告和网站监测的数据分析中最常用的场景了。也只有使用了这个公式，才能让广告和网站的数据打通，进行消费者的全路径分析。

3. 数据透视表：花 20% 的精力解决 80% 的问题

如果我说前面第二眼、第三眼的很多需求都可以通过数据透视表这一个功能解决，你会不会觉得有点神奇？这是真的！前面使用过的筛选、删除重复项等数据整理方法，求和、求平均值、计数等公式，如果你全部都不会，也有可能能通过数据透视表来解决。而数据透视表的操作流程又十分简单，因此，在营销数据分析中，这一功能性价比高，在整理和分析数据的过程中只花 20% 的精力，但是能解决 80% 的问题。如果要在 Excel 里选择一个真正的"最少必要功能"，我会选数据透视表。接下来就看这个功能是如何发挥作用的吧。

数据透视表：不会公式也能分析

数据透视表的使用方式非常简单，以之前使用过的互联网广告监测数据表格为例（见图 11-57），我们来解决数据计算和计数等问题。

之前，我们用"删除重复项"的方法，确定了这波营销活动涉多少家媒体，那么如何通过数据透视表来实现呢？先选中这个表格，我们称之为"数据透视表-底表"，然后单击"插入→数据透视表"，如图11-58所示。

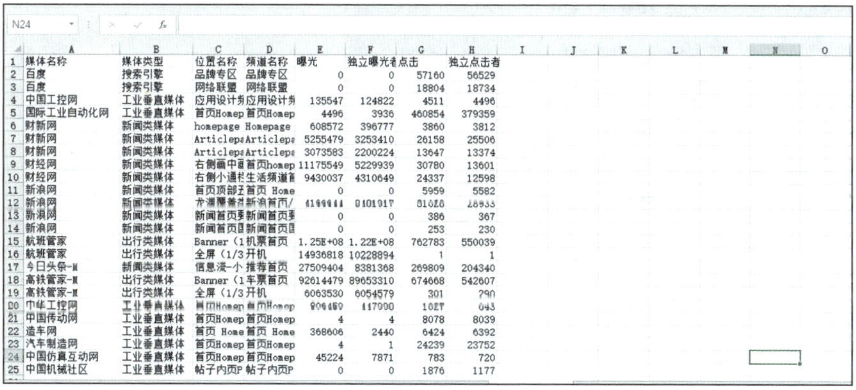

图11-57 广告监测数据示意图

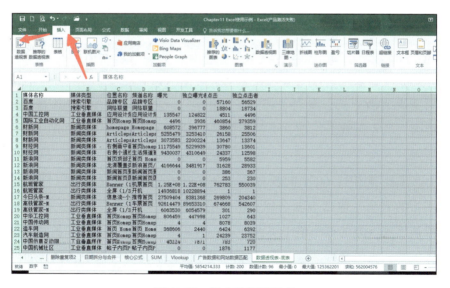

图11-58 插入数据透视表

接下来就会出现一个对话框，如图11-59所示。

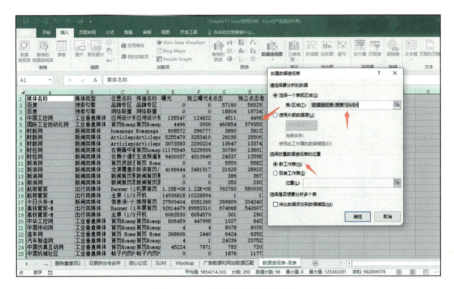

图 11-59　数据透视表设置

对话框首先向你确认，要对哪个范围的数据进行透视，同时在底表中用虚线标注了出来，是 $A:$H，也就是从 A 列到 H 列的数据，即我们希望透视的数据范围。然后需要选择透视后的表格是放在这张工作表中。还是展现在一个新的工作表中。为了后续可以单独对透视表做分析，我们选择"新工作表"。之后，在"数据透视表 – 底表"的左侧就会出现一个新的 Sheet，就是新的透视表，如图 11-60 所示。

主要看图 11-60 中的最右侧，上方列了数据透视表字段（即为底表中的表头，包括维度名称和指标名称），然后只需要将右上角的字段拖拽到下方的四个格子里面即可。当前的目标是，确认有多少家媒体。将"媒体名称"这个字段拖拽到"行"中，透视表中就会自动出现一组行标签，即为不重复的媒体名称。选中该数据，在表的右下方就有"计数：15"的字样，可知这波活动一共涉及 15 家媒体。具体操作如图 11-61 所示。

图 11-60　数据透视表创建后示意图

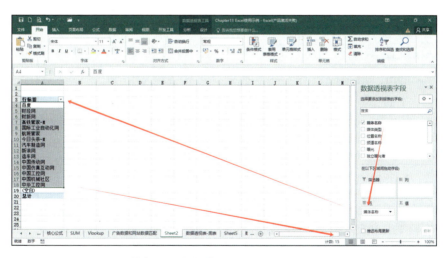

图 11-61　数据透视表创建后勾选行列维度、指标示意图

接下来,我们看看数据透视表如何帮助我们省去公式计算。在上面的需求基础之上,我们希望看到各家媒体各自的总曝光量、总点击量,以及这波活动最终监测到的所有曝光和点击。只需要把"曝光""点击"两个字段拖拽到"值"处就可以了,如图 11-62 所示。

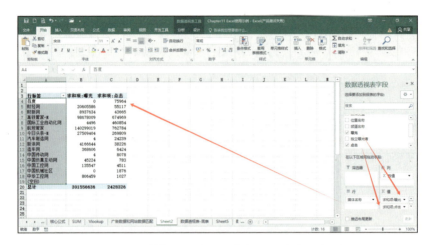

图 11-62　数据透视表维度指标设置完成示意图

需要注意的是，在将"曝光""点击"字段拖拽到"值"位置后，需要单击右侧的小三角，进行"值字段设置"，如图 11-63 所示。

单击"值字段设置"后，会弹出一个对话框，不仅可以选择"求和"还可以选择"计数""平均值"等，如图 11-64 所示。

在上述需求场景下，我们需要了解每个媒体的曝光总和，因此选择了"求和"。可见，在数据透视表中，很多基础计算可以直接完成，甚至不需要使用公式。

图 11-63　数据透视表值字段设置

数据透视表的行标签可以有多个。比如，如果同时将媒体名称、位置名称拖拽到"行"标签内，就几乎可以恢复原表的信息，看到分媒体、分广告位的曝光和点击数据；同时，如果有非常多复杂的维度，有的数据会放在"行"标签内，有的需要放在"列"标签内，进行交叉分析。我们举例来看，图 11-65 所示的表格为"数据透视表 – 底表 2"，是一些食品在不同地区、不同经销商的销售数据。

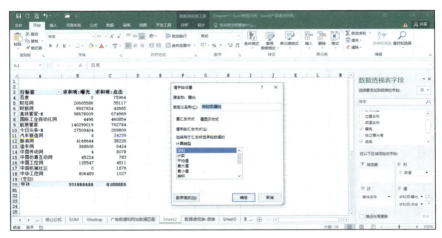

图 11-64　数据透视表值字段设置完成示意图

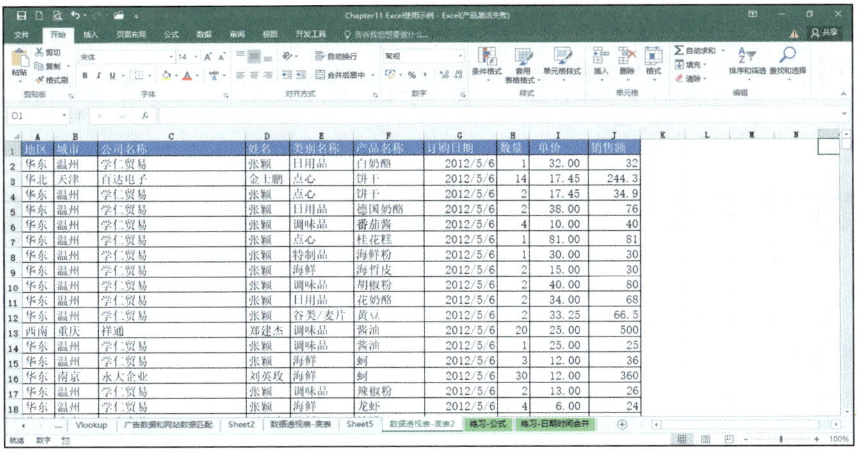

图 11-65　数据透视表 – 底表 2

要计算不同城市、不同产品的销售额，则可以在数据透视表中进行如图 11-66 所示的设置。

将"城市"作为"行"标签，"产品名称"作为"列"标签，针对销售额求和。这样，如果想了解深圳这个城市饼干的销售额，就可以直接定位到表的 D16，数值为 2888.35。

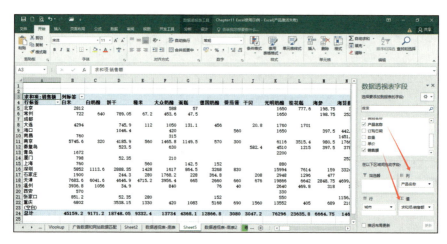

图 11-66　数据透视表－底表 2 透视后分城市、分产品的销售额

你可能也会好奇，"筛选器"怎么使用呢？还是刚才这个需求，不同城市又属于不同的地区，那么我们试着把"地区"放进"筛选器"，如图 11-67 所示。

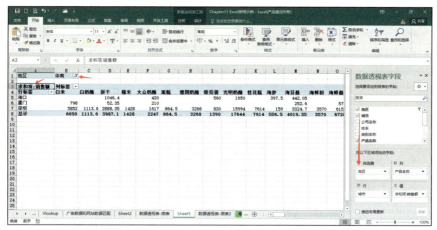

图 11-67　数据透视表－底表 2 透视后分城市、分产品的销售额筛选（华南地区）

在"筛选器"中筛选地区，就可以只看"华南"地区各城市不同产品的销售额，也可以看东北地区、华北地区等。

数据透视表的便捷之处就在于，只要表格数据格式正确、维度清晰，数据透视只需要简单的拖拽就可以完成，而主要的计算都只需要对"值"进行设置，甚至不需要使用公式。

证明你不是小白：以终为始，想在做前

了解数据透视表的功能之后，你可以再回过头翻一翻第 10 章关于数据收集和整理的内容，就会明白为什么在规划广告监测报告的数据的时候，要将这么多维度放在一起。因为可以通过数据透视表进行非常多维度的交叉分析，见表 11-6。

表 11-6 广告监测数据一次性导出多个维度指标

时间	产品线	媒体名称	媒体类型	曝光	点击

不妨再回想一下为什么我在整理 2016 年每个周末做了什么的数据的时候，要使用这样的表头（见图 11-68）？

月份	日期	事项	地点	朋友	关系类型	收获	类型
1月	3日	吃饭	井格火锅	海若	强关系	友情	社交
1月	9日	戏剧电影《李尔王》	中国电影资	杨主任+宏雅	强关系	友情	社交
1月	17日	大数据分享	京师咖啡		强关系	人脉，专业	分享

图 11-68 2016 年每周末数据

为什么月份和日期要分开？因为我可以单独把"月份"放在"行"标签，对"事项"计数，从而查看每个月外出了多少次。为什么要把"关系类型"单独作为一列？因为就可以把它和"收获"都作为"行"标签，最终整理出这样的数据（见表 11-7）。

表 11-7　2016 年每周末数据透视后"计数"所得

类型	收获	次数
强关系	爱情	1
	亲情	2
	人脉，专业	1
	送别	1
	相亲	1
	叙旧	8
	友情	5
强关系 汇总		19
弱关系	德国知识	1
	考试	1
	人脉	1
	人脉，专业	5
	人脉，专业，叙旧	3
	爽	18
	探索学校教课的可能	1
	相亲	2
	叙旧	1
	学习	5
	专业	2
弱关系 汇总		40

还可以想一想，为什么要学习数据的拆分？为什么需要把年、月、日拆分出来？就是为了数据可以按照时间的不同颗粒度作为"行"标签进行分析。以及，为什么通常使用系统跑出来的数据是如图 11-69 所示的，而不是如图 11-70 所示的样子？

	A	B	C	D	E	F	G	H
1	媒体名称	媒体类型	位置名称	频道名称	曝光	独立曝光者	点击	独立点击者
2	百度	搜索引擎	品牌专区	品牌专区	0	0	57160	56529
3	百度	搜索引擎	网络联盟	网络联盟	0	0	18804	18734

图 11-69　相同字段不合并单元格

媒体名称	媒体类型	位置名称	频道名称	曝光	独立曝光者	点击	独立点击者
百度	搜索引擎	品牌专区	品牌专区	0	0	57160	56529
		网络联盟	网络联盟	0	0	18804	18734

图 11-70 "百度""搜索引擎"合并单元格

以及为什么不建议对原始数据进行"合并后居中"的处理？因为只要不到最后一步呈现数据的环节，只要还在数据整理和计算的过程中，就要保持数据的每一行"通畅"得被数据透视表识别，这非常重要。

因此，区分一个人是数据分析小白还是有一定的专业性，并不需要等到数据报告的产出，而是在规划数据结构的时候就能看出端倪。规划数据结构的原则就是：**用最细颗粒度展现有用的维度和指标。**

数据分析不是对某些软件和功能的使用，而是一套完整的框架体系和思考方法，需要做到"以终为始，想在做前"。而数据透视表就是规划数据的基准，从设计问卷开始，从规划获取数据的维度和指标开始，就要想到最后会怎样分析，如何透视。这样做会让你的工作事半功倍。

思考练习

（1）回想关于"排序"功能的知识点，如果有两层维度的数据需要排序，如何完成呢？以表 11-8 为例。

已经学会了数据透视表的你，是不是已经有办法了？好的，那就不卖关子直接公布答案吧！先用数据透视表，进行两个维度的透视，或者将"媒体类型"这一维度放入"筛选器"，如图 11-71 所示。

表 11-8 互联网广告监测数据

	A	B	C	D	E	F	G	H
1	媒体名称	媒体类型	位置名称	频道名称	曝光	独立曝光者	点击	独立点击者
2	百度	搜索引擎	品牌专区	品牌专区			57160	56529
3	百度	搜索引擎	网络联盟			0	18804	18734
4	中国工控网	工业垂直媒体	应用设计频道Application	应用设计频道Application Desi	135547	124822	4511	4496
5	国际工业自动化网	工业垂直媒体	首页Homepage-顶部通栏Top	首页Homepage	4496	3936	460854	379359
6	财新网	新闻类媒体	homepage Top Banner首页Homepage	首页	608572	396777	3860	3812
7	财新网	新闻类媒体	Articlepage PIP 1文Articlepage文章页		5255479	3253410	26158	25506
8	财新网	新闻类媒体	Articlepage right skyscArticlepage文章页		3073583	2200224	13647	13374
9	财经网	新闻类媒体	右侧画中画 (Right-In Art首页homepage		11175549	5229939	30780	13601
10	财经网	新闻类媒体	右侧小通栏 (Right-In A生活频道首页（生活，专栏，博客		9430037	4310649	24337	12598
11	新浪网	新闻类媒体	首页部五轮播通栏	首页			5959	5582
12	新浪网	新闻类媒体	龙渊覆盖视窗资源池组合	新浪首页/新闻首页/财经首页	4166044	3481917	31628	28933
13	新浪网	新闻类媒体	新闻首页更闻下两轮通栏	新闻首页要闻			386	367
14	航班管家	出行类媒体	Banner (1/3轮播随机)	机票信息			253	230
15	航班管家	出行类媒体	全屏 (1/3轮播随机)	开机	125362201	122340354	762783	550039
16	今日头条-M	新闻类媒体	信息流-小圆（CPM形式，不推荐首页		14936816	10228894	1	1
17	高铁管家-M	出行类媒体	Banner (1/3轮播随机)	车票信息	27509404	8381368	269809	204340
18	高铁管家-M	出行类媒体	全屏 (1/3轮播随机)	开机	92614479	89653310	674668	542607
19	中华工控网	工业垂直媒体			6063530	6054579	301	290
20	中国传动网	工业垂直媒体	首页Homepage-下拉式广告(首页Homepage		806459	447998	1027	643
21	造车网	工业垂直媒体	首页Homepage-通栏Banner首页Homepage		4	4	8078	8039
22	汽车制造网	工业垂直媒体	首页 Homepage-顶部通栏T首页 Homepage		368606	2440	6424	6392
23	中国的真互动网	工业垂直媒体	首页Homepage-焦点图PIP	首页Homepage	4	1	24239	23752
24	中国工控网	工业垂直媒体	首页Homepage-顶部半通栏首页Homepage		45224	7871	783	720
25	中国机械社区	工业垂直媒体	帖子内页Post Inner Page	帖子内页Post Inner Page			1876	1177

图 11-71 用数据透视表分析表 11-8 的数据

之后再针对每个媒体类型内部的曝光数据进行降序排列。

（2）为了方便你熟悉各种公式，请按照下面说的来做。先新建一个 Excel 表格，然后在 A1 输入"=RANDBETWEEN(1,100)"，也就是说在 1 到 100 之间随机生成一个整数，然后向右、向下拉动 A1 单元格的右下角，生成多个任意值。具体操作如图 11-72 所示。

复制这些数字，在原有位置粘贴为值，使得该数据在你进行公式练习的时候不会继续随机变换。然后，你就可以在这个表格的其他位置尝试使用本章提到过的公式了。你看！在这道小题目里，你又学到了一个新公式。学习 Excel 就是这么简单！

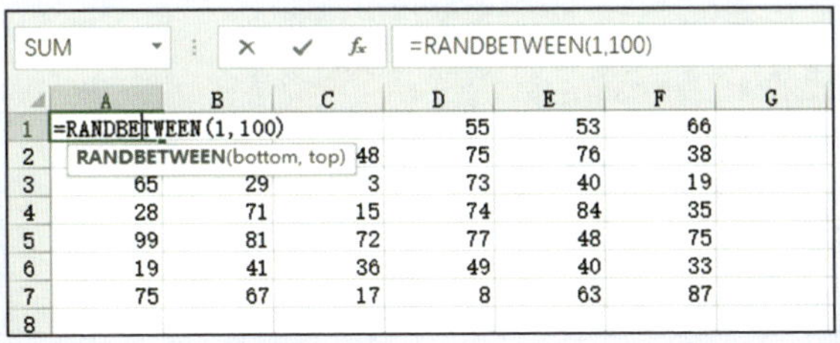

图 11-72　Excel 中通过随机生成一组数据进行公式练习的方法示意图

（3）这一章有一个重要的观点就是，在 Excel 操作中，要实现某个目标，通常有不止一种办法。请想一想，如果有一个已知的表格，里面和时间相关的数据只有"年、月、日"，希望把这个数据合并成日期，除了使用"&"合并之外，刚才你用到的公式能不能实现呢？直接揭晓答案吧！

方案 1：使用"&"合并数据。具体操作如图 11-73 所示。

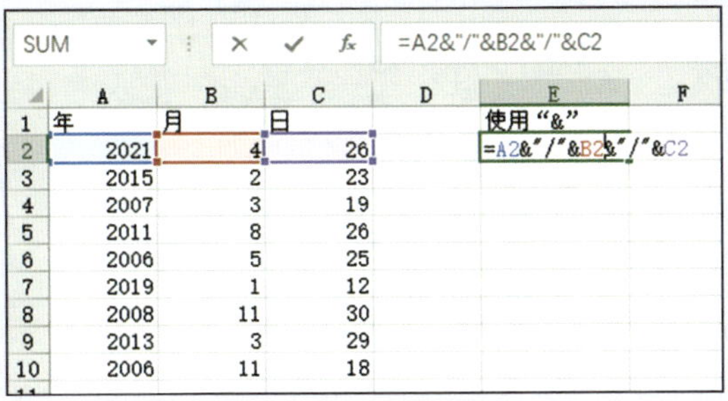

图 11-73　使用"&"合并年、月、日数据的方法示意图

方案 2：使用 DATE 公式。具体操作如图 11-74 所示。

（4）在第 10 章的思考练习中，有一个小任务是请你整理一个属于自己的数据表格，现在了解了数据透视表，也明白了为什么在整理数据的时候需要展现最细颗粒度的维度和指标。回头看看你之前规划的数据维度，有没有做到这一点？还有没有优化的空间呢？

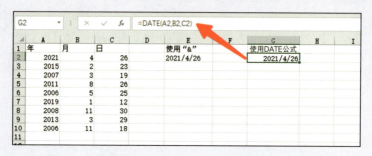

图 11-74　通过公式合并年、月、日数据的方法示意图

（5）这不是一道练习题，而是一句话：请记住，在 Excel 里，当你发现有任何一件事需要重复去做且做很长时间，那么一定有一种 Excellent 的方法可以解决！

第 12 章

PPT：不是排版工具，而是表达工具

很多人说到 PPT 的第一反应是要做得好看、美观、炫酷，而这可能是一个美丽的误会。有一些培训加深了这种误会，让人认为 PPT 的重点是排版。如果 PPT 最重要的是排版，那么如果让你说出一款设计软件，你脑海中第一个想到的会是 PPT 吗？不会。你可能会想到 PS（Photoshop）或者 AI（Adobe Illustrator），总之不会是 PPT——这就对了！

如果说 Excel 是 Excellent 的缩写，那么对 PPT 的理解也回归到它的名字上吧。Power Point，让你的 Point（观点）更有 Power（力量），所以 PPT 是用来表达洞察的工具，而不是排版工具。

很多时候，判断一个人是不是行家，就看他如何判断"什么是好"。这其实也是某种意义上的"最少必要知识"。那如何判断一个

PPT 数据报告做得好还是不好呢？在第 9 章谈到了一些衡量标准。如果用最简单的话来说，我想是：看完报告，关掉 PPT，最后能让人记住 1~3 个点。什么是"点"呢？就是 Point（观点）。然而让人遗憾的是，很多炫酷美观的 PPT 输在了没有这个"点"上——没有 Point，何谈 Power 呢？

这一章的目标就是，让你可以呈现报告的时候有观点、有态度。整理发现，呈现一份好的 PPT 报告的过程恰好和翻译领域的目标非常类似，一份好的报告也需要做到三个字：信、达、雅。首先数据报告需要专业可"信"，不能为了好看而牺牲逻辑、牺牲数据准确性；其次数据报告需要表"达"观点，抛出 Point；最后才是展现手法和排版的"雅"观，而事实上排版也应该为了内容服务。接下来本章就从这三方面展开。

1. 信：正确精准地可视化，确保信息可见

保证数据真实可信、科学严谨，能够让一份报告达到 60 分。所以说，这是一个底线。要做到这点并不难，而且每个环节都有约定俗成的行业规则或者说是"标准答案"。这一节我们就先把这 60 分拿到手。

一个图表的"三要一不要"

数据报告最基础的元素就是图表，在 PPT 中插入图表的方式非常简单。不过不是在 Excel 里先把数字转换成图表再粘贴进 PPT，而是在 PPT 中直接插入图表，将目标数据复制进来。具体步骤如下：插入→图表，会出现一个对话框，在对话框中选择你需要的图表类型。具体操作如图 12-1 所示。

第 12 章　PPT：不是排版工具，而是表达工具　303

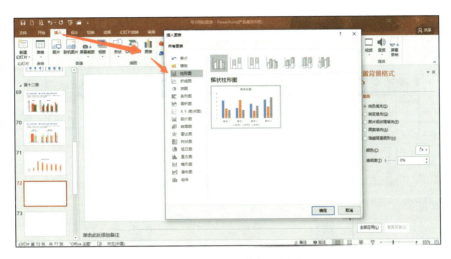

图 12-1　在 PPT 中插入图表

假设需要柱状图，那么直接单击"确定"，就会自动生成柱状图样式，并且出现一个 Excel 对话框，可以把数据粘贴到对话框中，如图 12-2 所示。

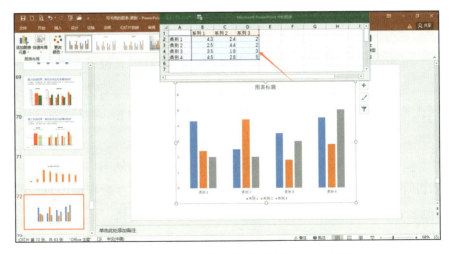

图 12-2　在 PPT 中打开图表对应的 Excel 表格

假设该数据为四家品牌的点击量数据,单位为"万",如图 12-3 所示。

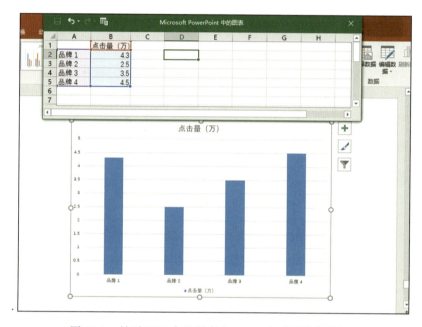

图 12-3　针对 PPT 中的图表在 Excel 中进行数据编辑

编辑数据之后,将 Excel 表格关掉,开始对图表进行编辑。将图表标题改为"四个品牌的点击量(万)",由于只有一个维度的数据,因此可以删除最下方的图例。如果需要修改图例位置,则只需要双击图例,通过右侧的对话框就可以移动图例的位置。

这个时候,我发现自己违反了一个约定俗成的规则,没有对数据做降序处理(理论上应该在把数据粘贴进来之前,在数据整理阶段就完成的)。这个时候,我需要在 PPT 里对数据做编辑,单击:设计→编辑数据→ Excel 图标。具体操作如图 12-4 所示。

单击 Excel 图标后,就会展开一个属于当下这个图表的 Excel,在其中完成降序排列即可,如图 12-5 所示。

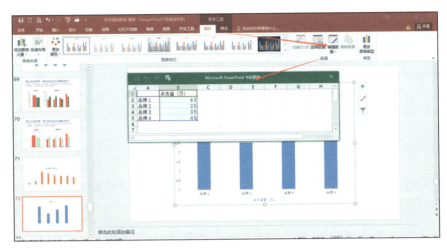

图 12-4　PPT 中的"编辑数据"功能

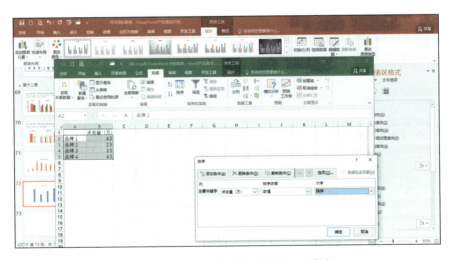

图 12-5　在 PPT 中的数据编辑——降序

单击"确定"后就可以获得一个经过降序排列的图表了。当然,如果想要对表格进行重新布局、更改颜色、改变图表样式,或者把当前的柱状图修改成饼图,都可以分别使用"快速布局""更改颜色""图表样式""更改图表类型"等功能,如图 12-6 所示。这里不做赘述。

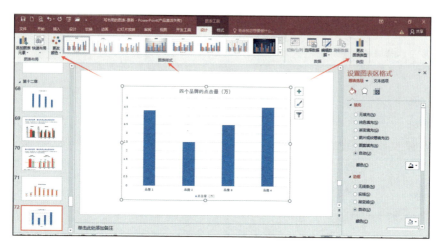

图 12-6　PPT 中的图表设置功能

相比于 Excel，PPT 的操作入门更容易，但是 PPT 中的图表在展现上仍然有值得提醒和注意的地方。我们先以如图 12-7 所示的图表报告为例，看哪里做对了，哪里需要提升。

截至投放结束，曝光和点击完成情况较好

每个媒体曝光、点击达标情况均较好。其中A、B媒体点击达标率高出曝光达标率；而C、D媒体曝光达标率比点击达标率表现更好。后两个媒体用户可能对广告创意的吸引度要求更高

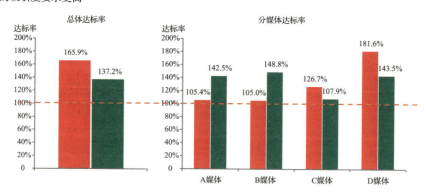

图 12-7　PPT 报告示例——总体及分媒体曝光达标率和点击达标率

图 12-7 中有两个图表，都是描述曝光达标率和点击达标率的，两

个图表都有标题、数据标签。因为需要体现达标率,因此数据标签都使用了百分比的格式,这些都符合图表格式。但是,有一件事不清晰。以左图为例,有两个柱、两个达标率,但并不清楚是哪个是曝光达标率,哪个是点击达标率,从报告的文字描述来看,大概是左侧的是曝光达标率,右侧是点击达标率。因此,图12-7的图表有优化的空间,可以变成如图12-8所示的样子。

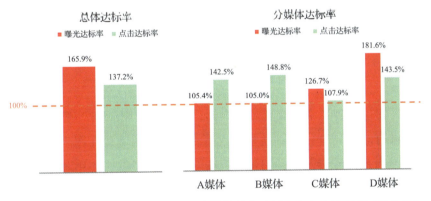

图12-8　PPT报告示例——总体及分媒体曝光达标率和点击达标率(优化版)

优化后,每个图表都具有清晰引导的图例。为了区分曝光达标率和点击达标率,在颜色上变成了一深一浅。同时去掉了纵坐标,因为标题和图例已经说明了纵坐标是达标率,应该使用百分比来表示,而在中间的虚线上标明了"100%"这个数值,即达标率>100%意味着广告曝光达标或者点击达标。

根据前面的内容,这里总结一下PPT报告中数据图表的"三要一不要"。

一要有标题。标题是对图表维度和指标的描述,如整体达标率、分媒体达标率。

二要有图例，并且尽量把图例放在显眼的位置。只有当一个图表只包含一个维度、一个指标的情况下才不需要图例。比如，一波活动整体的分天（单一维度）曝光量（唯一指标），如图 12-9 所示。

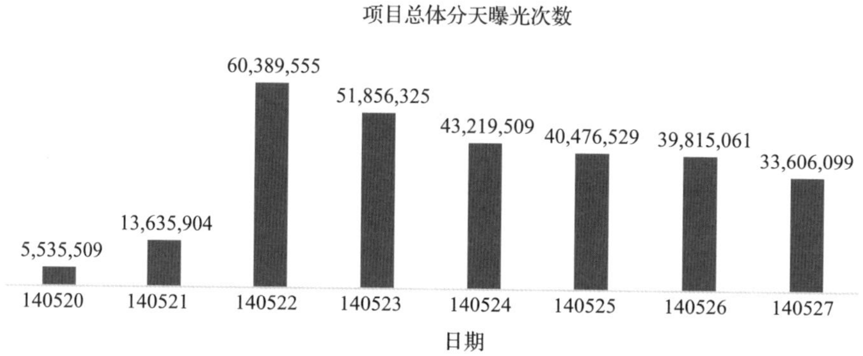

项目总体分天曝光次数

日期	曝光次数
140520	5,535,509
140521	13,635,904
140522	60,389,555
140523	51,856,325
140524	43,219,509
140525	40,476,529
140526	39,815,061
140527	33,606,099

图 12-9　PPT 报告示例——项目总体分天曝光次数

只要包含多个维度或者多个指标，就需要使用图例，图 12-7 的例子就没有注意到这一点。通常情况下，最好将图例放在图表靠上的位置，因为人们阅读图表的习惯是从上到下，先了解图表中各个元素的含义再看到图表数据的高低，更方便人们理解数据。如果图表结构上下空间比较窄，除了可以把图例放在上方之外，也可以放在右边。

三要有数据标签，注意千分位符或百分比。标明数据标签是为了交付相应维度、指标上的数据。如果是很多位的数据，需要标千分位符（就是图 12-9 中从右向左每三位就有的小逗号），以便人们阅读报告的时候迅速识别数据；如果是达标率等比率数据，则需要把数据格式设置为百分比。

不要使用特殊样式的图表。数据分析报告首先需要让人觉得可信，尽量使用简单易懂的图表样式，而不要使用与背景颜色相差太大、图表填充过于复杂的图表样式。

如图 12-10 所示的这几个样式要谨慎使用。另外，除非有定制化需求，尽量不使用立体图形。做到以上几点，数据报告中的图表展现就能够达到中规中矩的标准了。

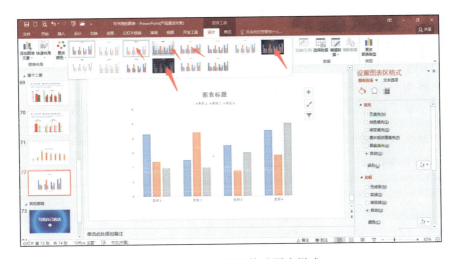

图 12-10　PPT 中的特殊图表样式

一页数据 PPT 的"上中下"原则

每个图表作为基础元素都被准确可视化以后，就需要更进一步，把每一页 PPT 的逻辑厘清。这里分享"上中下"原则。

上：PPT 标题是观点，先描述，后洞察。 PPT 最上方是这一页的标题，需要提炼出这一页要传达的最重要的信息。和很多演讲类的 PPT 不同（演讲类的 PPT 更注重核心观点输出，甚至有些时候一页 PPT 只有一句话），数据报告的 PPT 需要具有可读性，就是有人讲解固然好，但是没有人讲解，读者也可以看明白。所以在标题下方，PPT 整体靠上的位置，通常会有一小段说明文字。这段说明文字与标题直接抛结论不同，需要先描述发现，再提出观点或洞察。标题和说明文字之间是"总 – 分"结构，或者是"结果 – 原因"结构。

中：页内元素逻辑清晰，多图表必有关联。PPT 中间核心区域就是展示图表的位置了。如果只有一个图表，就相对简单；如果涉及多个图表（通常是两个），那么图表之间应该有某种逻辑关联。比如，左侧是总体达标率，右侧是各媒体达标率，它们就呈现了"总–分"关系。又比如，左侧显示各媒体曝光重合度较低，右侧显示各媒体独占曝光数较高，它们就是"并列"关系，共同说明这一波广告投放的媒介策略是覆盖不同媒体的不同人群，受众广泛。

下：数据来源和备注，要清晰。在报告最下方，需要进行标注，通常标注数据来源或者备注信息。数据来源需要包含数据来自什么数据系统或者第三方数据，同时需要注明数据时间窗口。如果使用了互联网公开资料，需要标注信息来源，复制网页链接。

按照"上中下"原则分析前面举例的一页数据 PPT，如图 12-11 所示。

图 12-11　PPT 中报告示例及关键注意点说明

能做到如图 12-11 所示，这一页 PPT 报告的基本表达也就达标了。

一份报告的"必要""可要""不要"

一份报告除了图表展现之外,还有一些其他的内容需要呈现。这里从数据报告整体的角度,来说哪些元素必要、可要,哪些元素不要。

必要:封面、封底、数据说明或声明。封面和封底是所有 PPT 的第一页和最后一页,是所有 PPT 都必须出现的内容。封面要包含报告题目、报告产出方、报告时间。封底多数情况下会使用"Thanks",但更好的方式是用报告的整体结论或未来畅想结尾。

除了封面、封底之外,数据说明或声明页是数据类 PPT 必不可少的内容,通常放在第二页或者倒数第二页,说明报告整体的数据来源、研究方法。如果包含调研数据,则需要说明调研的样本量和样本构成;如果包含访谈等研究方法,可能还需要写清楚有哪些机构或个人接受了访谈。部分数据报告可能引用了网络公开资料或第三方数据,则需要进行必要的声明。例如,不对所涉第三方机构或报告进行推荐等。

可要:目录、分隔页。当大家从网络上获取 PPT 模板的时候,通常都有目录页和分隔页,这会让大家以为这两个元素必不可少,但事实上并非如此。如果一份报告总体在 20 页以内,并且主题非常清晰(例如,针对一波活动的广告监测数据分析),那么就可以不使用目录和分隔页,否则目录页加分隔页可能会占据 PPT 中 1/5~1/4 的页数,这样只会显得报告内容结构松散,并不能给报告带来更多维度的信息增量。而专题类报告信息量大、结构复杂,目录和分隔页就必不可少了。因此,对于这两个元素的使用,应该具体问题具体分析。

不要:动画和切换。数据报告通常是静态观看的,页面中最核心的内容就是数据。因此,不需要在 PPT 内页使用花哨的动画,或者在页与页之间使用切换来过渡。同时,由于数据报告的特殊性,要保证数据难以被修改，通常会将 PPT 另存为 PDF 格式进行交付。因此，即便设置了动画和切换，在交付报告的时候接收方也无法获取。

总之，制作数据报告的原则就是，能够强化数据信息、输出洞察、报告结构的元素才值得强调，否则遵循"Less is more"（少就是多）的原则，尽量从简。

2. 达：准确提炼数据结论，确保观点可用

如果说，数据图表准确展现、PPT 单页内逻辑清晰、PPT 报告结构包含必要元素，能够让一份数据报告达到 60 分的话，报告内容框架清晰、报告拥有观点和洞察，甚至有让人眼前一亮的新发现，就会让报告达到 90 分。这就需要在对报告进行规划的时候，投入足够多的时间和精力。但多数报告之所以只是 60 分的水平，就是因为花了太多时间在最后阶段的数据可视化上，而忽略了前期的规划。

没有框架就没有观点

无论是否做数据报告，凡是写过 PPT 的人，可能都经历过以下阶段。

- 花 30min，找到一个看起来很漂亮的模板；
- 用 15min，盯着 PPT 封面，想着要取一个炫酷的名字，终于想到一个；
- 又用 15min，从自己想写的内容出发查找可以直接使用的资料；
- 5min，上个厕所、喝口水，给自己加加油；
- 回来对着 PPT，决定最后再写目录，先把每一部分内容拼

出来……

- 20min 过去了，可是每页写什么没想清楚啊！

在纠结应该写什么的时候，又陷入了无限纠结的循环。

- 这点挺重要的！
- 这个数据很好，要用到！
- 这一点也挺重要！
- 还有一点！
- 第三点和第二点好像意思有点像！
- ……

这些情况也都是我曾经经历过的。其实根本原因是，做事情的顺序和时间分配都错了。一个 PPT 已经入门的人和小白的区别就在于，虽然都是在写 PPT，但是前者打开 PPT 的时间很晚，而是会花更多的时间在 Word 或者 Excel 或者思维导图上。

还记得在第 10 章中提到，完成一份数据报告需要五步：需求沟通、报告框架和流程规划、数据收集和整理、可视化和产出洞察、结论汇报和校正。当时只讲到做规划的时候不仅要做报告框架规划，还要做流程和时间规划。那如果是你，这几个步骤会各分配多少时间呢？我来公布我的答案，见表 12-1。

表 12-1　商业数据报告撰写时间分配方案

数据报告产出步骤	时间分配比例
需求沟通	10%
报告框架和流程规划	30%
数据收集和整理	30%
可视化和产出洞察	20%
结论汇报和校正	10%

和你想的一样吗？虽然专题报告需要的数据量很大，数据收集和整理是重头戏，但与之需要同样时间的是报告框架和流程规划。当然，这两个任务在时间上可以交叉进行，在跑数的过程中也可能对报告框架进行优化和修正。而最终呈现 PPT 则只需要 20% 的时间。

同样，对其他的 PPT 方案来说，其实最重要的也不是打开 PPT 以后的工作，而是在此之前的框架梳理。虽然数据报告有框架结构上的独特性，但 PPT 自身也有一些内容搭建的方法论，这些方法可以让看似枯燥的数据报告也拥有故事性，因此值得借鉴。

让框架符合"金字塔原理"

从事营销、咨询工作的专业人士通常都看过或者至少听说过这样一本书：《金字塔原理：思考、表达和解决问题的逻辑》○。它被誉为"麦肯锡 40 年经典培训教材"，对于非虚构写作、方案撰写，甚至学术写作，都非常有帮助。

"金字塔原理"之所以会被归纳出来，是基于人们的思维规律。

- **人们理解事情需要分类**。如果让你记住 7 个火锅食材，你很难一下记住。所以，需要进行分类，肉类、蔬菜、调料，归类分组的重点是做到"不重不漏"；
- **人们了解本质需要抽象概括**。如果需要预定 10 个人参加的工作会议，那么就要了解 10 个人都空闲的时间。比如，A 周一、周二、周四上午可以，B 周四全天可以，C 周四、周五都可以……多个条件之间可能存在并列关系，而从这三个人空出的时间可以概括出结论：可以选择周四上午开会；

○ 明托. 金字塔原理：思考、表达和解决问题的逻辑 [M]. 汪洱，高愉，译. 海口：南海出版公司，2013。

- **人们需要先知道你的结论**。我们在交谈的过程中难免会遇到这种情况：一个人说了很多话，但是却并不知道他想说什么。如果一个人逻辑清晰的话，或许会在最后说："说了这么多，我的意思是……"但有时说话的这个人自己也迷失了，忘记了自己想说的到底是什么。所以，在传递信息的时候，最好先说结论，再摆论据。

基于上述思维方式和需求，"金字塔原理"被整理出来，帮助人们更好地进行观点论述。这个原埋的道理非常简单，用一张图就可以说明（本书实际上也遵循这一规律），如图 12-12 所示。

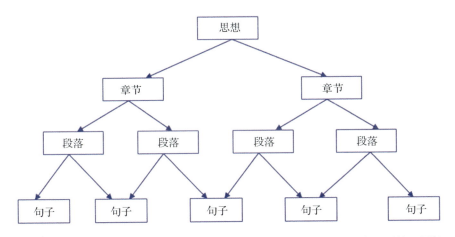

图 12-12　金字塔原理示意图（参考《金字塔原理：思考、表达和解决问题的逻辑》）

如图 12-12 所示的结构看起来就很像一个金字塔。如果对其分层的话，纵向可以分为四层：思想、章节、段落、句子。而横向句子与句子共同组成上一层的段落。这个结构需要遵循以下三个原则。

- **纵向任一层的思想必须是下一层的概括**。这就是我们通常使用的"总–分"结构的论述方式，符合"结论先行"的认知规律；

- **横向每组中的思想必须属于同一逻辑范畴**。比如，在这一章讲的都是 PPT 报告相关的内容，如果突然出现一小节 SQL 相关的内容，就会觉得很奇怪；
- **横向每组中的思想必须按照逻辑顺序排列**。常用的逻辑顺序包括时间、空间、程度、重要性等。

把这些原则放到 PPT 数据报告中，可以整理成如图 12-13 所示的这样一张图。

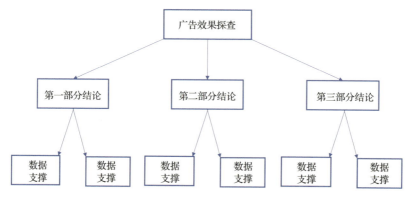

图 12-13　示例——使用金字塔原理搭建广告效果分析报告框架

上述三个原则在数据报告中的体现如下。

- 每一页的标题能够概括数据发现，每一部分能够概括这部分各页所表达的结论；
- 每一页中的图表在同一逻辑范畴，每一页 PPT 在同一逻辑范畴，第一、第二、第三部分在同一逻辑范畴；
- 每一页中的图表之间要有逻辑关系，每一页 PPT 之间要有逻辑顺序，第一、第二、第三部分之间要有逻辑关系。

在第 9 章，"模仿学习"的一个重要方法就是拆解公开发布的数据分析报告。当你使用思维导图拆解完一份报告之后，如果它符合"金字塔原理"，那么大概率这份报告逻辑框架的质量是比较高的。

在第 10 章，我尝试搭建了一个简单的年度报告框架（见表 10-2），其实这个框架"横过来"就是一个金字塔，如图 12-14 所示。

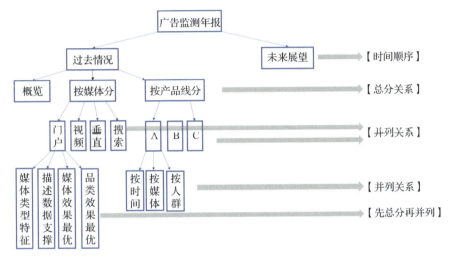

图 12-14　用金字塔原理说明表 10-2 的框架思路

如果你在"模仿学习"阶段，认真拆解每一份报告，并且尝试用"金字塔原理"来解读，那么你也会发现很多数据分析报告的"套路"，让别人的"套路"都为你所用。

当然，数据分析报告本身就有很强的逻辑性，所以也有一些既定的撰写 PPT 的"套路"，分享以下三种。

- **研究目的→研究假设→研究过程→研究结果**。这种框架通常用于一些开放性、探索性的研究，在学术界更常用。而在商业场景下，一般在研究某个技术或者课题的时候才会使用；
- **是什么→为什么→怎么办→别人怎么办**。这是商业场景下最常见的 PPT 框架，首先说清楚"是什么"，即要研究什么，有哪些维度和指标，核心结论是什么。然后展开"为什么"，通过数据来支撑前面的观点。如果通过数据分析找到了一些问题，比如：广告监测中有异常数据，那么解决方案之一就是寻求媒体"补量"（免费增加投放，抵消之前质量有问题的曝光点击）；遇到一波在微博上的活动，发现有疑似"水军"的情况，就要考虑如何避免这种情况。最后，还可以在不透露商业机密的情况下，将其他优秀的投放策略、营销思路分享出来，以优化当前的策略；

- **这里有问题→我有解决方案→数据论证**。这也是数据报告中常见的方式，但是和上述的不太一样。通常这样的报告本身就有一个"既定"的目的，希望使用数据这种手段来验证某个引导性结论。

从数据描述到观点输出

"金字塔原理"主要能够帮我们解决框架结构的问题，而从 Data（数据）到 Point（观点），则需要挖掘数据背后更本质的结论。前面有一个例子，能说明"数据描述"和"观点输出"的区别，见表 12-2。

表 12-2 "数据描述"和"观点输出"的差别示意

数据描述	观点输出
要预定一个 ABC 共同参加的会议 ● A 周一、周二、周四上午可以 ● B 周四全天可以 ● C 周四、周五都可以	应该在周四上午开会
广告监测数据 ● A 媒体曝光未达标 ● B 媒体 CTR 高达 78%，并且点击频次超过 21 次的占比达到 40% 以上 ● X、Y、Z 媒体均达标，CTR 正常，点击频次正常	A 媒体需要补量；B 媒体数据异常；其他媒体表现正常

(续)

数据描述	观点输出
某品牌要选择 KOL ● 关注某品牌的受众都喜欢某几位脱口秀演员	该品牌受众心态年轻，喜欢脱口秀

如果要给"观点"下个通俗的定义，那就是：如果一句话可以回答"你怎么看？"这个问题，那么这句话就是"观点"。

你可能会问：刚才拆解的第 10 章的广告监测年报的框架就都是"描述"，而不是"观点"啊。是的，数据规划阶段，我们无从知晓数据最终呈现是什么样子的，因此只能使用描述，来圈定跑数的维度和指标；而当数据结果呈现出来的时候，"观点"也应该随之呈现。表 12-3 展示了在商业报告中通过数据产出"观点"的示例。

表 12-3 在商业报告中通过数据产出"观点"的示例

数据维度	观点/结论（示例）
总曝光、总点击量、总达标率	年度投放曝光点击达标，整体达预期
按时间的曝光数据	本年度 7~8 月的暑期档投放最多，满足 9 月开学季大学生需求
分产品的投放比例和效果	A 产品为本年度拳头产品，投放量最大；但从投放效果来看 C 产品更优，可能与 Z 媒体有关

"观点"意味着判断，对原因、本质的探查，甚至可行性的改进方案。通常，在所有数据填充进 PPT 之后，数据分析人员会一起进入一间会议室，看着每一页报告来一起商讨如何总结"观点"。这样做有两点好处：一是单独一位数据分析师虽然受过相对专业的训练，但仍然会由于认知偏差而产生不够有说服力的观点，多位分析人员一起可以避免出错；二是对于达成一致的观点，可以通过商讨找出更优的表达方式。

最终，能够证明一份数据分析报告"好坏"的另一个方法就是：看每一页标题能否连起来，变成一段话，并且这段话表达了一串连贯的观点。

3. 雅：排版服务于观点，让报告可传播

前面说，数据的准确表达能够让 PPT 报告达到 60 分，观点的结构性输出能够让 PPT 达到 90 分。是的，满分 100 分的话，排版在我心里只占 10 分，但这 10 分还是非常重要的。因为，选择了更好的色调、更合适的字体，而且美观，就像是一个人的外表，至少要好看到让人愿意多看一眼，才会被细细品味。就像一个人的外表可以靠外界因素（服饰、妆容）来提升一样，PPT 报告的美观可以依赖设计师。作为数据分析人员，所有的排版规则仍然是服务于 PPT 内容的，因此最后这 10 分意味着做到了排版为报告内容服务。这就需要在一页内准确体现元素之间的关系，页与页之间保持结构和风格的统一。

页内逻辑为关系服务

在做 PPT 之前，你或许会去一些网站查找 PPT 模板。那么请问，下面两个模板，你更倾向于把哪一个长期存在计算机里？

模板 1[一]，如图 12-15 所示。

图 12-15　模板参考示意 1

[一] 素材来自网络，该模板创作者为李益达。

模板 2[一]，如图 12-16 所示。

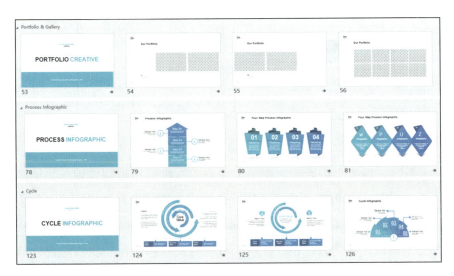

图 12-16　模板参考示意 2

当然，这两份模板都有长期保存下来的道理。模板 1 是典型的风格型模板，能够在传递信息的同时营造高端而不失活泼的气氛；而模板 2 是典型的逻辑型模板，其中包含多类信息展示、流程图、循环图等。但如果在非常极端的情况，比如计算机只剩下最后一点点内存，这两个模板同时摆在我面前，我会选择保存模板 2。因为模板 1 是为特定情绪表达而设计的，模板 2 则通用于所有需要在一页内表达多个元素关系的场景。图 12-15 和图 12-16 截取了模板中的部分信息，但实际上，页内元素的关系十分多样。比如，如何显示两件事情之间是相互冲突的？如何显示两件事情是不平衡的？如何显示一个数据的出现是因为受到了某种因素的阻碍？图 12-17 示意了关于"冲突""阻碍"场景下的 PPT 展示方式。

[一]　该模板来自 Rally 机构，设计者为 John Doe。

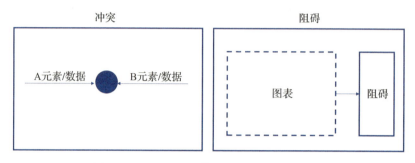

图 12-17　通过 PPT 体现逻辑关系的示意图

总之，PPT 页内元素之间的关系需要在排版中得到体现。如果排版没有完全体现 PPT 原本的逻辑，这实际上是对内容和观点的伤害。

现在很多媒体平台、营销公司在产出报告或者举办大会的时候，都会邀请设计师为自己设计 PPT。有些对设计审美比较执着的设计师会更倾向于为了"好看"而牺牲"内容"，双方就可能在排版的方式上产生分歧。我的同事曾经遇到过如图 12-18 所示的这样一个情况。

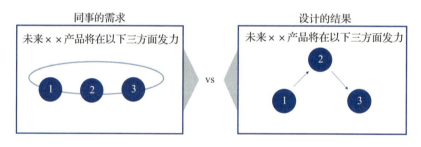

图 12-18　PPT 设计影响逻辑表达的情况示意图

图 12-18 中的左侧是同事的需求，希望体现未来某产品的发展趋势，包括三点，是并列关系。为了 PPT 好看，同事把 PPT 做成了一个类似银河系星云的样式，三个球形均匀地分布在"星云"的边缘。而设计师则更喜欢使用三角形结构来展示，图 12-18 中的右侧是设计的结果。但是这里有个问题，就是设计师擅自加了箭头，把三个元素的关系从并列关系变成了流程关系，而且很容易让人误解为放在最上

面的第二点可能比另外两点更重要。这就是典型的为了主观的设计需要而牺牲了逻辑表达的情况。

幸运的是，PPT 和 Excel 一样也有非常优秀的地方，就是它提供了一些常见的页内关系的模板，方便我们在操作中表达观点的逻辑关系。步骤：插入→ SmartArt →选择对应的逻辑。具体操作如图 12-19 所示。

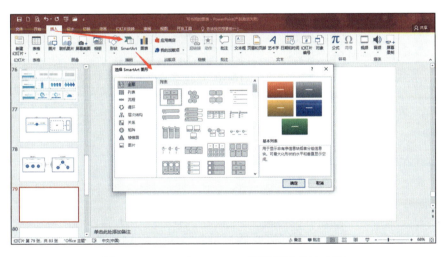

图 12-19　PPT 中 SmartArt 帮助逻辑表达功能

因此，在撰写数据报告的时候，要巧用 SmartArt。平时也需要积累模板，看到别人的 PPT 报告中好的排版样式，也值得学习和记录。

既然已经写到了这里，就应该提供一些"福利"，表 12-4 展示了我经常使用的 PPT 模板资源，肯定不全面，但都是我平时很常用的。

表 12-4　PPT 模板资源参考

网站名称或介绍	链接和推荐原因
OfficePLUS	https://www.officeplus.cn/PPT/template/ 官方模板，场景丰富易用，https://www.officeplus.cn 中还包含 Excel、Word 的模板，使用这些模板相对稳妥，至少不会出错

(续)

网站名称或介绍	链接和推荐原因
SLIDESGO	https://slidesgo.com/ 免费的 Google Slides 和 PPT 模板，更适合在撰写英文报告时参考使用
比格 PPT	http://www.tretars.com/ppt-templates 我是在研究如何制作某一风格的模板的时候找到这家网站的。这里不仅有模板，还有如何自己制作模板的介绍。"授人以鱼不如授人以渔"，相比于一直使用别人的模板，这个网站能够让你更快地根据自己公司的业务制作一套更适合的模板——模板不一定只有设计师才能设计哦
iSlide	https://www.islide.cc/ iSlide 除了模板之外，还有 PPT 插件。安装插件后，包括内容对齐、形状或图形对称翻转等功能，可以更加快速智能地实现

资料不在多，而在真的用起来。如果上面这些还是无法满足你的需求，那么别忘了，你还有搜索引擎！也许你可以探索出属于自己的工具箱，也许你能找到比我推荐的更好的工具。

页间逻辑为结构服务

除了每一页 PPT 内部需要通过排版让关系更加清晰之外，PPT 之间的排版需要为结构服务，这主要体现在风格的全面统一。如何判断"风格"的全面统一这件事有没有做好呢？把 PPT 的"视图"变成"幻灯片浏览"模式（图 12-20 使用了本书第 3 章的图表）。

如果从远处"打眼一看"，觉得这几页 PPT 一看就是出自同一份报告，有统一的风格，那就说明这件事做对了。那么什么是"风格"呢？简单粗暴地理解，"风格"就是重复。在 A 处使用了这样的格式，在 B 处又使用了，那么我们就认为 A 和 B 表达的是相同层面的东西。为 PPT 建立一些原则，在相同层级的信息上使用相同的排版方式，就形成了这份 PPT 报告的风格。要实现报告整体的风格统一，具体来说，需要做到版式、字体、配图和图形风格的全面统一。

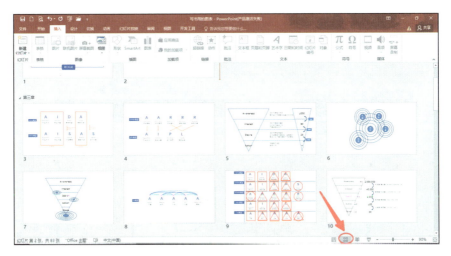

图 12-20　自查 PPT 全文风格是否统一的方法示意图

版式统一。如果已经使用了 PPT 模板，按照其中的字体、分隔页、颜色样式来排版，就能保证版式的统一了。PPT 本身也具有一些可以选用的模板和排版方式，按照"设计→主题"这个路径就可以选择，如图 12-21 所示。

图 12-21　PPT 主题功能

如果你下载了一个新的 PPT，那么这个 PPT 应该有几个主题颜色，也可以按照 PPT 的风格设计。例如，我在 OfficePLUS 官网下载了一个 PPT 模板，风格颜色是有点偏浅色的马卡龙颜色，这种搭配并不多见，可以在"设计"这个栏目下，对 PPT 的色调进行设置：颜色→自定义颜色。具体操作如图 12-22 所示。

图 12-22　PPT 色系统一的方法

单击"自定义颜色"后会有一个"新建主题颜色"的对话框，如图 12-23 所示。根据 PPT 的颜色调整着色即可。

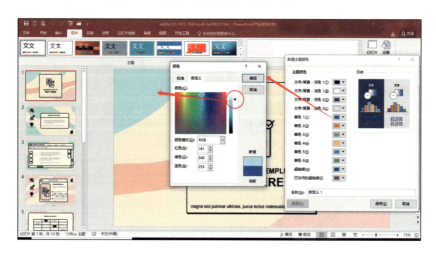

图 12-23　PPT 主题颜色调整方法

如果不需要对 PPT 主题颜色进行设置，只需要在插入新的图形的时候与主题颜色一致，则可以直接使用"取色器"。步骤：开始→形状填充→取色器。具体操作如图 12-24 所示。

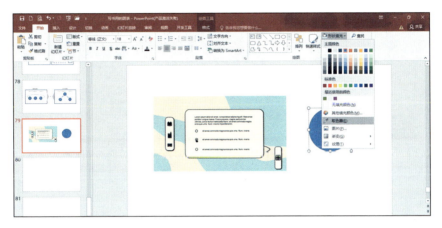

图 12-24　PPT 取色器功能

然后把取色器的图标在你需要的颜色上单击一下，就可以实现颜色的统一了。总之，和 Excel 一样，要实现版式和颜色统一这件事，有很多种方法，不一定每个方法你都要学会，只需要选择更适合你的方法，能解决你遇到的问题就可以了。

字体统一。PPT 中的字体需要统一，建议直接对幻灯片母版（见图 12-25）进行设置：视图→幻灯片母版→添加占位符→设置对应的字体、字号。

设置后，关闭"幻灯片母版"，在新建幻灯片的时候就可以选择需要的版式，如图 12-26 所示。

选择之后，标题、内容的字体大小和颜色就默认与母版中设置的一致了。

图 12-25　PPT 幻灯片母版

图 12-26　PPT 版式

很多新手偏爱特殊字体，但这恰恰是个误区。特殊字体虽然显得很特别，但是有一些字体对生僻字不友好，生僻字出现的时候又会自动变成宋体，造成与其他文字样式的不统一。而且在将 PPT 格式的文件发给他人以后，即便将字体嵌入其中，对方编辑以后也可能影响显示。图 12-27 展示的是几个比较推荐的常规字体搭配。

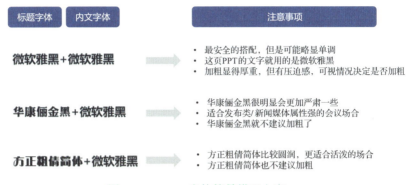

图 12-27　PPT 字体简易搭配方案

我们虽然希望 PPT 全文字体统一,但根据不同的内容,还是会有灵活处理的。如果需要对一些文字内容进行强调,可以使用加大字号、加粗字体、换个颜色、反衬等方法,如图 12-28 所示。

图 12-28　PPT 强调文字的方法

不过需要注意的一点是,要对相同层级的信息进行相同的处理。例如,主标题都使用加大字号的方式来强调,第二层标题都使用反衬的方式。这样不影响字体统一的原则。

配图和图形风格统一。结合 PPT 整体的版式和风格,插入图片或图形。多数情况下,建议在数据报告中谨慎使用配图,原因是数据图表的呈现通常是扁平化的,但反映现实生活的图片通常都是展现三维生活的,相比之下,更建议使用一些图标(Icon)。针对图片和 Icon 推荐一些我的常用网站(见表 12-5)。

表 12-5 PPT 图片和 Icon 网站参考

用途	网站名称	链接与评价
配图	图精灵	https://616pic.com/ 不仅有图片，还有一些常用模板，图片中有矢量图（背景透明，便于使用）资源
	寻图网	https://www.52112.com/ 包括创意图片、矢量图和图标，希望使用图片作为 PPT 背景的话，可以考虑这里的图片
	Unsplash	https://unsplash.com/ 欧美风格、白领场景、高格调图片
	图虫网	https://tuchong.com/ 摄影图片为主，高清画质
	Pixabay	https://pixabay.com/ 图片调性高级，但用于商业场景的图片量有限
Icon	iconfont-阿里巴巴矢量图标库	https://www.iconfont.cn/ 图标比较全，能够满足多数需求
	爱给网	https://www.aigei.com/icon 图标比较全，能够满足多数需求，分类很细
	ICONS	https://icons8.com/icons/ 轻松漫画类 Icon 更多一些

需要注意的是，在使用图片的时候，要尽量关注你使用的网站图片作者，在 PPT 中注明来源，避免版权纠纷。

当然，除了使用既有的资源之外，现在有很多办法可以自己制作图片。其中一种方法就是使用互联网上的简易作图软件，上面有一些图片模板，可以在模板基础之上简单修改，为我所用。例如：懒设计（https://www.fotor.com.cn/）就提供了这样的服务。另外，更令人欣喜的是，当前 AI 绘图已经成为可能，Stable Diffusion 这样的 AI 绘图软件，可以实现输入简单文字后在几秒钟内就产出一个或一组绘图，并且该图片是唯一的。在未来技术的不断迭代下，相信无论是图片还是视频，都可以在 AI 的帮助下更快地产出。资源本身将不再是障碍，而如何将这些资源合理利用在 PPT 的表达中才是更重要的。

最后：对齐，对齐，再对齐！ 在注意了所有元素的一致性以后，有一个让 PPT 整齐的最简单的方法，也是这个环节的"最少必要知识"，就是对齐。就像小时候写字，就算每个字写得都不算太漂亮，但是因为字的长宽差不多，会让人觉得这个小孩写字很整齐。PPT 也是一样的，如果还来不及把各种花哨的办法学到手，那么只需要做到"对齐"就可以让你拥有一份整齐的 PPT 数据报告了。

思考练习

（1）把这本书用思维导图拆解一下，用"金字塔原理"来衡量的话，哪里写得好，哪里写得不够好呢？

（2）你认为下面哪句话是描述？哪句话包含观点？

- 八姥爷有八十八棵芭蕉树；
- 芭蕉树太大了，需要修剪；
- 这里不适合种芭蕉树。

我的答案是：第一句是描述，第二句包含观点，第三句完全是观点。

（3）找到 5～10 个你认为未来自己最需要的 PPT 模板，把它们保存下来。对，现在就做！

（4）请在你浏览器的收藏夹里建立一个文件夹，叫作"PPT 灵器"。然后搜索"图片网站""ICON"，或者把这本书里的这些网站收藏进去。以后，当你需要 PPT 素材的时候，就再也不用着急了。

结　　语

看了很多书，发现"结语"并不是非写不可的。我写完这本书之后通读了一遍，还是觉得有两件事值得做。第一件事就是很想问问作为读者的你：有没有按照每章的"思考练习"好好思考、好好练习呢？

商业里很多事情都讲求"闭环"，而学习最好的闭环，就是把学到的东西赶紧拿来用。如果你足够细心，会发现我在第 2 章"思考练习"的部分就建议你记录自己每天都做了什么。如果你阅读第 2 章的时候开始构建一个表格，到你读到第 10 章的时候，讲到你可以用自己的数据来完成第一份数据报告，你就应该已经有一些基础数据可以分析了。在第 10 章和第 12 章分享了一些我经常使用的资源网站，如果你执行力很强，这个时候就算把这本书扔了，你的收藏夹里应该也已经有很多数据资源网站和 PPT 制作资料了。

如果还没有做，也不用有压力，从现在开始再看一遍"思考练习"吧，也许你会发现有很多你可以马上就做的事情。这就是我要做的第一件事：提醒你赶快行动起来。

第二件事是分享一些我第一次通篇读完这本书的感受。同时，和给客户写报告、方案一样，我在想，如果合上这本书，我希望你们除了上面说到的资料、工具之外，还能得到点什么。所以我想分享一下，或许是这本书前面内容中的原话，或许是我在书中想要表达但尚未明确表达的信息。这些可能是一些思维或者方法，重要的是它们都不仅仅适用于数据分析领域。这些"指导思想"在我人生中帮了一些忙，因此我也想真诚地分享给你。

- 文理科是别人的规则，工作日和周末也是别人的规则，而你可以选择作为文科生对理科产生好奇并且学习，也可以选择在周末不上班的时候学习和工作。探索这件事不要被限定，也不必被允许。
- 数据的本质是记录，分析的本质是比较。生活里也一样，记录自然会带来反思和成长。因此，请多记录和关照自己吧。
- 了解任何一个行业，都要先认识这场"游戏"里面有哪些角色和玩家，知道"什么是好"，学到最少必要知识——这是迅速了解一个行业的好方法。
- 就像学游泳重要的是先学会憋气而不是泳姿，学习一个新东西最根本的往往不是你能看到的动作，而是你看不到的东西。
- 如果你觉得一项工作需要很多重复的动作来完成，不仅在 Excel 里，在很多场景下，或许它都有"一键搞定"的解决方案。
- 很幸运也很不幸，我们生活在一个快速发展和变化的时代，总要经历"换维打击"，持续学习是必须的选择，一起同行才能走得更远。

当然，我说的这些道理你也要带着批判的眼光来看！写这本书的时候我常想，我的经验会不会很快过时，我使用的方法会不会只适用于我自己，而我在职场里的成长会不会只是"幸存者偏差"？但后来我想，这些问题都没那么重要，总有适合这本书里的方法的人。而我够不够"好"也不重要，重要的是，这个快速变化的时代值得有人记录。

也许多年以后，每个人身体里都植入了芯片，那么数据监测甚至根本不需要借助设备了。未来的某个人假设还能看到这本书的话，也许会翻一翻说："哦，原来那些古老的人类这样做过。"然后，把这本书拿去垫桌脚了。也好。

希望看到这里的时候，你的嘴角正在上扬。

参考文献

[1] 诺尔-诺依曼.沉默的螺旋:舆论——我们的社会皮肤[M].董璐,译.北京:北京大学出版社,2013.

[2] 麦克卢汉.理解媒介:论人的延伸[M].何道宽,译.南京:译林出版社,2011.

[3] 科特勒,凯勒.营销管理:第14版 全球版[M].王永贵,等译.北京:中国人民大学出版社,2012.

[4] 范冰.增长黑客:创业公司的用户与收入增长秘籍[M].北京:电子工业出版社,2015.

[5] 科特勒,卡塔加雅,塞蒂亚万.营销革命4.0:从传统到数字[M].王赛,译.北京:机械工业出版社,2018.

[6] 迈尔-舍恩伯格,库克耶.大数据时代:生活、工作与思维的大变革[M].盛杨燕,周涛,译.杭州:浙江人民出版社,2013.

[7] 珀尔,麦肯齐.为什么:关于因果关系的新科学[M].江生,于华,译.北京:中信出版社,2019.

[8] 明托.金字塔原理:思考、表达和解决问题的逻辑[M].汪洱,高愉,译.海口:南海出版公司,2013.